日本商工会議所主催 簿記検定試験

# 検定簿記ワークブック

## 3級 商業簿記

渡部裕亘
片山　覚　[編著]
北村敬子

中央経済社

■検定簿記ワークブック　編著者・執筆者一覧

| 巻 編 成 | | 編者（太字は主編者） | | 執 筆 者 | |
|---|---|---|---|---|---|
| 1級 | 商業簿記・会計学上巻 | 渡部　裕亘（中央大学名誉教授）<br>片山　覚（早稲田大学名誉教授）<br>**北村　敬子**（中央大学名誉教授） | 北村　敬子 | 石川　鉄郎（中央大学教授）<br>川村　義則（早稲田大学教授）<br>藤木　潤司（龍谷大学教授）<br>菅野　浩勢（早稲田大学准教授）<br>中村　英敏（中央大学准教授） | |
| | 商業簿記・会計学下巻 | 渡部　裕亘（中央大学名誉教授）<br>片山　覚（早稲田大学名誉教授）<br>**北村　敬子**（中央大学名誉教授） | 北村　敬子 | 石川　鉄郎（中央大学教授）<br>小宮山　賢（早稲田大学教授）<br>持永　勇一（新日本有限責任監査法人）<br>川村　義則（早稲田大学教授）<br>藤木　潤司（龍谷大学教授）<br>中村　英敏（中央大学准教授）<br>小阪　敬志（日本大学准教授） | |
| | 工業簿記・原価計算上巻 | **岡本　清**（一橋大学名誉教授<br>東京国際大学名誉教授）<br>廣本　敏郎（一橋大学名誉教授） | 廣本　敏郎 | 鳥居　宏史（明治学院大学教授）<br>片岡　洋人（明治大学教授）<br>藤野　雅史（日本大学教授） | |
| | 工業簿記・原価計算下巻 | **岡本　清**（一橋大学名誉教授<br>東京国際大学名誉教授）<br>廣本　敏郎（一橋大学名誉教授） | 廣本　敏郎 | 尾畑　裕（一橋大学大学院教授）<br>伊藤　克容（成蹊大学教授）<br>荒井　耕（一橋大学大学院教授）<br>渡邊　章好（東京経済大学教授） | |
| 2級 | 商業簿記 | **渡部　裕亘**（中央大学名誉教授）<br>片山　覚（早稲田大学名誉教授）<br>北村　敬子（中央大学名誉教授） | 渡部　裕亘 | 三浦　敬（横浜市立大学教授）<br>増子　敦仁（東洋大学准教授）<br>石山　宏（山梨県立大学教授）<br>渡辺　竜介（関東学院大学教授） | |
| | 工業簿記 | 岡本　清（一橋大学名誉教授<br>東京国際大学名誉教授）<br>**廣本　敏郎**（一橋大学名誉教授） | 廣本　敏郎 | 中村　博之（横浜国立大学教授）<br>籏本　智之（小樽商科大学教授）<br>挽　文子（一橋大学大学院教授）<br>諸藤　裕美（立教大学教授）<br>近藤　大輔（立正大学准教授） | |
| 3級 | 商業簿記 | 渡部　裕亘（中央大学名誉教授）<br>**片山　覚**（早稲田大学名誉教授）<br>北村　敬子（中央大学名誉教授） | 片山　覚 | 森田　佳宏（駒澤大学教授）<br>川村　義則（早稲田大学教授）<br>山内　暁（早稲田大学教授）<br>福島　隆（明星大学教授）<br>清水　秀輝（羽生実業高等学校教諭） | |

# まえがき

　本書「検定簿記ワークブック」は，日本商工会議所と各地商工会議所が主催する日商簿記検定試験を受験しようとする皆さんに，真に簿記に関する実力をつけていただきたいと願って編集・出版されたものです。

　学習効果を高めるために，「検定簿記講義」と本書「検定簿記ワークブック」をセットとして，一体的に勉強できるように配慮しています。

　簿記の学習では，取引の仕訳から，財務諸表の作成までの帳簿システムや，計算の技術を学び，またその基礎となる簿記や会計のしくみを学んでいかなければなりません。

　簿記教育の経験上，簿記の学習の効果を高め，真の実力や応用力をつけ，合格して目標を達成するためには，単に簿記のテキストを読んで，頭で理解するだけでは十分とはいえません。

　簿記の学習では，実際に鉛筆・ペン，そして電卓等の計算機を使用して，仕訳や記帳練習を繰り返し行い，また計算・作表などの訓練を，繰り返し実践していくことが大切です。すなわち，頭だけでなく，身体で覚えることが必要です。その努力を続けることにより，財務的センス，会計的センスをいつの間にか向上させます。

　最近では，IT機器の発達により，コンピューターによる事務合理化が進んでいます。しかし，コンピューターのマニュアルどおりに事務処理を行うだけでは意味がありません。複式簿記の基本的なシステムや会計の基本的な考え方を理解していなければ，企業の経理処理の本質は理解できませんし，貸借対照表や損益計算書などの意義や活用の仕方もわからないことになります。

　簿記や会計を学ぼうとする皆さんにとって大事なことは，1つひとつの取引を正確に仕訳し，記帳し，アウトプットとしての財務諸表をしっかりと着実に作成するためのノウハウを，一歩一歩着実に自分のものとしていくことです。

　この「検定簿記ワークブック」は，そのようなノウハウを十分身につけてもらえるよう，さまざまな工夫をしてあります。主な工夫を挙げてみると次のような事項があります。

(1) 「検定簿記講義」のテキストと「検定簿記ワークブック」の記帳練習帳が，一体となった構成により編集されています。

(2) 「検定簿記講義」の学習内容や学習者の勉学の進度に合わせて，体系的に学習できるように多くの観点からの練習問題を設定しています。

(3) 各練習問題などについては，その正しい解答と解説を用意し，着実に，そして納得のい

く学習が，自主的にできるよう配慮しています。

(4) 最新の日商簿記検定試験の出題区分表に準拠し，最近の出題傾向などにも配慮して編集してあります。

　日商簿記検定は，3級と2級について，2020年12月より，年3回（6月，11月，2月）の試験日に加えて，新試験（ネット試験）を導入することにしました。これまで実施されてきたペーパー試験（統一試験と呼んでいます）と，随時，試験の受験が可能なネット試験を並行して行うことになりました。ネット試験は受験者の自宅ではなく，商工会議所が認定したテストセンターで受験し，実施から採点，合否判定，デジタル合格証の交付（即日交付）までインターネット上で行います。

　日商簿記検定試験の制度は，デジタル化時代の流れとともに変化をしていきます。しかし，複式簿記の習得に必要な基本的知識は変わりがありません。本書のような問題集の内容をしっかり理解し，着実な学習を積み重ねれば，どのような出題・解答形式にも柔軟に対応することが可能となります。

　本シリーズが，皆さんの受験対策，学習のためにさらに愛されていくことを，編著者一同，心より願っています。


　2022年1月


編　著　者

検定簿記ワークブック3級 商業簿記 ………………………………………………………………… 目次

〔問題編〕

第 1 章 簿記の意義としくみ ……………………………………………………………………… 2

第 2 章 仕訳と転記 ………………………………………………………………………………… 6

第 3 章 仕訳帳と元帳 ……………………………………………………………………………… 14

第 4 章 決　　　算 ………………………………………………………………………………… 18

第 5 章 現金と預金 ………………………………………………………………………………… 29

第 6 章 繰越商品・仕入・売上 …………………………………………………………………… 38

第 7 章 売掛金と買掛金 …………………………………………………………………………… 46

第 8 章 その他の債権と債務 ……………………………………………………………………… 56

第 9 章 受取手形と支払手形 ……………………………………………………………………… 64

第 10 章 有形固定資産 ……………………………………………………………………………… 70

第 11 章 貸倒損失と貸倒引当金 …………………………………………………………………… 78

第 12 章 資　　　本 ………………………………………………………………………………… 81

第 13 章 収益と費用 ………………………………………………………………………………… 84

第 14 章 税　　　金 ………………………………………………………………………………… 90

第 15 章 伝　　　票 ………………………………………………………………………………… 97

第 16 章 財 務 諸 表 ………………………………………………………………………………… 104

第 17 章 総合模擬問題(1) …………………………………………………………………………… 123

第 18 章 総合模擬問題(2) …………………………………………………………………………… 130

第 19 章 総合模擬問題(3) …………………………………………………………………………… 136

〔解答編〕　**別 冊**　（取りはずし式）

1

当社ホームページの「ビジネス専門書Online」から，解答用紙がダウンロードできます。
また，本書に関する情報も掲載しておりますので，ご参照ください。

# 検定簿記ワークブック
## 3級/商業簿記〔問題編〕

# 第1章 簿記の意義としくみ

## 学習のポイント

1　**簿記**は，企業が行う経済活動を記録するしくみです。企業の財産管理，および利害関係者の意思決定に役立っています。

2　**貸借対照表**は，**資産・負債・資本**により，一定時点における企業の**財政状態**を明らかにする計算書です。

貸 借 対 照 表

| | | | | |
|---|---:|---|---|---:|
| 資　　産 | 10,000 | 負　　債 | | 6,000 |
| | | 資　　本 | | 4,000 |

資産，負債，資本の例としては，それぞれ次のようなものが挙げられます。

資産……現金，普通預金，売掛金，貸付金，建物，備品，土地，車両運搬具

負債……買掛金，借入金

資本……資本金，繰越利益剰余金

3　**損益計算書**は，**収益・費用**により，一定期間における企業の**経営成績**を明らかにする計算書です。

損 益 計 算 書

| | | | | |
|---|---:|---|---|---:|
| 費　　用 | 5,000 | 収　　益 | | 7,000 |
| 当 期 純 利 益 | 2,000 | | | |

収益，費用の例としては，それぞれ次のようなものが挙げられます。

収益……売上，受取手数料，受取地代，受取利息

費用……仕入，給料，広告宣伝費，支払家賃，支払地代，旅費交通費，保険料，消耗品費，水道光熱費，通信費，雑費，支払利息

4　簿記では，次のような会計等式を利用します。

- **資産－負債＝資本**……………**資本等式**
- **資産＝負債＋資本**……………**貸借対照表等式**
- **費用＋当期純利益＝収益**………**損益計算書等式**

5　**当期純利益**は，損益計算書上は収益と費用の差額として計算され，貸借対照表上は資本の増加額として計算されます。損益計算書と貸借対照表で計算された当期純利益はそれぞれ一致します。

**問題 1-1** 次の各文の（　）の中にあてはまるもっとも適当な語句を下記の語群より選び，各記号の解答欄にその語句を記入しなさい。

(1) 現金・建物・備品などの（　ア　）や，売掛金・貸付金などの（　イ　）を資産といい，この総額から，買掛金や借入金などの（　ウ　）を表す負債の総額を差し引いた額を資本という。株式会社の資本は，株主からの出資額を表す（　エ　）と，経営活動から獲得した利益の留保額を表す繰越利益剰余金に区別して表す。

(2) 企業の経営活動の結果，期末資本が期首資本より大きくなった場合の差額を（　オ　）といい，期末資本が期首資本より小さくなった場合の差額を（　カ　）という。

(3) 売上・受取手数料など，経営活動の結果として資本が増加する原因を（　キ　）といい，仕入・給料・広告宣伝費など，資本が減少する原因を（　ク　）という。

(4) 企業の一定時点における財政状態を表示する計算書を（　ケ　）といい，一定期間における経営成績を表示する計算書を（　コ　）という。

| （語群） | 貸借対照表 | 当期純損失 | 債権 | 費用 | 財貨 |
|---|---|---|---|---|---|
| | 損益計算書 | 当期純利益 | 債務 | 収益 | 資本金 |

（ア 財貨 ）（イ ~~収益~~ 債権 ）（ウ ~~費用~~ 債務 ）（エ 資本金 ）（オ 当期純利益 ）
（カ 当期純損失 ）（キ ~~債権~~ ）（ク ~~債務~~ ）（ケ 貸借対照表 ）（コ 損益計算書 ）

**問題 1-2** 20X1年4月1日に，株主からの出資を受けて開業した株式会社東京商店（資本金¥2,500,000）の翌年3月31日における資産・負債は，次のとおりである。よって，期末（3月31日）の貸借対照表を作成しなさい。

| 現　　金 ¥450,000 | 売 掛 金 ¥350,000 | 建　　物 ¥2,250,000 |
|---|---|---|
| 備　　品 ¥400,000 | 買 掛 金 ¥300,000 | 借 入 金 ¥500,000 |

### 貸 借 対 照 表

株式会社東京商店　　　　　　　　　　　　年　月　日

| 資　　産 | 金　　額 | 負債および純資産 | 金　　額 |
|---|---|---|---|
| 現金 | 450,000 | 買掛金 | 300,000 |
| 売掛金 | 350,000 | 借入金 | 500,000 |
| 建物 | 2,250,000 | 資本金 | 2,500,000 |
| 備品 | 400,000 | 繰利 | 150,000 |
| | 3,450,000 | | 3,450,000 |

**問題 1-3** 株式会社神奈川商店の20X1年4月1日の資産・負債・資本と20X2年3月31日の資産および負債は，それぞれ次のとおりである。よって，期末（3月31日）の貸借対照表を作成しなさい。なお，会計期間中に資本金の変動は生じていない。

4月1日　現　金 ¥200,000　　建　物 ¥2,500,000　　備　品 ¥750,000

　　　　借入金 ¥500,000　　資本金 ¥2,700,000　　繰越利益剰余金 ¥250,000

3月31日　現　金 ¥450,000　　売掛金 ¥350,000　　建　物 ¥2,500,000

　　　　備　品 ¥650,000　　買掛金 ¥250,000　　借入金 ¥700,000

### 貸　借　対　照　表

株式会社神奈川商店　　　　　　　年　　月　　日

| 資　　　産 | 金　　額 | 負債および純資産 | 金　　額 |
|---|---|---|---|
| 現金 | 450,000 | 買掛金 | 250,000 |
| 売掛金 | 350,000 | 借入金 | 700,000 |
| 建物 | 2,500,000 | 資本 | 2,700,000 |
| 備品 | 650,000 | 繰越利益剰余金 | 300,000 |
|  | 3,950,000 |  | 3,950,000 |

**問題 1-4** 株式会社埼玉商店の20X1年4月1日から20X2年3月31日（期末）までに発生した収益および費用は次のとおりである。この資料にもとづいて，損益計算書を作成しなさい。

売　　上 ¥3,000,000　受取手数料 ¥20,000　仕　　入 ¥2,380,000　給　　料 ¥360,000

広告宣伝費 ¥36,000　支払家賃 ¥120,000　水道光熱費 ¥42,000　消耗品費 ¥12,000

### 損　益　計　算　書

株式会社埼玉商店　　　年　　月　　日から　　年　　月　　日まで

| 費　　　用 | 金　　額 | 収　　　益 | 金　　額 |
|---|---|---|---|
| 仕入 | 2,380,000 | 売上 | 3,000,000 |
| 給料 | 360,000 | 受取手数料 | 20,000 |
| 広告 | 36,000 |  |  |
| 家賃 | 120,000 |  |  |
| 光熱費 | 42,000 |  |  |
| 消耗品 | 12,000 |  |  |
| 当期純利益 | 70,000 |  |  |
|  | 3,020,000 |  | 3,020,000 |

4

**問題 1-5** 株式会社茨城商店の20X1年４月１日（期首）と20X2年３月31日（期末）における資産・負債・資本および会計期間中の収益・費用は次のとおりである。この資料にもとづいて，損益計算書および期末の貸借対照表を作成しなさい。ただし，期末の繰越利益剰余金（当期の純利益を加算後）の金額は各自で計算すること。

期首および期末の資産・負債・資本

４月１日　　現　金 ¥590,000　　売掛金 ¥340,000　　備　品 ¥585,000

　　　　　　買掛金 ¥315,000　　資本金 ¥1,000,000　　繰越利益剰余金 ¥200,000

３月31日　　現　金 ¥699,000　　売掛金 ¥355,000　　備　品 ¥646,000

　　　　　　買掛金 ¥290,000　　借入金 ¥100,000　　資本金 ¥1,000,000

　　　　　　繰越利益剰余金 ¥（各自計算）

期間中の収益・費用

売　　上 ¥2,100,000　受取手数料 ¥25,000　仕　　入 ¥1,479,000　給　　料 ¥300,000

広告宣伝費 ¥75,000　支払家賃 ¥150,000　水道光熱費 ¥8,500　支払利息 ¥2,500

## 損 益 計 算 書

株式会社茨城商店　20X1年 4 月 1 日から 20X2 年 3 月 31 日まで

| 費　　　用 | 金　　額 | 収　　　益 | 金　　額 |
|---|---|---|---|
| 仕入 | 1,479,000 | 売上 | 2,100,000 |
| 給料 | 300,000 | 受取手数料 | 25,000 |
| 広告宣伝 | 75,000 | | |
| 支払家賃 | 150,000 | | |
| 水道 | 8,500 | | |
| 支払 | 2,500 | | |
| 当期純 | 110,000 | | |
| | 2,125,000 | | 2,125,000 |

## 貸 借 対 照 表

株式会社茨城商店　20X2 年 3 月 31 日

| 資　　　産 | 金　　額 | 負債および純資産 | 金　　額 |
|---|---|---|---|
| 現金 | 699,000 | 買掛金 | 290,000 |
| 売掛金 | 355,000 | 借入 | 100,000 |
| 備品 | 646,000 | 資本 | 1,000,000 |
| | | 繰越利 | 310,000 |
| | 1,700,000 | | 1,700,000 |

# 第2章 仕訳と転記

### 学習のポイント

1 資産・負債・資本・収益・費用の各項目ごとに分けられた記録・計算の単位を**勘定**といいます。また、勘定に付された名称を**勘定科目**といい、勘定への記入は次のように行います。

- 資産の勘定については、その増加を借方に、その減少を貸方に記入します。
- 負債の勘定については、その増加を貸方に、その減少を借方に記入します。
- 資本の勘定については、その増加を貸方に、その減少を借方に記入します。
- 収益の勘定については、その発生を貸方に記入します。
- 費用の勘定については、その発生を借方に記入します。

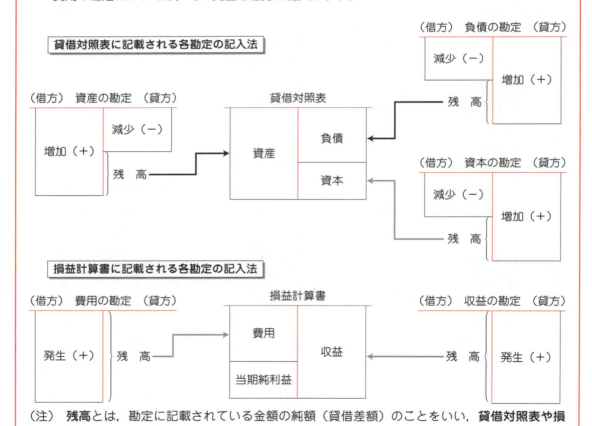

（注）**残高**とは、勘定に記載されている金額の純額（貸借差額）のことをいい、**貸借対照表や損益計算書に記載される金額**となります。

2　簿記上の**取引**とは，資産・負債・資本の増減や収益・費用の発生につながる事象をいいます。

3　複式簿記では，取引を借方の要素と貸方の要素に分解して，両者の結合関係により，勘定科目と金額を用いて二元的に記録します。この作業を**仕訳**といいます。取引の要素を借方と貸方の要素にまとめ，その結合関係を示すと次のようになります。

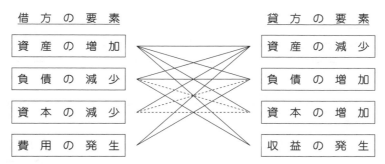

（注）……… で示した取引はあまり発生しません。

4　仕訳の内容を勘定に記入することを勘定への**転記**といいます。

次の取引にもとづいて行った場合の仕訳と転記の例は，以下のようになります。なお，商品売買の記帳法は，3分法によるものとします。3分法とは，商品の仕入時には**仕入勘定**（費用），売上時には**売上勘定**（収益），および決算時の処理として**繰越商品勘定**（資産）を用いて商品売買の記帳を行う方法です（詳しくは，第6章参照）。

取引　4/1　株主から現金￥1,000,000の出資を受けて会社を設立し，営業を開始した。
　　　　3　商品￥200,000を仕入れ，代金は現金で支払った。
　　　　9　商品を￥250,000で売り上げ，代金は掛けとした。

（上記取引の各仕訳）

| 4/1 | （借）現　　　　金 | 1,000,000 | （貸）資　本　　金 | 1,000,000 |
| 3 | （借）仕　　　　入 | 200,000 | （貸）現　　　　金 | 200,000 |
| 9 | （借）売　掛　金 | 250,000 | （貸）売　　　　上 | 250,000 |

仕訳にあたっては，取引の情報を借方と貸方のそれぞれの取引要素に分解し，それを**勘定科目と金額により記入し，借方と貸方の各合計額が等しくなるように処理**を行います。

4/1　会社を設立する時などに**株主から出資を受けたお金や物**は，会社の資本として**資本金勘定**を用いて処理します。

4/3，9　3分法では，仕入時に仕入勘定，売上時に売上勘定を用いて次のように記帳します。
商品の仕入時：（借）仕　　入　××　（貸）現金など　××　（××は金額）
商品の売上時：（借）現金など　××　（貸）売　　上　××→売価

転記は，日付・相手勘定科目・金額の記入により行います。相手勘定科目が複数ある場合には「諸口」と記入します。上記の仕訳を各勘定に転記すると次のようになります。

| 現 金 | | | | 売 掛 金 | | | |
|---|---|---|---|---|---|---|---|
| 4/1 資本金 | 1,000,000 | 4/3 仕　入 | 200,000 | 4/9 売　上 | 250,000 | | |

| 資 本 金 | | | | 売 上 | | | |
|---|---|---|---|---|---|---|---|
| | | 4/1 現　金 | 1,000,000 | | | 4/9 売掛金 | 250,000 |

| 仕 入 | | | |
|---|---|---|---|
| 4/3 現　金 | 200,000 | | |

**問題 2-1**　次のうち，簿記上の取引となるものには○印を，そうでないものには×印を，（　　　）のなかに記入しなさい。

(1) 月給¥120,000の契約で従業員を雇い入れた。　（　×　）

(2) 商品¥50,000の注文を行った。　（　×　）

(3) 商品¥50,000を仕入れ，代金は現金で支払った。　（　○　）

(4) 駐車場として利用する土地を月額¥40,000で借りる契約を結んだ。　（　×　）

(5) 銀行から現金¥200,000を借り入れた。　（　○　）

(6) 従業員の本月分給料¥120,000を現金で支払った。　（　○　）

(7) 株主より現金¥1,000,000の出資を受け，開業した。　（　○　）

**問題 2-2**　次の取引は，下記に示した取引要素の結合関係のどれに該当するか，（　　　）のなかに記号を記入しなさい。

(1) 株主より現金¥2,000,000の出資を受け，営業を開始した。　（　ウ　）

(2) 商品¥50,000を仕入れ，代金は現金で支払った。　（　イ　）

(3) 銀行から現金¥200,000を借り入れた。　（　ア　）

(4) 銀行から借り入れた¥200,000を利息¥10,000とともに現金で返済した。　（　オ　）

(5) 従業員の本月分給料¥120,000を現金で支払った。　（　イ　）

(6) 取引の仲介を行い，その手数料として現金¥5,000を受け取った。　（　エ　）

〔取引要素の結合関係〕

| 記号 | 借方の要素 | 貸方の要素 |
|---|---|---|
| ア | 資産の増加 | 負債の増加 |
| イ | 費用の発生 | 資産の減少 |
| ウ | 資産の増加 | 資本の増加 |
| エ | 資産の増加 | 収益の発生 |
| オ | 負債の減少<br>費用の発生 | 資産の減少 |

**問題 2-3** 次の各取引について仕訳しなさい。なお，商品売買の記帳方法は3分法によること。

1月4日　株主から現金¥500,000，建物¥5,000,000の出資を受け，会社を設立して営業を開始した。

　7日　備品¥200,000を購入し，代金は現金で支払った。

　10日　商品¥400,000を仕入れ，代金は掛けとした。

　15日　商品¥600,000を売り渡し，代金のうち¥350,000は現金で受け取り，残額は掛けとした。

　17日　商品¥600,000を仕入れ，代金のうち¥200,000を現金で支払い，残額は掛けとした。

　20日　水道光熱費¥20,000を現金で支払った。

　25日　従業員に，本月分の給料¥100,000を現金で支払った。

　26日　商品¥500,000を売り渡し，代金のうち半額は現金で受け取り，残額は掛けとした。

　28日　売掛金¥250,000を現金で回収した。

　31日　銀行から現金¥100,000を借り入れた。

| | 借方科目 | 金額 | 貸方科目 | 金額 |
|---|---|---|---|---|
| 1/4 | 現金<br>建物 | 500,000<br>5,000,000 | 資本金 | 5,500,000 |
| 7 | 備品 | 200,000 | 現金 | 200,000 |
| 10 | 仕入 | 400,000 | 買掛金 | 400,000 |
| 15 | 現金<br>売掛金 | 350,000<br>250,000 | 売上 | 600,000 |
| 17 | 仕入 | 600,000 | 現金<br>買掛金 | 200,000<br>400,000 |
| 20 | 水道 | 20,000 | 現金 | 20,000 |
| 25 | 給料 | 100,000 | 現金 | 100,000 |
| 26 | 現金<br>売掛金 | 250,000<br>250,000 | 売上 | 500,000 |
| 28 | 現金 | 250,000 | 売掛金 | 250,000 |
| 31 | 現金 | 100,000 | 借入金 | 100,000 |

**問題 2-4** 次の各取引について仕訳をし，総勘定元帳の各勘定に転記しなさい。なお，商品売買の記帳方法は3分法により，転記は日付・相手勘定科目・金額の記入により行うこと。

1月3日 株主から現金¥300,000と建物¥1,500,000の出資を受け，株式会社関西商店を設立し，営業を開始した。

5日 銀行から現金¥100,000を借り入れた。

7日 商品¥60,000を仕入れ，代金のうち¥20,000は現金で支払い，残額は掛けとした。

12日 商品¥80,000を売り上げ，代金のうち¥30,000は現金で受け取り，残額は掛けとした。

16日 取引の仲介を行い，手数料¥4,000を現金で受け取った。

18日 賃借している土地の地代¥5,000を現金で支払った。

21日 売掛金¥50,000を現金で回収した。

23日 買掛金¥40,000を現金で支払った。

25日 従業員に，本月分の給料¥30,000を現金で支払った。

31日 銀行からの借入金のうち¥50,000を利息¥100とともに現金で返済した。

| | 借 方 科 目 | 金 額 | 貸 方 科 目 | 金 額 |
|---|---|---|---|---|
| 1/3 | 現金<br>建物 | 300,000<br>1,500,000 | 資本金 | 1,800,000 |
| 5 | 現金 | 100,000 | 借入金 | 100,000 |
| 7 | 仕入 | 60,000 | 現金<br>買掛金 | 20,000<br>40,000 |
| 12 | 現金<br>売掛金 | 30,000<br>50,000 | 売上 | 80,000 |
| 16 | 現金 | 4,000 | 受取手数料 | 4,000 |
| 18 | 地代 | 5,000 | 現金 | 5,000 |
| 21 | 現金 | 50,000 | 売掛金 | 50,000 |
| 23 | 買掛金 | 40,000 | 現金 | 40,000 |
| 25 | 給料 | 30,000 | 現金 | 30,000 |
| 31 | 借入金<br>利息 | 50,100 | 現金 | 50,100 |

## 総 勘 定 元 帳

| 現　　　金 | | | 1 |
|---|---|---|---|
| 1/3 資本 3,000,000 | 7 仕入 29,000 | | |
| 1/5 借入金 700,000 | 18 土地代 5,000 | | |
| 12 売上 32,000 | 23 買掛金 40,000 | | |
| 16 手数料 4,000 | 25 給料 3,000 | | |
| 21 売掛金 50,000 | 31 諸口 50,000 | | |

| 売　掛　金 | | 2 |
|---|---|---|
| | 1/21 現金 50,000 | |

| 建　　物 | | 3 |
|---|---|---|
| | | |

| 買　掛　金 | | 4 |
|---|---|---|
| | | |

| 借　入　金 | | 5 |
|---|---|---|
| | | |

| 資　本　金 | | 6 |
|---|---|---|
| | | |

| 売　　上 | | 7 |
|---|---|---|
| | | |

| 受取手数料 | | 8 |
|---|---|---|
| | | |

| 仕　　入 | | 9 |
|---|---|---|
| | | |

| 給　　料 | | 10 |
|---|---|---|
| | | |

| 支払地代 | | 11 |
|---|---|---|
| | | |

| 支払利息 | | 12 |
|---|---|---|
| | | |

**問題 2-5** 商品売買に関する次の勘定記録にもとづいて，各日付の仕訳を示しなさい。ただし，勘定記録における日付は営業開始日を除いて①，②…⑤までの番号で示している。転記面の（　）については，仕訳とのつながりを考え各自推定すること。

| 現　　金 | | |
|---|---|---|
| 1/5 資本金 1,000,000 | ① 仕　　入 400,000 | |
| ② 売　　上 350,000 | ⑤ 買掛金 (200,000) | |
| ④ 売掛金 (300,00) | | |

| 売　掛　金 | | |
|---|---|---|
| ③ (売上) 420,000 | ④ 現　　金 300,000 | |

| 買　掛　金 | | |
|---|---|---|
| ⑤ 現　　金 200,000 | ① 仕　　入 300,000 | |

| 仕　　入 | | |
|---|---|---|
| ① 諸　　口 (700,000) | | |

| 売　　上 | | |
|---|---|---|
| | ② (現金) 350,000 | |
| | ③ 売掛金 420,000 | |

| | 借　方　科　目 | 金　　額 | 貸　方　科　目 | 金　　額 |
|---|---|---|---|---|
| ① | 仕入 | 700,000 | 現金<br>買掛金 | 400,000<br>300,000 |
| ② | 現金 | 350,000 | 売上 | 350,000 |
| ③ | 売掛金 | 420,000 | 売上 | 420,000 |
| ④ | 現金 | 300,000 | 売掛金 | 300,000 |
| ⑤ | 買掛金 | 200,000 | 現金 | 200,000 |

12

**問題 2-6** 次の1月中の勘定記録にもとづいて，下記の問いに答えなさい。ただし，勘定記録のなかの日付はａ，ｂ…ｆまでのアルファベットで記しており，（　？　）にあてはまる金額は，下記の取引に記入された内容にもとづいて，各自推定すること。

**2 仕訳と転記**

| 現 金 | | | |
|---|---|---|---|
| a | 3,000,000 | d | 400,000 |
| b | 1,000,000 | e | 1,200,000 |
| c | （　？　） | f | （　？　） |

| 売 掛 金 | | | |
|---|---|---|---|
| b | 1,400,000 | c | 700,000 |

| 備 品 | | | |
|---|---|---|---|
| d | （　？　） | | |

| 買 掛 金 | | | |
|---|---|---|---|
| f | 600,000 | e | 800,000 |

| 資 本 金 | | | |
|---|---|---|---|
| | | a | 3,000,000 |

| 売 上 | | | |
|---|---|---|---|
| | | b | （　？　） |

| 仕 入 | | | |
|---|---|---|---|
| e | （　？　） | | |

**取 引**

1月3日　株主より，現金¥＿＿①＿＿の出資を受けて株式会社を設立し，営業を開始した。

　6日　商品陳列棚¥＿＿②＿＿を買い入れ，代金は現金で支払った。

　9日　商品¥＿＿③＿＿を仕入れ，代金のうち¥＿＿④＿＿は現金で支払い，残額は掛けとした。

　13日　商品¥＿＿⑤＿＿を売り渡し，代金のうち¥1,000,000は現金で受け取り，残額は掛けとした。

　23日　9日に仕入れた商品の掛代金のうち，¥＿＿⑥＿＿を現金で支払った。

　27日　13日に売り渡した商品の掛代金のうち，¥＿＿⑦＿＿を現金で受け取った。

**問い**　上記の取引にあてはまる①から⑦までの各金額を答えなさい。

| ① | 3,000,000 | ② | 400,000 | ③ | 1,200,000 | ④ | 400,000 |
|---|---|---|---|---|---|---|---|
| ⑤ | 2,400,000 | ⑥ | 600,000 | ⑦ | 700,000 | | |

# 第3章 仕訳帳と元帳

## 学習のポイント

1. **仕訳帳**は，取引の仕訳を日付順に記入する帳簿をいいます。
2. **総勘定元帳**は，仕訳帳から転記が行われる**勘定口座**をすべてまとめた帳簿をいいます。総勘定元帳にとじ込まれている勘定口座の形式には，**標準式**と**残高式**があります。
3. 仕訳帳と総勘定元帳は，**主要簿**とよばれています。取引は，仕訳帳に仕訳され，総勘定元帳の各勘定口座に転記されます。

### 仕訳帳の記入

日付欄…………仕訳の日付を記入します。（月の記入は，同じ月の取引の場合，省略します）
摘要欄…………仕訳の勘定科目を記入します。1行ごとに借方または貸方の勘定科目を記入し，勘定科目には（　）を付します。借方または貸方の科目が複数ある場合には，その先頭行に「諸口」と記入してから勘定科目の記入を行います。
元丁欄…………元帳に転記を行った後，勘定口座に付されている番号を記入します。
借方・貸方欄…摘要欄に記入した勘定の金額を，摘要欄と同じ記入側に記入します。

### 総勘定元帳における各勘定口座の記入

日付欄…………仕訳と同じ日付を記入します。
摘要欄…………仕訳の相手勘定科目を記入します。複数ある場合には，「諸口」と記入します。
仕丁欄…………仕訳が記載されている仕訳帳のページを記入します。
借方・貸方欄…仕訳帳に記載されている勘定の金額を，仕訳帳と同じ記入側に記入します。

4. **補助簿**には，**補助記入帳**と**補助元帳**とがあります。補助記入帳には，特定の取引の明細が記入され，補助元帳には特定の勘定の明細が記録されます。

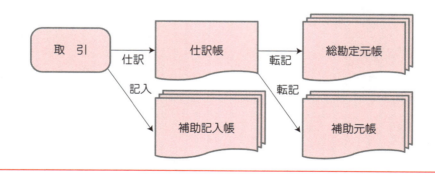

**問題 3-1** 次の取引を仕訳帳に記入し，総勘定元帳の各勘定口座（標準式）に転記しなさい。

1月2日　株主から現金¥1,000,000の出資を受けて株式会社を設立し，営業を開始した。

　　5日　さいたま商事株式会社から商品¥300,000を仕入れ，代金のうち¥100,000は現金で支払い，残額は掛けとした。

### 仕 訳 帳　　　　　　　　1

| 20X1年 | | 摘　　　要 | 元丁 | 借　　方 | 貸　　方 |
|---|---|---|---|---|---|
| 1 | 2 | （ 現金 ） | 1 | 1,000,000 | |
| | | 　　　（ 資本金 ） | 7 | | 1,000,000 |
| | | 株主より出資を受けて営業を開始 | | | |
| | 5 | （ 仕入 ）　　　諸　口 | 9 | 300,000 | |
| | | 　　　（ 現金 ） | 1 | | 100,000 |
| | | 　　　（ 買掛金 ） | 6 | | 200,000 |
| | | さいたま商事から仕入れ | | | |

### 総 勘 定 元 帳

**標準式**　　　　　　　　　　　現　　金　　　　　　　　　　1

| 20X1年 | 摘　要 | 仕丁 | 借　方 | 20X1年 | 摘　要 | 仕丁 | 貸　方 |
|---|---|---|---|---|---|---|---|
| 1 2 | 資本 | 1 | 1,000,000 | 1 5 | 仕入 | 1 | 100,000 |

買　掛　金　　　　　　　　　　6

| | | | | 20X1年 | 摘　要 | 仕丁 | 貸　方 |
|---|---|---|---|---|---|---|---|
| | | | | 1 5 | 仕入 | 1 | 200,000 |

資　本　金　　　　　　　　　　7

| | | | | 20X1年 | 摘　要 | 仕丁 | 貸　方 |
|---|---|---|---|---|---|---|---|
| | | | | 1 2 | 現金 | 1 | 1,000,000 |

仕　　入　　　　　　　　　　　9

| 20X1年 | 摘　要 | 仕丁 | 借　方 | | | | |
|---|---|---|---|---|---|---|---|
| 1 5 | 諸口 | 1 | 300,000 | | | | |

**問題 3-2** 次の取引を仕訳帳に記入し（小書きを含む），総勘定元帳の各勘定口座（現金勘定については残高式の記入を含む）に転記しなさい。ただし，仕訳帳の1ページには1月25日までの取引を記入すること。

1月3日　株主から現金¥1,400,000と備品¥300,000の出資を受け，会社を設立して事業を開始した。

　　7日　株式会社新宿商店から商品¥300,000を仕入れ，代金のうち¥100,000は現金で支払い，残額は掛けとした。

　12日　株式会社港商店に商品¥350,000を売り渡し，代金のうち¥150,000は現金で受け取り，残額は掛けとした。

　21日　本月分の従業員給料¥70,000を現金で支払った。

　25日　株式会社港商店から掛代金のうち¥100,000を現金で受け取った。

15

28日　本月分の家賃￥30,000を現金で支払った。

30日　株式会社新宿商店に対する掛代金のうち￥200,000を現金で支払った。

## 仕　訳　帳　　　　　　　　1

| 20X1年 | | 摘　　　要 | 元丁 | 借　方 | 貸　方 |
|---|---|---|---|---|---|
| 1 | 3 | | | | |
| | | | | | |
| | | 株主から出資を受けて会社を設立し, 事業開始 | | | |
| | 7 | | | | |
| | | | | | |
| | | | | | |
| | 12 | | | | |
| | | | | | |
| | | | | | |
| | 21 | | | | |
| | | | | | |
| | 25 | | | | |
| | | | | | |
| | | 次ページへ | | | |

## 仕　訳　帳　　　　　　　　2

| 20X1年 | | 摘　　　要 | 元丁 | 借　方 | 貸　方 |
|---|---|---|---|---|---|
| | | 前ページから | | | |
| 1 | 28 | | | | |
| | | | | | |
| | 30 | | | | |
| | | | | | |
| | | | | | |

## 総 勘 定 元 帳

### 現　金　　　1

| 20X1年 | | 摘　要 | 仕丁 | 借　方 | 20X1年 | | 摘　要 | 仕丁 | 貸　方 |
|---|---|---|---|---|---|---|---|---|---|
| | | | | | | | | | |
| | | | | | | | | | |
| | | | | | | | | | |

### 売　掛　金　　　2

### 備　品　　　3

### 買　掛　金　　　4

### 資　本　金　　　5

### 売　上　　　6

### 仕　入　　　7

### 給　料　　　8

### 支　払　家　賃　　　9

### 残高式　　　現　金　　　1

| 20X1年 | | 摘　　要 | 仕丁 | 借　方 | 貸　方 | 借/貸 | 残　高 |
|---|---|---|---|---|---|---|---|
| | | | | | | | |
| | | | | | | | |
| | | | | | | | |
| | | | | | | | |
| | | | | | | | |

17

# 第4章 決算

## 学習のポイント

1. **決算**とは，期末に総勘定元帳の記録を整理し，帳簿を締め切り，損益計算書と貸借対照表を作成する一連の手続をいいます。
2. 決算手続には，決算予備手続・決算本手続・財務諸表の作成が含まれます。

3. **試算表**は，期中の元帳記入が正しいかどうかを確かめるために作成します。試算表には，**合計試算表・残高試算表・合計残高試算表**があります。

### 合計残高試算表

| 借方残高 | 借方合計 | 勘定科目 | 貸方合計 | 貸方残高 |
|---|---|---|---|---|
| 700 | 1,000 | 現　　　金 | 300 | |
| | 150 | 買　掛　金 | 600 | 450 |
| ×× | ××× | | ××× | ×× |

4. **英米式決算法**では，損益計算書項目は各勘定残高を**損益勘定**に振り替えて締め切り，当期純利益を損益勘定から**繰越利益剰余金勘定**（資本）に振り替えて損益勘定を締め切ります。また，貸借対照表項目は元帳上で各勘定残高を直接「**次期繰越**」と記入して締め切ります。
5. **精算表**は，試算表の作成から財務諸表の作成までの作業を一覧表にしたものです。残高試算表，損益計算書および貸借対照表の借方・貸方の各欄から構成される精算表を6桁精算表とよびます。

# 精 算 表

| 勘 定 科 目 | 残高試算表 | | 損益計算書 | | 貸借対照表 | |
|---|---|---|---|---|---|---|
| | 借 方 | 貸 方 | 借 方 | 貸 方 | 借 方 | 貸 方 |
| 現 金 | 700 | | | | 700 | |
| 備 品 | 300 | | | | 300 | |
| 買 掛 金 | | 350 | | | | 350 |
| 資 本 金 | | 500 | | | | 500 |
| 繰越利益剰余金 | | 100 | | | | 100 |
| 売 上 | | 550 | | 550 | | |
| 仕 入 | 300 | | 300 | | | |
| 給 料 | 200 | | 200 | | | |
| 当 期 純 利 益 | | | 50 | | | 50 |
| | 1,500 | 1,500 | 550 | 550 | 1,000 | 1,000 |

［参考］（上記精算表の金額による決算振替仕訳）

1 収益の振替 （借）売 上 550 （貸）損 益 550

2 費用の振替 （借）損 益 500 （貸）仕 入 300

　　　　　　　　　　　　　　　　　　　　　　　給 料 200

3 利益の振替 （借）損 益 50 （貸）繰越利益剰余金 50

> 財務諸表としての貸借対照表には当期純利益は記載されず，繰越利益剰余金を150として表示します。

**問題 4-1** 次の株式会社横浜商店の1月中の取引にもとづき，総勘定元帳における勘定記録を取引番号順に金額のみ行い，1月末日における合計残高試算表を作成しなさい。

1月中の取引

① 株主から，現金¥800,000の出資を受けて会社を設立し，営業を開始した。

② 株式会社逗子商店から商品¥250,000を仕入れ，代金は掛けとした。

③ 株式会社横須賀商店に商品¥400,000を売り上げ，代金は掛けとした。

④ 株式会社川崎商店から商品¥170,000を仕入れ，代金のうち¥100,000は現金で支払い，残額は掛けとした。

⑤ 株式会社鎌倉商店に商品¥270,000を売り渡し，代金のうち¥120,000は現金で受け取り，残額は掛けとした。

⑥ 従業員に給料¥90,000を現金で支払った。

⑦ 株式会社逗子商店に掛代金¥250,000を現金で支払った。

⑧ 株式会社横須賀商店から掛代金のうち¥300,000を現金で回収した。

## 総 勘 定 元 帳

| 現 金 1 | | 売 掛 金 2 | | 買 掛 金 3 | |
|---|---|---|---|---|---|
| ( 800,000 ) | ( 100,000 ) | ( 400,000 ) | ( 300,000 ) | ( 250,000 ) | ( 250,000 ) |
| ( 120,000 ) | ( 90,000 ) | ( 150,000 ) | | | ( 70,000 ) |
| ( 300,000 ) | ( 250,000 ) | | | | |

| 資 本 金 4 | | 売 上 5 | | 仕 入 6 | |
|---|---|---|---|---|---|
| | ( 800,000 ) | | ( 400,000 ) | ( 250,000 ) | |
| | | | ( 270,000 ) | ( 170,000 ) | |

| 給 料 7 | |
|---|---|
| ( 90,000 ) | |

## 合 計 残 高 試 算 表
### 20X1年1月31日

| 借　　　方 | | 元丁 | 勘 定 科 目 | 貸　　　方 | |
|---|---|---|---|---|---|
| 残　　高 | 合　　計 | | | 合　　計 | 残　　高 |
| 760,000 | 1,220,000 | 1 | 現金 | 440,000 | |
| 250,000 | 550,000 | 2 | 売掛金 | 300,000 | |
| | 250,000 | 3 | 買掛金 | 320,000 | 70,000 |
| | | 4 | 資本金 | 800,000 | 800,000 |
| | | 5 | 売上 | 670,000 | 670,000 |
| 420,000 | 420,000 | 6 | 仕入 | | |
| 90,000 | 90,000 | 7 | 給料 | | |
| 1,540,000 | 2,530,000 | | | | |

**問題 4−2** 株式会社山形商店の20X1年4月1日から翌年3月31日までの会計期間における次の資料(A), (B)にもとづいて, 下記の問いに答えなさい。ただし, 仕入取引・売上取引についての返品はなかった。

資 料 (A) 20X1年4月1日における資産, 負債, 資本の前期繰越高は次のとおりであった。

| 現 金 | ¥790,000 | 売 掛 金 | ¥250,000 | 備 品 | ¥360,000 |
| 買 掛 金 | 300,000 | 借 入 金 | 300,000 | 資 本 金 | 600,000 |
| 繰越利益剰余金 | 200,000 | | | | |

(B) 20X2年3月31日（期末）に作成した合計試算表は次のとおりである。

## 合 計 試 算 表
### 20X2年3月31日

| 借 方 | 勘 定 科 目 | 貸 方 |
|---:|:---:|---:|
| 3,540,000 | 現 金 | 2,770,000 |
| 2,750,000 | 売 掛 金 | 2,250,000 |
| 510,000 | 備 品 | |
| 1,600,000 | 買 掛 金 | 2,000,000 |
| 300,000 | 借 入 金 | 800,000 |
| | 資 本 金 | 600,000 |
| | 繰越利益剰余金 | 200,000 |
| | 売 上 | 2,500,000 |
| 1,750,000 | 仕 入 | |
| 450,000 | 給 料 | |
| 200,000 | 支 払 家 賃 | |
| 20,000 | 支 払 利 息 | |
| 11,120,000 | | 11,120,000 |

**問い** (1) この期間の売掛金の回収額はいくらですか。

(2) この期間の備品の購入額はいくらですか。

(3) 3月31日における買掛金残高はいくらですか。

(4) 当期純利益の金額はいくらですか。

| (1) | 売掛金回収額 | ¥ 2,250,000 |
| (2) | 備品購入額 | ¥ 150,000 |
| (3) | 買掛金残高 | ¥ 400,000 |
| (4) | 当期純利益 | ¥ 80,000 |

**問題 4-3** 株式会社群馬商店（決算年1回，3月31日）の決算直前における総勘定元帳の各勘定残高は次のとおりである。この資料にもとづいて，下記の問いに答えなさい。

勘定残高

| | | | | | |
|---|---|---|---|---|---|
| 現　　金 | ¥890,000 | 売　掛　金 | ¥500,000 | 備　　品 | ¥510,000 |
| 買　掛　金 | 400,000 | 借　入　金 | 500,000 | 資　本　金 | 700,000 |
| 繰越利益剰余金 | 200,000 | 売　　上 | 2,000,000 | 仕　　入 | 1,380,000 |
| 給　　料 | 350,000 | 支　払　家　賃 | 150,000 | 支　払　利　息 | 20,000 |

**問い** (1) 費用の諸勘定を損益勘定に振り替えるための決算仕訳を行いなさい。

(2) 繰越利益剰余金勘定に必要な記入を行い，締め切りなさい。なお，決算振替仕訳は仕訳帳の15ページに記入したものとし，翌期首の日付で開始記入も行う。

(3) 損益計算書を作成しなさい。

**(1) 決算仕訳**

| 借 方 科 目 | 金 　 額 | 貸 方 科 目 | 金 　 額 |
|---|---|---|---|
| | | | |
| | | | |
| | | | |
| | | | |

**(2) 繰越利益剰余金勘定**

繰越利益剰余金　　　　　　7

| 日付 | | 摘　要 | 仕丁 | 借　方 | 日付 | | 摘　要 | 仕丁 | 貸　方 |
|---|---|---|---|---|---|---|---|---|---|
| 3 | 31 | | | | 4 | 1 | | ✓ | |
| | | | | | 3 | 31 | | | |
| | | | | | 4 | 1 | | | |

**(3) 損益計算書**

### 損 益 計 算 書

株式会社群馬商店　　　　20X1年4月1日から20X2年3月31日まで

| 費　　用 | 金　　額 | 収　　益 | 金　　額 |
|---|---|---|---|
| | | | |
| | | | |
| | | | |
| | | | |
| | | | |

**問題 4-4** 株式会社東京商店（決算年1回，3月31日）の2月末までの総勘定元帳における各勘定の記録と3月中の取引は次のとおりである。これらの資料にもとづき，複式簿記の基本的な一連の手続として，下記の問いに答えなさい。

### 総 勘 定 元 帳

| 現　　　　　金　　1 | 売　掛　金　　2 | 備　　　品　　3 |
|---|---|---|
| 1,938,000 \| 1,144,000 | 810,000 \| 540,000 | 152,000 \| |

| 買　掛　金　　4 | 借　入　金　　5 | 資　本　金　　6 |
|---|---|---|
| 470,000 \| 710,000 | 300,000 \| 500,000 | \| 500,000 |

| 繰越利益剰余金　　7 | 売　　　上　　8 | 仕　　　入　　9 |
|---|---|---|
| \| 180,000 | \| 1,270,000 | 800,000 \| |

| 給　　料　　10 | 支　払　家　賃　　11 | 支　払　利　息　　12 |
|---|---|---|
| 270,000 \| | 102,000 \| | 2,000 \| |

### 3月中の取引

3月1日　商品 ¥150,000 を売り渡し，代金のうち ¥80,000 は現金で受け取り，残額を掛けとした。

6日　商品 ¥130,000 を仕入れ，代金のうち ¥40,000 は現金で支払い，残額を掛けとした。

14日　得意先から掛代金 ¥110,000 を現金で回収した。

18日　仕入先に掛代金 ¥90,000 を現金で支払った。

25日　次の諸費用を現金で支払った。

　　　給　　　料　¥29,000　　支 払 家 賃　¥10,000

31日　借入金のうち ¥60,000 を利息 ¥1,000 とともに現金で返済した。

**問い** (1) 3月中の取引を仕訳し，各勘定に転記しなさい。

(2) 3月末日における合計残高試算表を完成しなさい。

(3) 決算において必要な仕訳を行い，各勘定に転記し，締め切りなさい（開始記入を含む）。

(4) 3月末日における精算表を完成しなさい。

(5) 貸借対照表および損益計算書を作成しなさい。

(1)　3月中の取引の仕訳

| | 借　方　科　目 | 金　　額 | 貸　方　科　目 | 金　　額 |
|---|---|---|---|---|
| 3／1 | | | | |
| 6 | | | | |
| 14 | | | | |
| 18 | | | | |
| 25 | | | | |
| 31 | | | | |

(1),　(3)勘定記入

現　　金　　　　1

| | |
|---|---|
| 1,938,000 | 1,144,000 |

売　掛　金　　　2

| | |
|---|---|
| 810,000 | 540,000 |

備　　品　　　　3

| | |
|---|---|
| 152,000 | |

買　掛　金　　　4

| | |
|---|---|
| 470,000 | 710,000 |

借　入　金　　　5

| | |
|---|---|
| 300,000 | 500,000 |

24

| 資　本　金 | | 6 |
|---|---|---|
| | 4/ 1 前期繰越　500,000 | |

| 繰越利益剰余金 | | 7 |
|---|---|---|
| | 4/ 1 前期繰越　180,000 | |

| 売　　　上 | | 8 |
|---|---|---|
| | 1,270,000 | |

| 仕　　　入 | | 9 |
|---|---|---|
| 800,000 | | |

| 給　　　料 | | 10 |
|---|---|---|
| 270,000 | | |

| 支　払　家　賃 | | 11 |
|---|---|---|
| 102,000 | | |

| 支　払　利　息 | | 12 |
|---|---|---|
| 2,000 | | |

| 損　　　益 | | 13 |
|---|---|---|
| | | |

4

決

算

(2)　合計残高試算表

## 合計残高試算表
### 20X2年3月31日

| 借　　方 | | 元丁 | 勘　定　科　目 | 貸　　方 | |
|---|---|---|---|---|---|
| 残　　高 | 合　　計 | | | 合　　計 | 残　　高 |
| | | 1 | 現　　　　　金 | | |
| | | 2 | 売　　掛　　金 | | |
| | | 3 | 備　　　　　品 | | |
| | | 4 | 買　　掛　　金 | | |
| | | 5 | 借　　入　　金 | | |
| | | 6 | 資　　本　　金 | | |
| | | 7 | 繰越利益剰余金 | | |
| | | 8 | 売　　　　　上 | | |
| | | 9 | 仕　　　　　入 | | |
| | | 10 | 給　　　　　料 | | |
| | | 11 | 支　払　家　賃 | | |
| | | 12 | 支　払　利　息 | | |
| | | | | | |

(3) 決算振替仕訳

| | 借 方 科 目 | 金 額 | 貸 方 科 目 | 金 額 |
|---|---|---|---|---|
| 3／31 | | | | |
| | | | | |
| | | | | |
| | | | | |
| | | | | |

(4) 精算表

## 精 算 表
### 20X2年 3 月31日

| 勘 定 科 目 | 残高試算表 | | 損益計算書 | | 貸借対照表 | |
|---|---|---|---|---|---|---|
| | 借 方 | 貸 方 | 借 方 | 貸 方 | 借 方 | 貸 方 |
| 現　　　　金 | | | | | | |
| 売　掛　金 | | | | | | |
| 備　　　品 | | | | | | |
| 買　掛　金 | | | | | | |
| 借　入　金 | | | | | | |
| 資　本　金 | | | | | | |
| 繰越利益剰余金 | | | | | | |
| 売　　　　上 | | | | | | |
| 仕　　　　入 | | | | | | |
| 給　　　料 | | | | | | |
| 支　払　家　賃 | | | | | | |
| 支　払　利　息 | | | | | | |
| | | | | | | |
| 当期純（　　） | | | | | | |

(5) 貸借対照表，損益計算書

## 貸 借 対 照 表

株式会社東京商店　　　　　　20X2年　　　月　　　日

| 資　　　産 | 金　　額 | 負債および純資産 | 金　　額 |
|---|---|---|---|
|  |  |  |  |
|  |  |  |  |
|  |  |  |  |
|  |  |  |  |

## 損 益 計 算 書

株式会社東京商店　　　20X1年　　　月　　　日から20X2年　　　月　　　日まで

| 費　　　用 | 金　　額 | 収　　　益 | 金　　額 |
|---|---|---|---|
|  |  |  |  |
|  |  |  |  |
|  |  |  |  |
|  |  |  |  |

# 第5章 現金と預金

> **学習のポイント**

1. 通貨のほか、通貨代用証券も**現金**として処理します。他人が振り出した小切手を受け取ったときは、通貨代用証券として現金扱いになります。
2. **現金出納帳**は、現金の収支の明細を記録する補助簿です。
3. 期中に現金の過不足が生じた場合には**現金過不足勘定**に記入し、原因が判明したときに正しい勘定に振り替えます。決算日までに原因が判明しなかったときは、**雑損勘定**（費用）または**雑益勘定**（収益）に振り替えます。

   - 現金の実際有高が帳簿残高より¥100不足していると判明した。
     
     （借）現 金 過 不 足　　100　（貸）現　　　　　　金　　100
   
   - 現金不足額の原因を調査したところ、¥80は旅費交通費の未記入によるものと判明した。
     
     （借）旅 費 交 通 費　　 80　（貸）現 金 過 不 足　　 80
   
   - 決算において現金過不足勘定残高¥20の原因は不明であったので、雑損に振り替えた。
     
     （借）雑　　　　　　損　　 20　（貸）現 金 過 不 足　　 20

4. 小切手を振り出したときは、当座預金の減少として処理します。また、決算日において当座預金勘定が貸方残高の場合には**当座借越勘定**（負債）への振替えを行い、翌期首には振戻処理を行います。なお、当座借越勘定を用いて処理しない場合には、**借入金勘定**（負債）に振り替えます。

   - 買掛金¥300,000を支払うため、仕入先に小切手を振り出した。なお、当座預金口座の残高は¥200,000であるが、銀行との間に借越限度額¥1,000,000の当座借越契約を結んでいる。
     
     （借）買　　掛　　金　 300,000　（貸）当　座　預　金　 300,000
   
   - 決算日における当座預金勘定の残高は貸方¥50,000であり、当座借越勘定への振替処理を行った。
     
     （借）当　座　預　金　  50,000　（貸）当　座　借　越　  50,000
   
   - 期首において、当座借越勘定の貸方残高¥50,000を当座預金勘定の貸方に振り戻した。
     
     （借）当　座　借　越　  50,000　（貸）当　座　預　金　  50,000

5. **当座預金出納帳**は、当座預金の預入れと引出しの明細を記録する補助簿です。
6. 複数の銀行預金口座を有している場合には、「普通預金○○銀行」などのように口座種別と銀行名などによる勘定科目を設定する場合があります。

   - 売掛金¥100,000について、得意先より日商銀行普通預金口座への振込みがあった。
     
     （借）普通預金日商銀行　 100,000　（貸）売　　掛　　金　 100,000

7. 日常の少額の現金払い用の資金を小口現金として管理する場合、**小口現金勘定**（資産）を用い

て処理します。定額資金前渡法（インプレスト・システム）を採用している場合，支払額と同額の補給が定期的に行われます。

- 小口現金として，小切手￥1,000を振り出して用度係へ渡した。

（借）小 口 現 金 1,000 （貸）当 座 預 金 1,000

- 用度係から消耗品費￥500と旅費交通費￥300の支払報告を受け，ただちに同額の小切手を振り出して資金を補給した。

（借）消 耗 品 費 500 （貸）当 座 預 金 800
　　　旅 費 交 通 費 300

　なお，小口現金の支払報告と資金の補給が同時に行われず，区別して処理する場合には次のようになります。

（支払報告の仕訳）（借）消 耗 品 費 500 （貸）小 口 現 金 800
　　　　　　　　　　　　旅 費 交 通 費 300
（資金補給の仕訳）（借）小 口 現 金 800 （貸）当 座 預 金 800

8　**小口現金出納帳**は，小口現金の補給と支払の明細を記録する補助簿です。次のように記入を行います。

小口現金を受け入れた時：受入欄（金額），日付欄，摘要欄（小切手受入れ）に記入します。

小口現金を支払った時：日付欄，摘要欄（支出内容），支払欄（金額），内訳欄（支出内容の費目
　　　　　　　　　　　　分類）に記入します。

月末など締切日：支払欄および内訳欄を合計して，内訳欄を締め切ります。

　　　　　　　　同日に，支払報告と同時に資金の補給が行われる場合，支払合計の額と同額が
　　　　　　　　補給されるため，それを受入欄に記入します。

　　　　　　　　受入合計と支払合計の差額により繰越額を求めて支払欄に記入し，受入欄と支
　　　　　　　　払欄を合計して締め切ります。

---

**問題 5−1**　次の取引を仕訳し，現金出納帳に記入しなさい。月末に現金出納帳を締め切ること。なお，￥415,000の前月繰越がある。商品売買の記帳方法は3分法によること。

5月2日　大分商店へ商品￥42,000を売り渡し，代金は同店振出しの小切手で受け取った。

　　4日　郵便切手とハガキ￥5,500を購入し，現金で支払った。なお，これらはすぐに使用した。

　　8日　鹿児島商店へ商品売買の仲介手数料￥29,000を現金で支払った。

　　10日　熊本商店から商品￥116,000を仕入れ，代金のうち￥42,000は大分商店から受け取った小切手で支払い，残額は掛けとした。

　　13日　佐賀商店から商品￥89,000を仕入れ，代金は小切手を振り出して支払った。

　　18日　今月分の家賃￥94,000を現金で支払った。

　　28日　宮崎商店から売掛代金として送金小切手￥67,000を受け取った。

　　31日　従業員の給料￥120,000を現金で支払った。

| | 借 方 科 目 | 金 額 | 貸 方 科 目 | 金 額 |
|---|---|---|---|---|
| 5／2 | | 42,000 | | 42,000 |
| 4 | | 5,500 | | 5,500 |
| 8 | | 29,000 | | 29,000 |
| 10 | | 116,000 | | 42,000 |
| | | | | 74,000 |
| 13 | | 89,000 | | 89,000 |
| 18 | | 94,000 | | 94,000 |
| 28 | | 67,000 | | 67,000 |
| 31 | | 120,090 | | 120,090 |

## 現 金 出 納 帳

| X1年 | | 摘　　　要 | 収　　入 | 支　　出 | 残　　高 |
|---|---|---|---|---|---|
| | | | | | |
| | | | | | |
| | | | | | |
| | | | | | |
| | | | | | |
| | | | | | |
| | | | | | |
| | | | | | |
| | | | | | |

問題 5-2 次の各取引について仕訳しなさい。

①(a) 現金の実際有高を調べたところ，帳簿残高より¥8,200少ないことがわかった。

(b) 決算において上記(a)の不足額の原因を調査したところ，通信費¥7,500の記入もれがあることがわかったが，残額については不明なので雑損として処理することにした。

②(a) 現金の実際有高を調べたところ，帳簿残高より¥6,000多いことがわかった。

(b) 決算において上記(a)の過剰額の原因を調査したところ，受取手数料¥4,500の記入もれがあることがわかったが，残額については不明なので雑益として処理することにした。

③ 現金の実際有高が帳簿残高より¥46,000不足していたので，かねて現金過不足で処理しておいたが，決算日において原因を調べたところ，旅費交通費の支払額¥30,000，通信費の支払額¥19,000および手数料の受取額¥4,000が記入もれであることが判明した。なお，残額は原因不明のため，雑損または雑益として処理することとした。

④ かねて貸方計上した現金過不足¥3,000の原因を調査したところ，水道光熱費¥3,000の支払いが二重記帳されていることがわかった。

| | 借方科目 | 金額 | 貸方科目 | 金額 |
|---|---|---|---|---|
| ①(a) | 現金過不足 | 8,200 | 現金 | 8,200 |
| ①(b) | 通信費<br>雑損 | 7500<br>700 | 現金過不足 | 8,200 |
| ②(a) | 現金 | 6,000 | 現金過不足 | 6,000 |
| ②(b) | 現金過不足 | 6,000 | 受取手数料<br>雑益 | 4,500 |
| ③ | 旅費交通費<br>通信費<br>受取手数料 | 30,000<br>19,000<br>4,000 | 現金過不足<br>雑益 | 46,000<br>7,000 |
| ④ | | | | |

問題 5-3　次の一連の取引を仕訳しなさい。なお，銀行とは借越限度額￥300,000の当座借越契約を結んでおり，現在，当座預金勘定の残高は￥60,000である。また，商品売買の記帳方法は3分法によること。

① 商品￥90,000を仕入れ，代金は小切手を振り出して支払った。

② 得意先から，売掛金の代金として当座預金口座に￥55,000の振込みがあった。

③ 商品￥160,000を仕入れ，代金は小切手を振り出して支払った。

④ 売掛金￥15,000を得意先振出しの小切手で受け取り，当座預金口座に預け入れた。

⑤ 過去に受け取っていた送金小切手￥100,000を当座預金口座に預け入れた。

⑥ 決算日につき，当座預金勘定の貸方残高を当座借越勘定に振り替えた。

| | 借方科目 | 金額 | 貸方科目 | 金額 |
|---|---|---|---|---|
| ① | 仕入 | 90,000 | 当座預金 | 90,000 |
| ② | 当座預金 | 55,000 | 売掛金 | 55,000 |
| ③ | 仕入 | 160,000 | 当座預金 | 160,000 |
| ④ | 当座預金 | 15,000 | 売掛金 | 15,000 |
| ⑤ | 当座預金 | 100,000 | 現金 | 100,000 |
| ⑥ | 当座預金 | 20,000 | 当座借越 | 20,000 |

**問題 5-4** 次の取引を仕訳し，当座預金出納帳に記入してこれを締め切りなさい。なお，6月1日現在¥80,000の当座預金勘定の残高があり，銀行とは借越限度額¥200,000の当座借越契約を結んでいる。商品売買の記帳方法は3分法によること。

6月3日 福島商店に対する買掛金¥90,000を小切手を振り出して支払った。

7日 秋田商店へ商品¥115,000を売り渡し，代金のうち¥55,000は同店振出しの小切手で受け取り，残額は掛けとした。なお，受け取った小切手はただちに当座預金口座に預け入れた。

15日 青森商店から商品¥160,000を仕入れ，代金は小切手を振り出して支払った。

21日 秋田商店に対する売掛金¥60,000を送金小切手で受け取り，当座預金口座に預け入れた。

25日 岩手商店に対する売掛金¥130,000を同店振出しの小切手で回収した。なお，受け取った小切手は当座預金口座に預け入れた。

28日 今月分の家賃¥60,000を小切手を振り出して支払った。

| | 借方科目 | 金　額 | 貸方科目 | 金　額 |
|---|---|---|---|---|
| 6／3 | 買掛金 | 90,000 | 当座預金 | 90,000 |
| 7 | 当座預金<br>売掛金 | 55,000<br>60,000 | 売上 | 115,000 |
| 15 | 仕入 | 160,000 | 当座預金 | 160,000 |
| 21 | 当座預金 | 60,000 | 売掛金 | 60,000 |
| 25 | 当座預金 | 130,000 | 売掛金 | 130,000 |
| 28 | 家賃 | 60,000 | 当座預金 | 60,000 |

**当座預金出納帳**

| X1年 | | 摘　　要 | 預　入 | 引　出 | 借または貸 | 残　高 |
|---|---|---|---|---|---|---|
| 6 | 1 | 前月繰越 | 80,000 | | 借 | 80,000 |
| | 3 | 福島商店へ買掛金支払い | | 90,000 | 貸 | 10,000 |
| | 7 | 秋田商店へ売上代金受取り | 55,000 | | 借 | 45,000 |
| | 15 | 青森商店からの仕入 | | 160,000 | 貸 | 115,000 |
| | 21 | 秋田商店からの売掛金回収 | 60,000 | | 借 | 55,000 |
| | 25 | 岩手商店からの売掛金回収 | 130,000 | | 借 | 75,000 |
| | 28 | 今月家賃の支払い | | 60,000 | 借 | 15,000 |
| | 31 | 次月繰越 | | 15,000 | | |
| | | | 325,000 | 325,000 | | |
| 7 | 1 | | 15,000 | | 借 | 15,000 |

**問題 5-5** 次の各取引について仕訳しなさい。なお，仕訳に際しては，「普通預金 X 銀行」，「当座預金 Y 銀行」という勘定を用いることとする。

① X 銀行に普通預金口座を開設し，現金¥1,000,000を預け入れた。

② Y 銀行に当座預金口座を開設し，現金¥800,000を預け入れた。

③ 従業員への給料¥400,000を X 銀行の普通預金口座から支払った。

④ Y 銀行の当座預金口座から買掛金¥230,000を支払った。

⑤ X 銀行の普通預金口座に受取手数料の代金¥150,000が振り込まれた。

⑥ X 銀行の普通預金口座から広告宣伝費¥120,000を支払った。その際に，振込手数料が¥300かかり，同口座から差し引かれた。

| | 借 方 科 目 | 金 額 | 貸 方 科 目 | 金 額 |
|---|---|---|---|---|
| ① | 普通預金X銀行 | 1,000,000 | 現金 | 1,000,000 |
| ② | 普通預金Y銀行 | 800,000 | 現金 | 800,000 |
| ③ | 給料 | 400,000 | X銀行 | 400,000 |
| ④ | 買掛金 | 230,000 | Y銀行 | 230,000 |
| ⑤ | X銀行 | 150,000 | 受取手数料 | 150,000 |
| ⑥ | 広告宣伝費<br>振込手数料 | 120,000<br>300 | X銀行 | 120,300 |

**問題 5-6** 次の各取引にもとづいて，11月末における S 銀行の普通預金の口座残高と T 銀行の普通預金の口座残高を求めなさい。なお，11月 1 日現在における S 銀行の普通預金の口座残高は¥1,830,000，T 銀行の普通預金の口座残高は¥300,000である。

11月 7 日　買掛金¥210,000を S 銀行の普通預金口座から支払った。　S −21万

12 日　売掛金¥530,000が S 銀行の普通預金口座に振り込まれた。　S +53万

15 日　T 銀行の普通預金口座から現金¥100,000を引き出した。　T −10万

18 日　備品¥500,000を購入し，代金は S 銀行の普通預金口座から支払った。S − 50万

20 日　家賃¥70,000と通信費¥50,000が T 銀行の普通預金口座から引き落とされた。T −12万

22 日　手数料¥80,000を現金で受け取り，T 銀行の普通預金口座に預け入れた。T +8万

24 日　水道光熱費¥60,000が T 銀行の普通預金口座から引き落とされた。　T −6万

30 日　S 銀行の普通預金口座から T 銀行の普通預金口座に¥400,000を振り込んだ。その際に，S −40万<br>振込手数料¥200が S 銀行の普通預金口座から引き落とされた。T +40万

　　　　S 銀行の普通預金の口座残高　¥（ 1,049,800 ）

　　　　T 銀行の普通預金の口座残高　¥（ 500,000 ）

問題 5-7  次の各取引を仕訳しなさい。

7月1日  定額資金前渡制を採用し，少額の支払用資金として小切手¥150,000を振り出して小口現金係に渡した。

31日  小口現金係から7月中の支払いについて次のような報告があったので，ただちに小切手を振り出して補給した。

旅費交通費　¥38,900　　通信費　¥42,200　　水道光熱費　¥32,600
雑費　¥9,300

| | 借方科目 | 金額 | 貸方科目 | 金額 |
|---|---|---|---|---|
| 7／1 | 小口現金 | 150,000 | 当座預金 | 150,000 |
| 31 | 旅費 | 38,900 | 小口現金 | 123,000 |
| | 通信費 | 42,000 | | |
| | 水道光熱費 | 32,600 | | |
| | 雑費 | 9,300 | | |
| | 小口現金 | 123,000 | 当座預金 | 123,000 |

問題 5-8  次の各取引を小口現金出納帳に記入し，週末における締切りと週明けの小切手振出しによる資金補給に関する記入を行いなさい。なお，定額資金前渡制（インプレスト・システム）により，小口現金係は毎週月曜日に前週の支払いの報告をし，資金補給を受けている。

| | | | |
|---|---|---|---|
| 6月20日（月） | バス回数券 | | ¥4,000 |
| 21日（火） | 事務用筆記用具 | | ¥3,000 |
| 22日（水） | タクシー代 | | ¥6,800 |
| 23日（木） | 郵便切手 | | ¥5,300 |
| 〃 | 菓子代 | | ¥2,000 |
| 24日（金） | 交通系ICカード入金 | | ¥1,000 |
| 25日（土） | コピー用紙 | | ¥3,500 |

## 小口現金出納帳

| 受　入 | X1年 | | 摘　　要 | 支　払 | 内　　訳 | | | |
| --- | --- | --- | --- | --- | --- | --- | --- | --- |
| | | | | | 旅費交通費 | 通信費 | 消耗品費 | 雑　費 |
| 7,300 | 6 | 20 | 前 週 繰 越 | | | | | |
| 22,700 | 〃 | | 本 日 補 給 | | | | | |
| | 〃 | | バス回数券 | 4,000 | 4,000 | | | |
| | 21 | | 事務用箋 | 3,900 | | | 3,900 | |
| | 22 | | タクシー代 | 6,800 | 6,800 | | | |
| | 23 | | 郵便切手 | 5,300 | | 5,300 | | |
| | 〃 | | 菓子代 | 2,000 | | | | 2,000 |
| | 24 | | ICカード | 1,000 | 1,000 | | | |
| | 25 | | コピー用紙 | 3,500 | | | 3,500 | |
| | | | 合　　　計 | 25,600 | 11,800 | 5,300 | 6,500 | 2,000 |
| | | | **次 週 繰 越** | **4,400** | | | | |
| 39,900 | | | | 39,900 | | | | |
| 4,400 | 6 | 27 | 前 週 繰 越 | 4,400 | | | | |
| 25,600 | 〃 | | 本 日 補 給 | | | | | |

# 第6章 繰越商品・仕入・売上

> **学習のポイント**

1. 商品売買の処理において，**仕入勘定（費用）**，**売上勘定（収益）**および**繰越商品勘定（資産）**の3つを用いる記帳方法を**3分法**といいます。商品仕入時は仕入勘定で，売上時（売価）は売上勘定を用いて記帳します。

2. 仕入にともなう諸費用（仕入諸掛）は，商品の仕入原価に含めて仕入勘定で処理します。
   - 商品￥500を掛けで仕入れ，仕入諸掛￥30は現金で支払った。

     （借）仕　　　　入　　530　（貸）買　　掛　　金　　500
     　　　　　　　　　　　　　　　　　現　　　　　　金　　 30

3. 売上の際に発送費を支払った場合，発送費として費用処理します。
   - 商品￥800を掛け売りし，当社負担の発送費￥50を現金で支払った。

     （借）売　　掛　　金　　800　（貸）売　　　　　　上　　800
     （借）発　　送　　費　　 50　（貸）現　　　　　　金　　 50

   - 商品￥900を売り渡し，送料￥20を含めた合計額を掛けとした。また，同時に配送業者へこの商品を引き渡し，送料￥20を現金で支払った。

     （借）売　　掛　　金　　920　（貸）売　　　　　　上　　920
     （借）発　　送　　費　　 20　（貸）現　　　　　　金　　 20

4. 仕入取引，売上取引において返品が行われた場合は，それぞれの勘定を減少させる処理（反対仕訳）を行います。

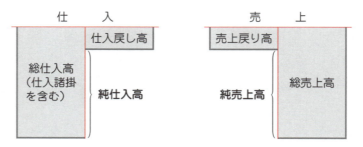

   - 掛けで商品￥2,000を仕入れていたが，このうち￥100が品違いであったため返品した。

     （借）買　　掛　　金　　100　（貸）仕　　　　　　入　　100

   - 掛けで商品￥3,000を販売していたが，このうち￥200が品質不良のため返品を受けた。

     （借）売　　　　　　上　　200　（貸）売　　掛　　金　　200

5. **仕入帳・売上帳**は，商品の仕入取引・売上取引の明細を記録するための補助簿です。また，商

品有高帳は，商品の増減および残高の明細を記録するための補助簿です。

6 商品の払出単価の算定方法には，**先入先出法**，**移動平均法**などがあります。先入先出法は，先に仕入れた商品から先に払い出される（販売する）という仮定にもとづいて払出単価を決定します。移動平均法は，単価が異なる商品を仕入れたつど，その仕入直前の残高と仕入金額の合計額を仕入直前の残高の数量と仕入数量の合計数量で割って平均単価を算定し，これをその後の売上商品の払出単価とする方法です。

7 決算において，期首商品棚卸高（繰越商品勘定の決算前残高）は繰越商品勘定から仕入勘定に振り替えられ，期末商品棚卸高（商品有高帳の期末残高）は仕入勘定から繰越商品勘定に振り替えられます。この決算整理手続によって，仕入勘定で**売上原価**が計算されることになります。

- 決算において，繰越商品勘定の残高は¥1,000，期末商品棚卸高は¥1,300であった。なお，売上原価の計算は仕入勘定を用いて行うこと。

| | | | | | | |
|---|---|---|---|---|---|---|
| （借）| 仕　　　　入 | 1,000 | （貸）| 繰　越　商　品 | 1,000 |
| （借）| 繰　越　商　品 | 1,300 | （貸）| 仕　　　　入 | 1,300 |

※仕入勘定に上記の決算処理が転記されると，仕入れの金額を表していた仕入勘定が売上原価（商品販売分の原価）に修正され，純売上高から売上原価を差し引くことで商品販売による利益（売上総利益）を計算することができます。なお，売上総利益とは，売上から売上原価を差し引いた金額を表す名称です。

- 上記において，売上原価の計算は売上原価勘定を用いて行うという指示がある場合
  （なお，仕入勘定の決算前残高は¥15,000である。）

| | | | | | | |
|---|---|---|---|---|---|---|
| （借）| 売　上　原　価 | 1,000 | （貸）| 繰　越　商　品 | 1,000 （期首商品）|
| （借）| 売　上　原　価 | 15,000 | （貸）| 仕　　　　入 | 15,000 （純仕入高）|
| （借）| 繰　越　商　品 | 1,300 | （貸）| 売　上　原　価 | 1,300 （期末商品）|

8 3分法においては，**売上総利益**（商品売買により生じた利益）を次のように計算します。

**売上総利益＝純売上高−売上原価**

**売上原価＝期首商品棚卸高（繰越商品勘定の決算前残高）＋当期商品仕入高（純仕入高）**
**　　　　　　−期末商品棚卸高**

**問題 6-1** 次の各取引を仕訳し，仕入勘定と売上勘定に転記しなさい。なお，商品売買に関する記帳方法は3分法によること。

8月2日　岐阜商店へ商品￥62,000を売り渡し，代金は掛けとした。なお，当社負担の発送費￥1,500を現金で支払った。

　　5日　長野商店から商品￥89,000を仕入れ，代金は掛けとした。

　　10日　福井商店から商品￥140,000を仕入れ，代金は掛けとした。なお，引取運賃（当社負担）￥8,000を現金で支払った。

　　11日　福井商店から仕入れた商品のうち￥7,000を品質不良のため返品し，掛代金から差し引いた。

　　15日　山梨商店へ商品￥93,000を売り渡し，代金のうち￥60,000は同店振出しの小切手で受け取り，残額は掛けとした。

　　28日　山梨商店へ売り渡した商品のうち￥5,000が品違いのため返品され，掛代金から差し引いた。

　　30日　静岡商店へ商品￥75,000を売り渡し，送料￥2,000を含めた合計額を掛けとした。また，同時に配送業者へこの商品を引き渡し，送料￥2,000を現金で支払った。

| | 借　方　科　目 | 金　　額 | 貸　方　科　目 | 金　　額 |
|---|---|---|---|---|
| 8/2 | 売掛金<br>発送費 | 62,000<br>1,500 | 売上<br>現金 | 62,000<br>1,500 |
| 5 | 仕入 | 89,000 | 買掛金 | 89,000 |
| 10 | 仕入 | 148,000 | 買掛金<br>現金 | 140,000<br>8,000 |
| 11 | 買掛金 | 7,000 | 仕入 | 7,000 |
| 15 | 現金<br>売掛金 | 60,000<br>33,000 | 売上 | 93,000 |
| 28 | 売上 | 5,000 | 売掛金 | 5,000 |
| 30 | 売掛金<br>送料 | 77,000<br>2,000 | 売上<br>現金 | 77,000<br>2,000 |

仕　　入

8/5　買掛金 89,000　｜　11 買掛金 7,000
10　諸口 148,000

売　　上

28 売掛金 5,000　｜　8/2 売掛金 62,000
　　　　　　　　　　　 8/15 諸口 93,000
　　　　　　　　　　　 30 売掛金 77,000

**問題 6-2** 次の各取引を仕訳し，仕入帳と売上帳に記入して締め切りなさい。なお，商品売買に関する記帳方法は3分法によること。

9月3日　茨城商事から商品¥600,000（A型電話機15台@¥18,000，B型電話機15台@¥22,000）を掛けで仕入れた。なお，引取運賃（当社負担）¥6,000を現金で支払った。

　6日　3日に仕入れた商品のうち，不良品¥36,000（A型電話機2台@¥18,000）を返品した。

　12日　栃木商店へ商品¥168,000（B型電話機6台@¥28,000）を売り渡し，代金のうち¥120,000は同店振出しの小切手で受け取り，残額は掛けとした。

　16日　群馬商事から商品¥300,000（C型電話機12台@¥25,000）を掛けで仕入れた。なお，引取運賃（当社負担）¥5,500は小切手を振り出して支払った。

　18日　12日に栃木商店へ売り上げた商品のうち¥28,000（B型電話機1台@¥28,000）が返品された。

　27日　埼玉商店へ商品¥463,000（A型電話機8台@¥23,000，C型電話機9台@¥31,000）を掛けで売り渡した。

| | 借　方　科　目 | 金　　額 | 貸　方　科　目 | 金　　額 |
|---|---|---|---|---|
| 9／3 | | | | |
| 6 | | | | |
| 12 | | | | |
| 16 | | | | |
| 18 | | | | |
| 27 | | | | |

## 仕　入　帳

| X1年 | 摘　　要 | 内　訳 | 金　額 |
|------|---------|--------|--------|
|      |         |        |        |
|      |         |        |        |
|      |         |        |        |
|      |         |        |        |
|      |         |        |        |
|      |         |        |        |
|      |         |        |        |
|      |         |        |        |

## 売　上　帳

| X1年 | 摘　　要 | 内　訳 | 金　額 |
|------|---------|--------|--------|
|      |         |        |        |
|      |         |        |        |
|      |         |        |        |
|      |         |        |        |
|      |         |        |        |
|      |         |        |        |

**問題 6-3** 次の資料にもとづいて，①先入先出法と②移動平均法による商品有高帳の記入を示しなさい。なお，商品有高帳の数量欄の単位はダースとする。

1月9日 仕入 30ダース @¥300

16日 売上 40ダース @¥500

21日 仕入 40ダース @¥250

29日 売上 30ダース @¥450

## 商 品 有 高 帳

① 先入先出法　　　　　　　　　ボールペン

| X1年 | | 摘　　要 | 受　　入 | | | 払　　出 | | | 残　　高 | | |
|---|---|---|---|---|---|---|---|---|---|---|---|
| | | | 数量 | 単価 | 金　額 | 数量 | 単価 | 金　額 | 数量 | 単価 | 金　額 |
| 1 | 1 | 前期繰越 | 30 | 320 | 9,600 | | | | 30 | 320 | 9,600 |
| | | | | | | | | | | | |
| | | | | | | | | | | | |
| | | | | | | | | | | | |
| | | | | | | | | | | | |
| | | | | | | | | | | | |
| | | | | | | | | | | | |

② 移動平均法

| X1年 | | 摘　　要 | 受　　入 | | | 払　　出 | | | 残　　高 | | |
|---|---|---|---|---|---|---|---|---|---|---|---|
| | | | 数量 | 単価 | 金　額 | 数量 | 単価 | 金　額 | 数量 | 単価 | 金　額 |
| 1 | 1 | 前期繰越 | 30 | 320 | 9,600 | | | | 30 | 320 | 9,600 |
| 1 | 9 | 仕入 | 30 | 300 | 9,000 | | | | | | |
| | | | | | | | | | | | |
| | | | | | | | | | | | |

**問題 6-4** 次の資料にもとづいて，先入先出法による①商品有高帳の記入を示し（帳簿の締切りも行うこと），②3月中の売上高，売上原価および売上総利益を計算しなさい。

3月1日　前月繰越　12脚　@¥23,000

　　3日　仕　　入　　5脚　@¥23,000

　　15日　仕　　入　　4脚　@¥24,500

　　17日　売　　上　19脚　@¥42,000（売価）

　　26日　仕　　入　　4脚　@¥25,000

　　28日　売　　上　　3脚　@¥43,000（売価）

## 商　品　有　高　帳

（先入先出法）　　　　　　　　　　　　　事務用チェア

| X1年 | 摘　要 | 受　入 | | | 払　出 | | | 残　高 | | |
|---|---|---|---|---|---|---|---|---|---|---|
| | | 数量 | 単価 | 金　額 | 数量 | 単価 | 金　額 | 数量 | 単価 | 金　額 |
| | | | | | | | | | | |
| | | | | | | | | | | |
| | | | | | | | | | | |
| | | | | | | | | | | |
| | | | | | | | | | | |
| | | | | | | | | | | |
| | | | | | | | | | | |
| | | | | | | | | | | |
| | | | | | | | | | | |
| | | | | | | | | | | |

| 売　上　高 | 売　上　原　価 | 売上総利益 |
|---|---|---|
| ¥ | ¥ | ¥ |

**問題 6-5** 次の仕入帳と売上帳にもとづいて，移動平均法により商品有高帳に記入し，4月中の売上原価と売上総利益を計算するため下記の（　　）内に適当な金額を記入しなさい。なお，商品有高帳の締切りを行う必要はない。

**仕　入　帳**

| X1年 | | 摘　　　　要 | 金　　額 |
|---|---|---|---|
| 4 | 7 | 奈良商店　紳士靴　60足　　@¥7,000 | 420,000 |
| | 18 | 兵庫商店　紳士靴　80足　　@¥7,200 | 576,000 |

**売　上　帳**

| X1年 | | 摘　　　　要 | 金　　額 |
|---|---|---|---|
| 4 | 14 | 京都商店　紳士靴　80足　　@¥9,000 | 720,000 |
| | 24 | 大阪商店　紳士靴　60足　　@¥9,500 | 570,000 |

**商　品　有　高　帳**

（移動平均法）　　　　　　　　　　　　紳　士　靴

| X1年 | 摘　要 | 受　入 | | | 払　出 | | | 残　高 | | |
|---|---|---|---|---|---|---|---|---|---|---|
| | | 数量 | 単価 | 金　額 | 数量 | 単価 | 金　額 | 数量 | 単価 | 金　額 |
| 4　1 | 前月繰越 | 40 | 6,000 | 240,000 | | | | 40 | 6,000 | 240,000 |
| 4　7 | 仕入 | 60 | 7000 | 420000 | | | | 100 | 66,90 | 660,090 |
| 4　14 | 売上 | | | | 80 | 66 | | | | |
| | | | | | | | | | | |
| | | | | | | | | | | |

**売上原価の計算**

月初商品棚卸高　（　　　　　　）
当月商品仕入高　（　　　　　　）
　合　　　計　　（　　　　　　）
月末商品棚卸高　（　　　　　　）
売　上　原　価　（　　　　　　）

**売上総利益の計算**

売　　上　　高　（　　　　　　）
売　上　原　価　（　　　　　　）
売　上　総　利　益　（　　　　　　）

期首商品棚卸高 ＋当期商品仕入高
（月初）　　　　　－期末商品棚卸高

# 第7章 売掛金と買掛金

> **学習のポイント**

1. **売掛金**とは商品を掛けで売り渡したときに発生する債権であり，**買掛金**とは商品を掛けで仕入れたときに発生する債務です。

2. 売掛金および買掛金の明細記録のために用いられる商店名などの勘定を**人名勘定**といいます。人名勘定を統括する売掛金・買掛金などの勘定を**統制勘定**といいます。

3. **売掛金元帳**（または**得意先元帳**）・**買掛金元帳**（または**仕入先元帳**）は，総勘定元帳の売掛金勘定・買掛金勘定の明細を明らかにするための補助簿（補助元帳）です。

4. 得意先ごとの売掛金残高をまとめた明細表を**売掛金明細表**といい，仕入先ごとの買掛金残高をまとめた明細表を**買掛金明細表**といいます。

| 売掛金明細表 | | 買掛金明細表 | |
|---|---:|---|---:|
| 東京商店 | 600 | 静岡商店 | 350 |
| 千葉商店 | 400 | 愛知商店 | 200 |
| 合計 | 1,000 | 合計 | 550 |

5. クレジットカード利用による代金決済方法で商品を販売した時は，信販会社（カード会社）に対する債権として**クレジット売掛金勘定**（資産）を用いて処理します。

- 店頭における本日の売上高は¥120,000であり，代金のうち¥20,000は現金，残額はクレジットカード利用による決済であった。クレジットカード決済額については，決済額に対し3％の手数料が差し引かれた残額を通常の売掛金とは区別して計上している。

    （借）現　　　　　金　　20,000　（貸）売　　　　上　　120,000
    　　　クレジット売掛金　97,000
    　　　支 払 手 数 料　　 3,000

- 当月に計上されたクレジット売掛金（信販会社に対する債権）は¥3,270,000であり，そのうち月内に締日を迎えている¥1,840,000につき本日入金日となり，信販会社から当社の普通預金口座への振込みがあった。

    （借）普 通 預 金　1,840,000　（貸）クレジット売掛金　1,840,000

6. 商品の売買契約に際して仕入取引が行われる前に代金の一部として仕入先に支払った手付金は

前払金勘定（資産）で，売上取引が行われる前に顧客から受け取った手付金は**前受金勘定**（負債）で処理します。前払金，前受金は仕入取引や売上取引が行われた際に，代金の一部として充当されます。

**問題 7-1** 次の各取引について仕訳しなさい。なお，商品売買の記帳方法は3分法によること。

5月3日 愛媛商店から商品¥360,000を仕入れ，代金のうち¥80,000は小切手を振り出して支払い，残額は掛けとした。

5日 山口商店へ商品¥125,000を売り渡し，代金は掛けとした。なお，当社負担の発送費¥6,000を現金で支払った。

9日 徳島商店から商品¥410,000を仕入れ，代金は掛けとした。なお，引取運賃（当社負担）¥7,500は現金で支払った。

11日 9日に仕入れた商品のうち，¥35,000は品違いであったため返品した。

16日 香川商店へ商品¥180,000を売り渡し，代金は掛けとした。

25日 広島商店に対する売掛金¥175,000を送金小切手で回収した。

| | 借 方 科 目 | 金 額 | 貸 方 科 目 | 金 額 |
|---|---|---|---|---|
| 5／3 | | | | |
| 5 | | | | |
| 9 | | | | |
| 11 | | | | |
| 16 | | | | |
| 25 | | | | |

**問題 7-2** 次の各取引について人名勘定を用いて仕訳しなさい。なお，商品売買の記帳方法は3分法によること。

6月4日 天神商店から商品¥235,000を掛けで仕入れ，当社負担の仕入諸掛¥8,500を現金で支払った。

16日 赤坂商店へ商品¥76,000を掛けで売り渡した。

28日 天神商店に対する買掛金¥211,000を，小切手を振り出して支払った。

30日 城南商店へ商品¥89,000を掛けで売り渡し，当社負担の発送費¥6,000は現金で支払った。

| | 借 方 科 目 | 金 額 | 貸 方 科 目 | 金 額 |
|---|---|---|---|---|
| 6／ 4 | | | | |
| 16 | | | | |
| 28 | | | | |
| 30 | | | | |

**問題 7-3** 次の各取引を売掛金元帳（新宿商店）に記入し，7月31日付で締め切りなさい。

7月1日　売掛金の前月繰越高は¥300,000（池袋商店¥130,000，新宿商店¥170,000）である。

　　5日　池袋商店に¥25,000，新宿商店に¥35,000の商品を掛けで販売した。

　　14日　新宿商店に対する売掛金のうち¥150,000を同店振出しの小切手で回収した。

　　19日　新宿商店に商品¥45,000を掛けで販売した。

　　26日　19日に販売した商品のうち¥3,000が返品され，掛代金から差し引いた。

### 売 掛 金 元 帳
新宿商店　　　　　　　　　　　　　　　　　　　　　　　　5

| X1年 | | 摘　　要 | 借　　方 | 貸　　方 | 借また は貸 | 残　　高 |
|---|---|---|---|---|---|---|
| 7 | 1 | 前 月 繰 越 | | | | |
| | 5 | | | | | |
| | 14 | 入　　　金 | | | | |
| | 19 | 売　　　上 | | | | |
| | 26 | | | 3,000 | | |
| | 31 | 次 月 繰 越 | | | | |
| | | | | | | |
| 8 | 1 | | | | | |

**問題 7-4** 次の各取引を買掛金元帳（鳥取商店）に記入し，9月30日付で締め切りなさい。

9月1日　買掛金の前月繰越高は¥400,000である。なお，その内訳は，島根商店¥150,000，鳥取商店¥250,000である。

　　7日　島根商店および鳥取商店から商品をそれぞれ¥180,000ずつ仕入れ，代金は掛けとした。

　　8日　前日に鳥取商店から仕入れた商品のうち¥90,000は，品違いであったので返品した。なお，代金は同店に対する買掛金から差し引いた。

　　18日　鳥取商店から商品¥160,000を仕入れ，代金は掛けとした。

　　29日　島根商店に対する買掛金のうち¥250,000，鳥取商店に対する買掛金のうち¥350,000をそれぞれ小切手を振り出して支払った。

## 買 掛 金 元 帳
鳥取商店

| X1年 | | 摘　　要 | 借　方 | 貸　方 | 借また は貸 | 残　高 |
|---|---|---|---|---|---|---|
| 9 | 1 | 前 月 繰 越 | | | | |
| | | | | | | |
| | | | | | | |
| | | | | | | |
| | | | | | | |
| 10 | 1 | | | | | |

**問題 7-5** 次の各取引について仕訳しなさい。なお，商品売買の記帳方法は3分法によること。

① 商品¥550,000を仕入れ，代金のうち¥200,000は以下の小切手を振り出し，残額は掛けとした。

```
Bank                    小　切　手
     支払地
     ××銀行名古屋支店
         ¥200,000 ※
     上記の金額をこの小切手と引替に持参人へお支払いください。
     振出日　X8年10月20日
                         株式会社名古屋商事
     振出地　愛知県名古屋市   振出人　代表取締役　愛知　一郎 ㊞
```

② 商品¥620,000を売り渡し，代金として以下の小切手を受け取った。

③ 宇都宮商店に商品を売り上げ，品物とともに次の納品書兼請求書を発送し，代金の全額を掛代金として処理した。

| 納品書兼請求書 | | | X8年3月1日 |

宇都宮商店　御中

株式会社常陸商事

| 品名 | 数量 | 単価 | 金額 |
| --- | --- | --- | --- |
| A商品 | 20 | 300 | ￥ 6,000 |
| B商品 | 10 | 400 | ￥ 4,000 |
| C商品 | 30 | 600 | ￥18,000 |
| | | 合計 | ￥28,000 |

X8年3月31日までに合計額を下記口座へお振り込み下さい。
　××銀行常陸支店　普通　1234567　カ）ヒタチショウジ

④ 金沢商店に対する1カ月分の売上（月末締め，翌月20日払い）を集計して次の請求書を発送した。なお，金沢商店に対する売上は商品発送時ではなく1カ月分をまとめて仕訳を行うこととしている。

| 請求書 | | | X8年5月31日 |

金沢商店　御中

株式会社富山食品

| 品名 | 数量 | 単価 | 金額 |
| --- | --- | --- | --- |
| X商品 | 450 | 120 | ￥ 54,000 |
| Y商品 | 230 | 380 | ￥ 87,400 |
| Z商品 | 135 | 600 | ￥ 81,000 |
| | | 合計 | ￥222,400 |

X8年6月30日までに合計額を下記口座へお振り込み下さい。
　○○銀行富山支店　当座　8765432　カ）トヤマショクヒン

| | 借　方　科　目 | 金　　額 | 貸　方　科　目 | 金　　額 |
| --- | --- | --- | --- | --- |
| ① | | | | |
| ② | | | | |
| ③ | | | | |
| ④ | | | | |

**問題 7−6** 次の各取引について仕訳しなさい。なお，商品売買の記帳方法は３分法によること。

① 商品¥500,000をクレジット払いの条件で販売した。なお，信販会社への手数料（販売代金の３％）は，販売時に計上する。

② 上記①の販売代金について，信販会社から手数料を差し引かれた残額が当社の普通預金口座に振り込まれた。

③ 沖縄食品株式会社の売上の集計結果は次のとおりであり，合計額のうち¥36,900は現金による決済，残額はクレジットカードによる決済であった。なお，信販会社への手数料として，クレジット決済額の４％を計上する。

売上集計表

X9年３月30日

| 品名 | 数量 | 単価 | 金額 |
|---|---|---|---|
| 商品A | 90 | 280 | ¥25,200 |
| 商品B | 145 | 120 | ¥17,400 |
| 商品C | 34 | 450 | ¥15,300 |
| 合計 | | | ¥57,900 |

| | 借 方 科 目 | 金 額 | 貸 方 科 目 | 金 額 |
|---|---|---|---|---|
| ① | | | | |
| ② | | | | |
| ③ | | | | |

**問題 7-7** 次の(1)合計試算表と(2)諸取引にもとづいて，月末の合計残高試算表と売掛金・買掛金の明細表を作成しなさい。

(1) X1年8月25日現在の合計試算表

## 合 計 試 算 表

| 勘 定 科 目 | 借 方 | 貸 方 |
|---|---|---|
| 現　　　　　金 | 2,475,000 | 1,950,000 |
| 当 座 預 金 | 3,375,000 | 1,800,000 |
| 売 掛 金 | 3,450,000 | 1,800,000 |
| 繰 越 商 品 | 1,200,000 | |
| 備　　　　　品 | 300,000 | |
| 買 掛 金 | 1,800,000 | 4,125,000 |
| 借 入 金 | 1,575,000 | 3,225,000 |
| 資 本 金 | | 600,000 |
| 繰 越 利 益 剰 余 金 | | 150,000 |
| 売　　　　　上 | | 4,800,000 |
| 仕　　　　　入 | 4,125,000 | |
| 給　　　　　料 | 45,000 | |
| 支 払 家 賃 | 30,000 | |
| 雑　　　　　費 | 75,000 | |
| | 18,450,000 | 18,450,000 |

(2) X1年8月26日から31日までの取引

8月26日　売上：現金¥30,000　掛け（福岡商店）¥75,000

仕入：掛け（宮崎商店）¥150,000

従業員の給料¥45,000を現金で支払った。

27日　売上：現金¥22,500　掛け（大分商店）¥90,000

仕入：掛け（熊本商店）¥225,000

売掛金を次のように小切手で回収し，当座預金口座に預け入れた。

福岡商店　¥600,000　　大分商店　¥450,000　　佐賀商店　¥300,000

28日　本日休業

29日　売上：現金¥37,500　掛け（佐賀商店）¥60,000

仕入：掛け（長崎商店）¥120,000

買掛金を次のように小切手を振り出して支払った。

宮崎商店　¥450,000　　熊本商店　¥750,000　　長崎商店　¥300,000

30日　売上：現金¥34,500　掛け（福岡商店）¥82,500

仕入：掛け（熊本商店）¥75,000

家賃¥30,000を小切手を振り出して支払った。

手許現金のうち¥300,000を当座預金口座に預け入れた。

31日　売上：現金¥30,000　掛け（大分商店）¥45,000

## 合計残高試算表

X1年8月31日

| 借 方 残 高 | 借 方 合 計 | 勘 定 科 目 | 貸 方 合 計 | 貸 方 残 高 |
|---|---|---|---|---|
| | | 現　　　　金 | | |
| | | 当 座 預 金 | | |
| | | 売　　掛　　金 | | |
| | | 繰 越 商 品 | | |
| | | 備　　　　品 | | |
| | | 買　　掛　　金 | | |
| | | 借　　入　　金 | | |
| | | 資　　本　　金 | | |
| | | 繰越利益剰余金 | | |
| | | 売　　　　上 | | |
| | | 仕　　　　入 | | |
| | | 給　　　　料 | | |
| | | 支 払 家 賃 | | |
| | | 雑　　　　費 | | |
| | | | | |

### 売掛金明細表

| | 8月25日 | 8月31日 |
|---|---|---|
| 福岡商店 | ￥　750,000 | ￥ |
| 大分商店 | 600,000 | |
| 佐賀商店 | 300,000 | |
| | ￥　1,650,000 | ￥ |

### 買掛金明細表

| | 8月25日 | 8月31日 |
|---|---|---|
| 宮崎商店 | ￥　750,000 | ￥ |
| 熊本商店 | 1,050,000 | |
| 長崎商店 | 525,000 | |
| | ￥　2,325,000 | ￥ |

**問題 7-8**　当社の10月の買掛金に関する取引の記録は，次のとおりである。空欄①～⑧に入る適切な金額または勘定科目を答えなさい。商品売買の記帳方法は3分法によっている。なお，当社の仕入先は北陸商店と東海商店だけである。

### 買　掛　金

| 借方 | | | 貸方 | | |
|---|---|---|---|---|---|
| 10/ 9 | （ ① ） | （　　） | 10/ 1 | 前月繰越 | 270,000 |
| 15 | 当座預金 | （ ② ） | 7 | （　） | （ ④ ） |
| 25 | （　） | （ ③ ） | 20 | （　） | 140,000 |
| 31 | 次月繰越 | （　　） | | | |
| | （　　） | | | （　　） | |

### 買　掛　金　元　帳

北陸商店

| 借方 | | | 貸方 | | |
|---|---|---|---|---|---|
| 10/ 9 | 返　品 | 4,000 | 10/ 1 | 前月繰越 | 108,000 |
| 15 | 支　払 | 314,000 | 7 | 仕　入 | 260,000 |
| 31 | 次月繰越 | （ ⑤ ） | | | |
| | （　　） | | | （　　） | |

東海商店

| 借方 | | | 貸方 | | |
|---|---|---|---|---|---|
| 10/15 | 支　払 | （ ⑥ ） | 10/ 1 | 前月繰越 | （ ⑦ ） |
| 25 | 返　品 | 3,000 | 20 | 仕　入 | （ ⑧ ） |
| 31 | 次月繰越 | 187,000 | | | |
| | （　　） | | | （　　） | |

| ① | ② | ③ | ④ |
|---|---|---|---|
| | | | |

| ⑤ | ⑥ | ⑦ | ⑧ |
|---|---|---|---|
| | | | |

**問題 7-9** 次の取引の仕訳を，当社と群馬商店の両方について示しなさい。なお，商品売買の記帳方法は3分法によること。

① 当社は，2週間後に群馬商店から商品¥200,000を購入する契約を締結し，手付金として現金¥50,000を支払った。

② 当社は，群馬商店から上記①の商品¥200,000を仕入れ，手付金との差額は現金で支払った。なお，引取運賃（当社負担）¥4,000を現金で支払った。

|  |  | 借 方 科 目 | 金 額 | 貸 方 科 目 | 金 額 |
|---|---|---|---|---|---|
| 当社 | ① | 、 |  |  |  |
|  | ② |  |  |  |  |
| 群馬商店 | ① |  |  |  |  |
|  | ② |  |  |  |  |

**問題 7-10** 次の各取引について仕訳しなさい。なお，商品売買の記帳方法は3分法によること。

① 九州商店に商品¥180,000を売り上げ，代金のうち¥30,000は注文時に受け取った手付金と相殺し，残額は掛けとした。

② 関東商店に注文していた商品¥500,000が到着した。商品代金のうち20％は手付金としてあらかじめ支払い済みであるため相殺し，残額は掛けとした。なお，商品の引取運賃¥3,000は着払い（当社負担）となっているため，運送業者に現金で支払った。

③ 東北商店に商品¥450,000を売り上げ，代金については注文時に受け取った手付金¥50,000と相殺し，残額は掛けとした。なお，当社負担の発送費¥1,500は現金で支払った。

|  | 借 方 科 目 | 金 額 | 貸 方 科 目 | 金 額 |
|---|---|---|---|---|
| ① | 前受金<br>売掛金 | 30,000<br>150,000 | 売上 | 180,000 |
| ② |  |  |  |  |
| ③ |  |  |  |  |

# 第8章
# その他の債権と債務

## 学習のポイント

1 金銭の貸し借りによって生じた債権・債務は，それぞれ**貸付金勘定**（資産）・**借入金勘定**（負債）で処理します。貸付金・借入金に対して生じた利息は，それぞれ**受取利息勘定**（収益）・**支払利息勘定**（費用）で処理します。なお，会社内部の従業員や役員に対する貸付金は**従業員貸付金勘定**（資産）や**役員貸付金勘定**（資産）で，役員からの借入金は**役員借入金勘定**（負債）で処理します。

- 取引先に現金¥1,000を貸し付けた。

| （借）貸 付 金 | 1,000 | （貸）現 金 | 1,000 |
|---|---|---|---|

- 取引先から現金¥2,000を借り入れた。

| （借）現 金 | 2,000 | （貸）借 入 金 | 2,000 |
|---|---|---|---|

2 商品の売買など営業活動の主目的な取引から生じた債権・債務は，それぞれ売掛金勘定・買掛金勘定で処理しますが，主目的でない取引から生じた債権・債務は，それぞれ**未収入金勘定**（資産）・**未払金勘定**（負債）で処理します。

- 備品¥200を¥300で売却し，代金は後日受け取ることとした。

| （借）未 収 入 金 | 300 | （貸）備 品 | 200 |
|---|---|---|---|
| | | 固定資産売却益 | 100 |

- 備品¥400を購入し，代金は後日支払うこととした。

| （借）備 品 | 400 | （貸）未 払 金 | 400 |
|---|---|---|---|

3 取引先や従業員などのために一時的に金銭の立替払いをしたときは**立替金勘定**（資産）で処理し，一時的に金銭を預かったときは**預り金勘定**（負債）で処理します。なお，これらのうち，取引先など社外に対するものと従業員に対するものを区別する場合には，**従業員立替金勘定**（資産）や**従業員預り金勘定**（負債）で処理し，従業員などの給料から天引きして会社が後日まとめて納付する所得税，住民税や社会保険料は，それぞれ**所得税預り金勘定**（負債），**住民税預り金勘定**（負債），**社会保険料預り金勘定**（負債）で処理します。また，社会保険料は従業員など本人による負担のほか，法律の規定により会社の負担が義務付けられており，会社負担分の支出は**法定福利費**（費用）として費用計上します。

- 従業員に対する給料支給総額は¥1,000,000であり，所得税の源泉徴収額¥54,000，住民税の源泉徴収額¥68,000および社会保険料本人負担分¥86,000を預かり，残額を普通預金口座から振り込んで支払った。

|  |  |  |  |  |  |
|---|---|---|---|---|---|
| （借） | 給　　　　料 | 1,000,000 | （貸） | 所得税預り金 | 54,000 |
|  |  |  |  | 住民税預り金 | 68,000 |
|  |  |  |  | 社会保険料預り金 | 86,000 |
|  |  |  |  | 普 通 預 金 | 792,000 |

・本年度の従業員にかかる雇用保険料の年概算額￥48,000を一括して現金で納付した。そのうち従業員負担分は￥16,000であり，残額は会社負担分である。従業員負担分のうち￥4,000についてはすでに徴収済みのため社会保険料預り金からの支出，残額は今後支給する給料から差し引いて精算（会社が一旦立替払い）するため，従業員立替金としての支出とする。なお，会社負担額は法定福利費として費用計上する。

|  |  |  |  |  |  |
|---|---|---|---|---|---|
| （借） | 法 定 福 利 費 | 32,000 | （貸） | 現　　　　金 | 48,000 |
|  | 社会保険料預り金 | 4,000 |  |  |  |
|  | 従 業 員 立 替 金 | 12,000 |  |  |  |

④ 現金の受入れや支払いはあったものの，その時点ではその内容または金額を確定できないときは，それぞれ一時的に**仮受金勘定**（負債）・**仮払金勘定**（資産）で処理し，後日，その内容または金額が確定したときに該当する勘定へ振り替えます。

・出張中の従業員から内容不明の入金￥500が普通預金口座にあった。

|  |  |  |  |  |  |
|---|---|---|---|---|---|
| （借） | 普 通 預 金 | 500 | （貸） | 仮 受 金 | 500 |

・さきに受け取った内容不明の入金￥500は，得意先からの手付金の受取りと判明した。

|  |  |  |  |  |  |
|---|---|---|---|---|---|
| （借） | 仮 受 金 | 500 | （貸） | 前 受 金 | 500 |

・従業員に対する旅費の概算額として現金￥200を支払った。

|  |  |  |  |  |  |
|---|---|---|---|---|---|
| （借） | 仮 払 金 | 200 | （貸） | 現 金 | 200 |

・出張旅費の精算を行い，概算払額￥200のうち￥190が使用され，残額は現金で返金された。

|  |  |  |  |  |  |
|---|---|---|---|---|---|
| （借） | 旅 費 交 通 費 | 190 | （貸） | 仮 払 金 | 200 |
|  | 現 金 | 10 |  |  |  |

・ICカードへ現金￥500を入金（チャージ）し，入金額を仮払金に計上した。

|  |  |  |  |  |  |
|---|---|---|---|---|---|
| （借） | 仮 払 金 | 500 | （貸） | 現 金 | 500 |

・旅費交通費￥100をICカードで支払った。

|  |  |  |  |  |  |
|---|---|---|---|---|---|
| （借） | 旅 費 交 通 費 | 100 | （貸） | 仮 払 金 | 100 |

⑤ 他社や自治体などが発行した商品券を売上の代金として受け取ったときは**受取商品券勘定**（資産）の借方に記入し，回収などの決済を行ったときは貸方に記入を行います。

・商品￥50,000を売り渡し，代金のうち￥40,000はA市が発行した商品券で，残額は現金で受け取った。

|  |  |  |  |  |  |
|---|---|---|---|---|---|
| （借） | 受 取 商 品 券 | 40,000 | （貸） | 売 上 | 50,000 |
|  | 現 金 | 10,000 |  |  |  |

・売上代金として受け取ったA市発行商品券￥40,000の決済を請求し，同額が東商銀行に保有する普通預金口座に入金された。なお，当社は銀行口座別の普通預金勘定を設定している。

|  |  |  |  |  |  |
|---|---|---|---|---|---|
| （借） | 普通預金東商銀行 | 40,000 | （貸） | 受 取 商 品 券 | 40,000 |

⑥ 土地や建物などの賃借契約にあたり，敷金などの名目で差し入れる保証金は**差入保証金勘定**

（資産）を用いて処理します。

- 新規出店にあたり，1カ月当たり￥150,000の賃借料とする不動産の賃借契約を結び，敷金および不動産業者への仲介手数料としてそれぞれ賃借料の1カ月分を，さらに翌月からの賃借料半年分を合わせて普通預金口座から振り込んだ。なお，振込時にかかる手数料￥440は当社負担とされ，不動産の賃借料は支払家賃勘定で処理する。

| （借） | 差 入 保 証 金 | 150,000 | （貸） | 普 通 預 金 | 1,200,440 |
|---|---|---|---|---|---|
| | 支 払 手 数 料 | 150,440 | | | |
| | 支 払 家 賃 | 900,000 | | | |

- 賃借契約の期間満了にあたり，不動産の賃借契約を解除し，敷金￥150,000から当社負担の修繕費￥50,000を差し引かれた残額が普通預金口座に振り込まれた。

| （借） | 修 繕 費 | 50,000 | （貸） | 差 入 保 証 金 | 150,000 |
|---|---|---|---|---|---|
| | 普 通 預 金 | 100,000 | | | |

---

**問題 8−1**　次の一連の取引の仕訳を，当社・宮城商店の両方について示しなさい。

① 当社は，宮城商店に対して￥4,000,000を，期間6カ月，利率年4.5％の条件で貸し付け，借用証書と引換えに，小切手を振り出して同店に渡した。

② 満期日になり，当社は宮城商店より貸付金の回収とともにその利息（月割計算）を同店振出しの小切手で受け取り，借用証書を返却した。なお，当社は受け取った小切手を当座預金口座に預け入れた。

| | | 借 方 科 目 | 金 額 | 貸 方 科 目 | 金 額 |
|---|---|---|---|---|---|
| 当社 | ① | | | | |
| | ② | | | | |
| 宮城商店 | ① | | | | |
| | ② | | | | |

---

**問題 8−2**　次の各取引について仕訳しなさい。

① 取引銀行から￥500,000を借り入れていたが，支払期日が到来したため，元利合計を当座預金口座から返済した。なお，借入利率は年1.8％，借入期間は10カ月間であり，利息は月割計算する。

② 当社は，難波商店に期間3カ月，年利率2％で￥600,000を貸し付けていたが，本日満期日のため利息とともに当社の普通預金口座に振り込まれた。

③ 取引銀行から借り入れていた￥1,460,000の支払期日が到来したため，元利合計を当座預金口座から返済した。なお，借入利率は年3％，借入期間は100日間であり，利息は1年を365日として日割計算する。

④ 当社の専務取締役K氏に￥2,000,000を貸し付け，当社の普通預金口座からK氏の普通預金口

座に振り込んだ。ただし，その重要性を考慮して貸付金勘定ではなく，役員貸付けであることを明示する勘定を用いることとした。なお，貸付期間は6カ月，利率は年0.6％であり，利息は元金とともに受け取る条件となっているため，利息は受取時に計上する。

⑤　上記④の満期日になり，K氏から元利合計（利息は月割計算）が普通預金口座に振り込まれた。

| | 借　方　科　目 | 金　　額 | 貸　方　科　目 | 金　　額 |
|---|---|---|---|---|
| ① | | | | |
| ② | | | | |
| ③ | | | | |
| ④ | | | | |
| ⑤ | | | | |

**問題 8-3**　次の一連の取引の仕訳を，当社・福島商会の両方について示しなさい。なお，商品売買の記帳方法は3分法によること。

①　家具販売業を営む当社は，自動車販売業を営む福島商会より家具運搬用の小型トラック2台を1台当たり¥1,500,000で購入し，代金のうち半額は小切手を振り出して支払い，残額は翌月末に支払うこととした。なお，福島商会は，受け取った小切手を当座預金口座に預け入れた。

②　翌月末にあたり，当社は，上記①のトラック購入代金の支払いとして，福島商会に¥1,500,000の小切手を振り出した。

③　当社は，家具運搬用の小型トラック1台が不用になったため，¥300,000（帳簿価額）で福島商会に売却し，代金は本月末に受け取ることにした（売却により売却損益は生じない）。

| | | 借　方　科　目 | 金　　額 | 貸　方　科　目 | 金　　額 |
|---|---|---|---|---|---|
| 当社 | ① | | | | |
| | ② | | | | |
| | ③ | | | | |
| 福島商会 | ① | | | | |
| | ② | | | | |
| | ③ | | | | |

59

問題 8-4　次の各取引について仕訳しなさい。

① 従業員の家庭用品購入代金¥80,000を立て替えて，現金で支払った。

② 本月分の従業員給料総額¥800,000の支払いとして，所得税の源泉徴収額¥40,000，従業員負担の社会保険料¥100,000および従業員に立替払いしていた¥80,000を差し引いて，残額を当座預金口座から各従業員の預金口座に振り込んだ。

③ 前月の従業員給料から差し引いた所得税の源泉徴収額¥40,000を，税務署に現金で納付した。

| | 借　方　科　目 | 金　　額 | 貸　方　科　目 | 金　　額 |
|---|---|---|---|---|
| ① | | | | |
| ② | | | | |
| ③ | | | | |

問題 8-5　次の各取引について仕訳しなさい。

① 従業員に対する給料¥800,000の支給に際して，所得税の源泉徴収分¥35,000，住民税の源泉徴収分¥44,000および健康保険・厚生年金・雇用保険の社会保険料合計¥100,000を控除し，当社の普通預金口座から従業員の銀行口座へ振り込んだ。

② 本年度の従業員にかかる雇用保険料¥72,000を一括で現金納付した。このうち従業員負担分は¥24,000（月額相当額¥2,000）であり，残額は当社負担分である。従業員負担分については，4月から6月までの3カ月分は，毎月の給料から月額相当額を差し引いて支給しているが，7月以降の9カ月分については，いったん会社が立て替えて支払い，その後の毎月の給料から精算することとしている。

| | 借　方　科　目 | 金　　額 | 貸　方　科　目 | 金　　額 |
|---|---|---|---|---|
| ① | | | | |
| ② | | | | |

問題 8-6　次の各取引について仕訳しなさい。

① 従業員の出張にあたり，旅費交通費の概算額¥120,000を現金で前渡しした。

② 出張中の従業員から，内容の特定できない¥600,000が当座預金口座へ振り込まれた。

③ 従業員が出張から帰社し，上記②の振込額の内訳は，売掛金の回収¥350,000，商品注文の手付金¥150,000，貸付金の回収¥100,000であることが判明した。

④ 従業員が帰社したので，旅費交通費の精算を行い，上記①の残額¥4,000を現金で受け取った。

⑤ 事業用のICカードに¥3,000を現金によりチャージ（入金）した。当社はチャージ時には仮払金で処理し，使用時に適切な勘定科目に振り替えている。

⑥ 従業員が上記⑤のICカードによって電車代¥400と文房具代（消耗品費）¥380を支払った。

| | 借　方　科　目 | 金　　額 | 貸　方　科　目 | 金　　額 |
|---|---|---|---|---|
| ① | | | | |
| ② | | | | |
| ③ | | | | |
| ④ | | | | |
| ⑤ | | | | |
| ⑥ | | | | |

問題 8-7　次の各取引について仕訳しなさい。

① 従業員の出張にあたり，旅費交通費の概算額￥20,000を現金で渡していたが，本日，帰社したため旅費交通費の精算を行い，残額￥1,300を現金で受け取った。

② かねて普通預金口座に振込みがあった￥100,000の詳細が不明であったため仮受金で処理していたが，本日，その内容は仙台商店に対する売掛金の回収であることが判明した。

③ 従業員が出張から戻り，旅費交通費の残額￥3,200と得意先で契約した商品販売に係る手付金￥45,000を現金で受け取った。なお，出張にあたって，従業員には旅費交通費の概算額￥25,000を現金で渡していた。

④ 営業活動で利用するICカードに現金￥10,000を入金（チャージ）し，領収書の発行を受けた。なお，入金時には仮払金勘定で処理している。

⑤ 上記④のICカードで旅費交通費￥1,300と消耗品費￥800を支払ったので，仮払金勘定から適切な勘定科目に振り替える。

| | 借 方 科 目 | 金 額 | 貸 方 科 目 | 金 額 |
|---|---|---|---|---|
| ① | | | | |
| ② | | | | |
| ③ | | | | |
| ④ | | | | |
| ⑤ | | | | |

問題 8-8　次の各取引について仕訳しなさい。

① 商品￥75,000を販売し，代金のうち￥50,000についてはA社が発行した商品券で受け取り，残額については現金で受け取った。

② 上記①の商品券をすべて精算し，同額が普通預金口座に振り込まれた。

③ 商品￥80,000を販売し，代金のうち￥30,000についてはZ市が発行した商品券で受け取り，残額についてはクレジット払いとした。なお，信販会社への手数料として，クレジット決済額の2％を計上する。

| | 借 方 科 目 | 金 額 | 貸 方 科 目 | 金 額 |
|---|---|---|---|---|
| ① | | | | |
| ② | | | | |
| ③ | | | | |

**問題 8−9** 次の各取引について仕訳しなさい。

① 事務所用としてビルの３階部分を１カ月当たり¥260,000で賃借する契約を不動産会社と締結した。なお，契約にさいして，敷金（保証金）¥520,000と仲介手数料¥260,000を普通預金口座から支払った。

② 上記①の契約にもとづいて，当月分の家賃¥260,000を普通預金口座から支払った。

③ 不動産会社から賃借していた建物の賃借契約を解除し，契約時に支払っていた敷金（保証金）¥150,000について，修繕にかかった費用¥82,000を差し引かれた残額が普通預金口座に振り込まれた。

④ 事務所の賃借契約を締結し，下記の振込依頼書どおりに普通預金口座から振り込んだ。

---

振込依頼書

株式会社岩手商事　御中

株式会社青森不動産

発行日　X1年７月31日

X1年８月31日までに以下の金額を下記口座へお振り込み下さい。

| 内容 | 金額 |
|---|---|
| 敷金 | ¥240,000 |
| ８月分賃料 | ¥120,000 |
| 仲介手数料 | ¥120,000 |
| 合計 | ¥480,000 |

△△銀行青森支店　当座　4433222　カ）アオモリフドウサン

---

| | 借 方 科 目 | 金 額 | 貸 方 科 目 | 金 額 |
|---|---|---|---|---|
| ① | | | | |
| ② | | | | |
| ③ | | | | |
| ④ | | | | |

63

# 第9章 受取手形と支払手形

## 学習のポイント

1 　手形の種類には約束手形と為替手形の2種類がありますが，為替手形はあまり利用されていないので，約束手形のみを取引における取扱対象とします。約束手形は，受取時に**受取手形勘定**（資産），振出時に**支払手形勘定**（負債）を用いて処理します。

2 　約束手形を振り出したとき，手形の振出人（支払人）は手形債務を負い（支払手形の増加），受取人は手形債権を得ます（受取手形の増加）。

 ・買掛金￥200を同額の約束手形を振り出して支払った。

　　　　（借）買　　掛　　金　　200　（貸）支　払　手　形　　200

 ・売掛金￥200を同額の約束手形を受け取って回収した。

　　　　（借）受　取　手　形　　200　（貸）売　　掛　　金　　200

3 　手形取引を記入する補助簿には，**受取手形記入帳**と**支払手形記入帳**があります。手形債権や手形債務が発生（増加）した時には手形記入帳の日付欄から手形金額欄までの記入を行い，消滅（減少）した時には手形記入帳のてん末欄に記入を行います。なお，てん末欄の記入は手形の満期日に行われ，受取手形記入帳の場合は「**入金**」，支払手形記入帳の場合は「**支払**」などとして摘要の記入を行います。

4 　金銭の貸し借りにあたって振り出される金融手形は商業手形と区別して**手形貸付金**（または貸付金）・**手形借入金**（または借入金）として処理します。

 ・現金￥300を貸し付け，同額の約束手形を受け取った。

　　　　（借）手　形　貸　付　金　　300　（貸）現　　　　　金　　300

 ・現金￥300を借り入れ，同額の約束手形を振り出した。

　　　　（借）現　　　　　金　　300　（貸）手　形　借　入　金　　300

5 　売掛金や買掛金などを有する会社が債権・債務の電子記録化を行う場合，取引銀行を通じて電子債権記録機関に登録の請求を行い，電子登録された債権は**電子記録債権勘定**（資産）で処理します。また，その通知を受け承諾した債務は**電子記録債務勘定**（負債）で処理します。登録された債権・債務の計上は，それぞれ元の債権・債務からの振替処理により行われます。

 ・当社は，得意先のA社に対し売掛金￥500,000を有しており，電子債権記録機関に債権の発生記録を請求した。A社は，電子債権記録機関から電子記録債務の発生記録の通知を受け，これを承諾した。

　（当社）（借）電 子 記 録 債 権　　500,000　（貸）売　　掛　　金　　500,000

　（A社）（借）買　　掛　　金　　500,000　（貸）電 子 記 録 債 務　　500,000

- 上記の電子記録債権の支払期日が到来し，当社の普通預金口座とＡ社の当座預金口座の間で自動的に決済が行われた。

| | | | | | |
|---|---|---|---|---|---|
| （当社） | （借）普通預金 | 500,000 | （貸）電子記録債権 | 500,000 |
| （Ａ社） | （借）電子記録債務 | 500,000 | （貸）当座預金 | 500,000 |

**問題 9-1** 次の取引の仕訳を，当社・千葉商店の両方について示しなさい。なお，商品売買の記帳方法は３分法によること。

① 当社は千葉商店から商品¥50,000を仕入れ，代金として約束手形¥50,000を振り出して千葉商店へ渡した。

② 上記①の手形の満期日になったので，当社の当座預金口座から手形金額が引き落とされ，千葉商店の当座預金口座に¥50,000が振り込まれた。

| | | 借 方 科 目 | 金 額 | 貸 方 科 目 | 金 額 |
|---|---|---|---|---|---|
| 当 | ① | | | | |
| 社 | ② | | | | |
| 千葉商店 | ① | | | | |
| | ② | | | | |

**問題 9-2** 次の各取引について仕訳しなさい。なお，仕訳が不要の場合には，「仕訳なし」と記入すること。

① かねて石川商店宛に振り出した約束手形¥270,000の満期日になり，当座預金口座から支払われた。

② 当社受取の約束手形¥130,000の代金取立を取引銀行に依頼して手形を渡した。

③ 上記②の約束手形について，取引銀行から手形代金の取立てが済み，当座預金口座に振り込まれた旨の通知があった。

| | 借 方 科 目 | 金 額 | 貸 方 科 目 | 金 額 |
|---|---|---|---|---|
| ① | 現金 | 270,000 | 当座預金 | 270,000 |
| ② | | | | |
| ③ | | | | |

**問題 9-3** 次の各取引について仕訳しなさい。なお，商品売買の記帳方法は3分法によること。

① 福井商店からかねて注文しておいた商品¥250,000を引き取り，注文時に支払った手付金¥50,000を差し引き，差額は同店宛の約束手形を振り出した。なお，その際，引取運賃（当社負担）¥8,000を現金で支払った。

② 山梨商店に対する買掛金を支払うため，同店宛の約束手形¥150,000を振り出した。

③ 京都商店から商品¥130,000を仕入れ，代金のうち半額は同店宛の約束手形を振り出し，残額は小切手を振り出して支払った。

④ 得意先神戸商店に対して，さきに注文のあった商品を引き渡し，この代金¥300,000から手付金¥60,000を控除した差額のうち，半額を同店振出しの約束手形で受け取り，残額は月末に受け取ることとした。

| | 借 方 科 目 | 金 額 | 貸 方 科 目 | 金 額 |
|---|---|---|---|---|
| ① | 仕入 | 258,000 | 前払金<br>支払手形<br>現金 | 50,000<br>200,000<br>8,000 |
| ② | 買掛金 | 150,000 | 支払手形 | 150,000 |
| ③ | 仕入 | 130,000 | 支払手形<br>当座預金 | 65,000<br>65,000 |
| ④ | 手付金<br>受取手形<br>売掛金 | 60,000<br>120,000<br>120,000 | 売上 | 300,000 |

**問題 9-4** 決算に際し次の誤りを発見した。よって，これを訂正するための仕訳を行いなさい。

① 得意先岐阜商店に対する売掛金¥350,000を同店振出，当社宛の約束手形で回収した際，誤って貸借反対に記帳していた。

② 仕入先静岡商店に対する買掛金¥150,000を約束手形を振り出して支払った際に，借方科目を仕入と誤って記帳していた。

③ 商品¥50,000を仕入れた際，仕入先宛の約束手形を振り出して支払っていたが，誤って買掛金の支払いのためにこの約束手形を振り出したように記帳していた。

| | 借 方 科 目 | 金 額 | 貸 方 科 目 | 金 額 |
|---|---|---|---|---|
| ① | | | | |
| ② | | | | |
| ③ | | | | |

**問題 9-5** 株式会社岐阜商事は，商品￥940,000を株式会社長野商会に売り渡し，代金として以下の手形を受け取った。両社の仕訳を示しなさい。

株式会社岐阜商事の仕訳

| 借方科目 | 金　額 | 貸方科目 | 金　額 |
|---|---|---|---|
|  |  |  |  |

株式会社長野商会の仕訳

| 借方科目 | 金　額 | 貸方科目 | 金　額 |
|---|---|---|---|
|  |  |  |  |

**問題 9-6** 佐賀株式会社の次の各取引について仕訳し，受取手形記入帳に記入しなさい。

3月5日　宮城商店に対する売掛金￥280,000を，同店振出しの約束手形（＃27，振出日3月5日，支払期日4月5日，支払場所南北銀行）で受け取った。

　　12日　茨城商店に商品￥320,000を売り渡し，代金として同店振出しの約束手形（＃16，振出日3月12日，支払期日5月12日，支払場所北東銀行）を受け取った。

4月5日　取引銀行から，宮城商店振出しの約束手形（＃27）が決済され，当座預金口座に入金された旨の通知があった。

5月12日　取引銀行から，茨城商店振出しの約束手形（＃16）が決済され，当座預金口座に入金された旨の通知があった。

|  | 借方科目 | 金　額 | 貸方科目 | 金　額 |
|---|---|---|---|---|
| 3／5 |  |  |  |  |
| 12 |  |  |  |  |
| 4／5 |  |  |  |  |
| 5／12 |  |  |  |  |

受取手形記入帳

| X1年 月 日 | 手形種類 | 手形番号 | 摘要 | 支払人 | 振出人または裏書人 | 振出日 月 日 | 満期日 月 日 | 支払場所 | 手形金額 | てん末 月 日 摘要 |
|---|---|---|---|---|---|---|---|---|---|---|
|  |  |  |  |  |  |  |  |  |  |  |

**問題 9-7** 次の帳簿の名称を（　　）の中に記入し，あわせてこの帳簿に記録されている各取引を仕訳しなさい。ただし，買掛金については人名勘定を用いることとする。

（　　　　　　　　　）

| X1年 | | 手形種類 | 手形番号 | 摘　要 | 受取人 | 振出人 | 振出日 | | 満期日 | | 支払場所 | 手形金額 | て　ん　末 | | |
|---|---|---|---|---|---|---|---|---|---|---|---|---|---|---|---|
| | | | | | | | 月 | 日 | 月 | 日 | | | 月 | 日 | 摘　要 |
| 4 | 20 | 約手 | 27 | 買掛金 | 大阪商店 | 当　社 | 4 | 20 | 6 | 30 | 東西銀行 | 280,000 | 6 | 30 | 当座預金から支払 |
| 5 | 25 | 約手 | 31 | 仕入 | 京都商店 | 当　社 | 5 | 25 | 7 | 31 | 〃 | 340,000 | | | |

| | 借　方　科　目 | 金　　額 | 貸　方　科　目 | 金　　額 |
|---|---|---|---|---|
| 4／20 | | | | |
| 5／25 | | | | |
| 6／30 | | | | |

**問題 9-8** 埼玉株式会社では，下記の表に記載の補助簿を用いている。各取引がどの補助簿に記入されるか答えなさい。なお，解答にあたっては，該当するすべての補助簿の欄に○印を付しなさい。

① 岩手商店から商品¥430,000を仕入れ，代金のうち¥100,000は小切手を振り出して支払い，残額は同店宛の約束手形を振り出した。

② 千葉商店へ商品¥760,000を売り渡し，代金として同店振出しの約束手形を受け取った。

③ 山梨商店に対する買掛金¥320,000の決済のため，同店宛の約束手形を振り出した。

④ 新潟商店に対する売掛金¥180,000の代金として，同店振出しの約束手形を受け取った。

⑤ 青森商店から商品¥250,000を仕入れ，代金として同店宛の約束手形を振り出した。なお，当社負担の発送運賃¥4,000は現金で支払った。

| | 現　金出納帳 | 当座預金出 納 帳 | 商　品有高帳 | 売掛金元　帳 | 買掛金元　帳 | 仕入帳 | 売上帳 | 受取手形記 入 帳 | 支払手形記 入 帳 |
|---|---|---|---|---|---|---|---|---|---|
| ① | | | | | | | | | |
| ② | | | | | | | | | |
| ③ | | | | | | | | | |
| ④ | | | | | | | | | |
| ⑤ | | | | | | | | | |

**問題 9-9** 次の各取引について仕訳しなさい。

① 東京商店へ¥1,400,000を貸し付け，同額の約束手形を受け取った。なお，貸付時に利息を差し引き，残額を当社の当座預金口座から同店の当座預金口座に振り込んだ。貸付期間は3カ月間で，利率は年5％であり，利息は月割計算する。

② 南西銀行から¥4,500,000を約束手形を振り出して借り入れ，利息を差し引かれた手取金が当座預金口座に振り込まれた。なお，借入期間は146日，利率は年6％であり，利息は1年を365日として日割計算する。

③ 神奈川商店に¥500,000を貸し付け，同額の約束手形を受け取るとともに，当社の普通預金口座から同店の普通預金口座に振り込んだ。

④ 上記③の貸付けの満期日が到来し，神奈川商店から元利合計¥514,000が普通預金口座に振り込まれた。

| | 借 方 科 目 | 金 額 | 貸 方 科 目 | 金 額 |
|---|---|---|---|---|
| ① | 手形貸付金 | 1,400,000 | 当座預金<br>受取利息 | 1,382,500<br>17,500 |
| ② | 当座預金<br>支払利息 | 4,392,000<br>108,000 | 手形借入金 | 4,500,000 |
| ③ | 手形貸付金 | 500,000 | 普通預金 | 500,000 |
| ④ | 普通預金 | 514,000 | 手形貸付金<br>受取利息 | 500,000<br>14,000 |

**問題 9-10** 次の連続した取引について，各社の仕訳を示しなさい。

① 栃木商事株式会社は，株式会社埼玉商会に商品¥860,000を売り渡し，代金は掛けとした。

② 栃木商事株式会社は，取引銀行を通じて，株式会社埼玉商会に対する売掛金¥860,000について，電子債権記録機関に対して電子記録債権の発生記録の請求を行った。株式会社埼玉商会は，電子債権記録機関から電子記録債務の発生記録の通知を受け，これを承諾した。

③ 電子記録債権の決済期日になり，栃木商事株式会社の普通預金口座と株式会社埼玉商会の普通預金口座の間で決済が行われた。

栃木商事㈱の仕訳

| | 借 方 科 目 | 金 額 | 貸 方 科 目 | 金 額 |
|---|---|---|---|---|
| ① | | | | |
| ② | | | | |
| ③ | | | | |

㈱埼玉商会の仕訳

| | 借 方 科 目 | 金 額 | 貸 方 科 目 | 金 額 |
|---|---|---|---|---|
| ① | | | | |
| ② | | | | |
| ③ | | | | |

# 第10章 有形固定資産

## 学習のポイント

1　備品，車両運搬具，建物，土地など，長期にわたって使用するために保有し，具体的な存在形態をもった固定資産を**有形固定資産**といいます。

2　有形固定資産を購入したときは，それぞれの勘定の借方に取得原価で記入します。なお，取得原価には付随費用を含めます。

- 備品¥8,000を購入し，付随費用¥200とともに小切手を振り出して支払った。

（借）備　　　　品　　　8,200　（貸）当　座　預　金　　　8,200

3　有形固定資産を購入した後に，その固定資産に対して支出が発生した場合，支出により固定資産の価値が増加したり耐用年数が延長するときは固定資産の取得原価に加えます（**資本的支出**）。また，その支出が通常予定される修理や保守のためのものであるときは**修繕費**として費用処理します（**収益的支出**）。

- 建物の増築（資本的支出）を行い，現金¥2,000を支払った。

（借）建　　　　物　　　2,000　（貸）現　　　　金　　　2,000

- 建物の修繕（収益的支出）を行い，現金¥1,000を支払った。

（借）修　　繕　　費　　　1,000　（貸）現　　　　金　　　1,000

4　土地を除く有形固定資産は，使用または時の経過にともなってその価値が減少するため，決算にあたり，当期中の価値の減少分を**減価償却費勘定**（費用）で処理します。この手続を減価償却といいます。3級では，減価償却費の計算方法は**定額法**，減価償却の記帳法は**間接法**による処理を行います。

定額法による減価償却費（1年分）の計算：　$減価償却費 = \dfrac{取得原価 - 残存価額}{耐用年数}$

- 決算にあたり，建物（取得原価¥10,000，残存価額¥1,000，耐用年数30年）の減価償却を定額法により行い，間接法で記帳を行った。

（借）減　価　償　却　費　　　300　（貸）建物減価償却累計額　　　300

$減価償却費 = \dfrac{¥10,000 - ¥1,000}{30年} = ¥300$

5　有形固定資産を売却したときは，固定資産の帳簿価額と売却価額との差額を**固定資産売却損勘定**（費用）または**固定資産売却益勘定**（収益）で処理します。帳簿価額とは，取得原価から減価償却累計額（期中に売却する場合は，使用期間にかかる減価償却費も計上する）を差し引いた額

をいいます。

- 備品（取得原価￥200,000，減価償却累計額￥160,000）を期首に￥15,000で売却し，売却額は現金で受け取った。

| （借）　備品減価償却累計額 | 160,000 | （貸）　備　　　品 | 200,000 |
|---|---|---|---|
| 現　　　　　金 | 15,000 | | |
| 固定資産売却損 | 25,000 | | |

- 上記取引で，期中に同額で売却し，期中の使用期間にかかる減価償却費が￥10,000の場合

| （借）　備品減価償却累計額 | 160,000 | （貸）　備　　　品 | 200,000 |
|---|---|---|---|
| 減 価 償 却 費 | 10,000 | | |
| 現　　　　　金 | 15,000 | | |
| 固定資産売却損 | 15,000 | | |

6　有形固定資産の取得や売却，減価償却に関する明細，残高（帳簿価額）などを記録するために用いられる補助簿を**固定資産台帳**といい，決算日において保有する固定資産の明細を表します。

7　減価償却費の計上については，期末に行う決算（年次決算）で1年分を計上する方法と，月ごとに簡易な決算（月次決算）を行い1カ月分ずつ計上する方法があります。なお，月次決算を行う場合でも，年次決算は必ず行われます。

- 期首に取得した備品￥1,200,000につき，残存価額ゼロ，耐用年数4年として，(1)年次決算で1年分を計上する方法，(2)月次決算を行い，1カ月分を計上する方法（月次決算時と年次決算時）のそれぞれで減価償却を行った場合の仕訳は次のようになります。

(1)　年次決算時　（借）　減 価 償 却 費　　300,000　（貸）　備品減価償却累計額　　300,000

減価償却費＝￥1,200,000÷4年＝￥300,000（1年分の金額）

(2)　月次決算時　（借）　減 価 償 却 費　　　25,000　（貸）　備品減価償却累計額　　　25,000

年次決算時　（借）　減 価 償 却 費　　　25,000　（貸）　備品減価償却累計額　　　25,000

減価償却費＝￥1,200,000÷4年÷12カ月＝￥25,000（1カ月分の金額）

月次決算を行っている場合には，年次決算において決算月の減価償却費を計上することになるため1カ月分の減価償却費が計上されます。

**問題 10-1** 次の各取引について仕訳しなさい。

① 店舗用の土地200m²を1m²当たり￥15,000で購入し，整地費用￥300,000，登記料￥20,000および仲介手数料￥40,000とともに小切手を振り出して支払った。

② 建物￥4,500,000を購入し，代金は小切手を振り出して支払った。なお，不動産業者への手数料￥125,000と登記料￥90,000は現金で支払った。

③ 事務用のパソコン5台を購入し，代金￥750,000のうち半額は小切手を振り出して支払い，残額は月末に支払うことにした。なお，引取運賃￥8,000は現金で支払った。

④ 建物を￥5,300,000で購入し，代金は仲介手数料￥165,000とともに普通預金口座から支払った。

⑤ 店舗で用いる陳列棚を購入し，代金￥350,000は小切手を振り出して支払い，引取運賃￥15,000と運送保険料￥8,500は現金で支払った。

⑥ 営業用乗用車1台を購入し，代金￥1,200,000は小切手を振り出して支払った。

⑦ 建物の内装について改良と修繕を行い，代金￥750,000を当座預金口座から支払った。なお，代金のうち￥500,000は改良のための支出であり，残額は定期的な修繕のための支出である。

⑧ 建物の外壁について修繕と強化工事を行い，代金￥600,000は来月末に支払うことにした。なお，代金のうち￥180,000は資本的支出，残額は収益的支出として処理する。

| | 借方科目 | 金額 | 貸方科目 | 金額 |
|---|---|---|---|---|
| ① | 土地 | 3,360,000 | 当座預金 | 3,360,000 |
| ② | 建物 | 4,715,000 | 当座預金<br>現金 | 4,500,000<br>215,000 |
| ③ | 備品 | 756,000 | 当座預金<br>未払金<br>現金 | 375,000<br>375,000<br>8,000 |
| ④ | 建物 | 5,465,000 | 普通預金 | 5,465,000 |
| ⑤ | 備品 | 373,500 | 当座預金<br>現金 | 350,000<br>23,500 |
| ⑥ | 車両運搬具 | 1,200,000 | 当座預金 | 1,200,000 |
| ⑦ | 建物<br>修繕費 | 500,000<br>250,000 | 当座預金 | 750,000 |
| ⑧ | 建物<br>修善費 | 180,000<br>420,000 | 未払金 | 600,000 |

**問題 10-2** 次の連続した取引について仕訳しなさい。

5月18日 店舗用地800m²を1m²当たり￥7,500で購入し，仲介手数料，登記料などの付随費用￥240,000とともに小切手を振り出して支払った。

28日 上記の土地を整地し，整地のための費用￥620,000を小切手を振り出して支払った。

6月24日 上記の店舗用地のうち200m²を1m²当たり￥9,000で取引先に売却し，代金として先方振出しの小切手を受け取った。

| | 借方科目 | 金　額 | 貸方科目 | 金　額 |
|---|---|---|---|---|
| 5/18 | 土地 | 6,240,000 | 当座預金 | 6,240,000 |
| 28 | 土地 | 620,000 | 当座預金 | 620,000 |
| 6/24 | 現金 | 1,800,000 | 土地<br>固定資産売却益 | 3,715,000<br>85,... |

**問題 10-3** 決算にあたり，当期首（4月1日）に取得した備品（取得原価¥320,000，耐用年数8年，残存価額ゼロ）の減価償却を定額法で行う。決算整理に必要な仕訳を間接法で示し，各勘定に転記しなさい（会計期間は1年）。

| 借方科目 | 金　額 | 貸方科目 | 金　額 |
|---|---|---|---|
| | | | |

減価償却費　　　　　　　　　　　　　　　　備品減価償却累計額

**問題 10-4** 次の各取引について仕訳しなさい。なお，減価償却の記帳方法は間接法によること。

① 決算（年1回）にあたり，備品（取得原価¥180,000，耐用年数5年，残存価額ゼロ）について，減価償却（定額法）を行う。

② 取得原価¥600,000，減価償却累計額¥324,000の備品を¥310,000で売却し，代金のうち¥50,000は先方が振り出した小切手で受け取り，残額は月末に受け取ることにした。

③ 取得原価¥3,300,000，減価償却累計額¥2,376,000の車両運搬具を売却し，代金¥850,000は月末に受け取ることにした。

④ 決算（3月31日）にあたり，備品（耐用年数10年，残存価額ゼロ）¥700,000につき定額法により減価償却を行う。なお，¥700,000のうち¥400,000は購入後4年度目であるが，¥300,000は今年度の6月1日に購入したもので，これについての減価償却費は月割計算で計上する。

⑤ 20X2年度の期首（4月1日）に購入した備品（取得原価¥800,000，耐用年数5年，残存価額ゼロ，定額法により減価償却を行っている）が不用となったので，20X6年6月30日に¥200,000で売却し，代金は翌月末に受け取ることとした。なお，当社の決算日は3月31日で，減価償却費については月割計算により計上し，減価償却累計額勘定を経由せずに直接計上すること。

⑥ 20X1年7月1日に購入した備品（取得原価¥300,000，耐用年数5年，残存価額ゼロ，定額法により減価償却を行っている）が不用となったので，20X5年9月30日に¥15,000で売却し，代金は現金で受け取った。なお，当社の決算日は3月31日で，減価償却費については月割計算により計上し，減価償却累計額勘定を経由せずに直接計上すること。

| | 借方科目 | 金額 | 貸方科目 | 金額 |
|---|---|---|---|---|
| ① | | | | |
| ② | | | | |
| ③ | | | | |
| ④ | | | | |
| ⑤ | | | | |
| ⑥ | | | | |

**問題 10-5** 以下の【資料】にもとづいて，備品勘定，備品減価償却累計額勘定および減価償却費勘定の空欄①〜⑤に当てはまる適切な金額または語句を答えなさい。減価償却は定額法で行っており，期中取得分の減価償却費は月割計算する。決算は3月31日で，当期はX8年4月1日からX9年3月31日までである。

【資料】

1．前期繰越の内訳は以下のとおりである。

　　X5年4月1日　購入分　¥600,000（耐用年数5年，残存価額ゼロ）

　　X7年10月1日　購入分　¥400,000（耐用年数4年，残存価額ゼロ）

2．X8年12月8日に，備品¥720,000（耐用年数8年，残存価額ゼロ）を購入し，代金は小切手を振り出して支払った。

備　　品

| | | | |
|---|---|---|---|
| X8/ 4/ 1 前期繰越 | 1,000,000 | X9/ 3/31 次期繰越（　①　） | |
| 12/ 8 当座預金（　　　　） | | | |
| （　　　　） | | （　　　　） | |

備品減価償却累計額

| | | |
|---|---|---|
| X9/ 3/31 次期繰越（　　　） | X8/ 4/ 1 前期繰越（　②　） | |
| | X9/ 3/31 減価償却費（　③　） | |
| （　　　　） | （　　　　） | |

減価償却費

| X9/ 3/31 （ ④ ）（ ） | X9/ 3/31 （ ⑤ ）（ ） |
| --- | --- |

| ① | ② | ③ | ④ | ⑤ |
| --- | --- | --- | --- | --- |
| | | | | |

**問題 10－6** 次の各取引について仕訳しなさい。

① 月次決算につき，建物（取得原価¥6,000,000，耐用年数50年，残存価額ゼロ）について，１カ月分の減価償却費を月割で計上する。なお，減価償却は定額法で行い，間接法で記帳する。

② 期首（X1年４月１日）に備品（本体価格¥720,000，耐用年数４年，残存価額ゼロ）を取得し，代金は引取運賃¥4,800を含めて小切手を振り出して支払った。

③ X1年４月30日，上記②の備品について減価償却（定額法，間接法で記帳）を行い，減価償却費を月割で計上する。

| | 借　方　科　目 | 金　　　額 | 貸　方　科　目 | 金　　　額 |
| --- | --- | --- | --- | --- |
| ① | | | | |
| ② | | | | |
| ③ | | | | |

**問題 10－7** 次の各取引について仕訳しなさい。

① 事務作業に使用する物品を購入し，品物とともに次の請求書を受け取り，代金は後日支払うこととした。なお，当社では単価¥100,000以上の物品は備品として処理し，それ以外の物品は費用処理している。

請求書　　　　　　　　X8年５月１日

株式会社神戸商事　様

株式会社関西電器

| 品名 | 数量 | 単価 | 金額 |
| --- | --- | --- | --- |
| デスクトップパソコン | 2 | 350,000 | ¥700,000 |
| 印刷用紙（500枚入） | 20 | 250 | ¥　5,000 |
| 合計 | | | ¥705,000 |

X8年５月31日までに合計額を下記口座へお振り込み下さい。
東西銀行関西支店　普通　1357924　カ）カンサイデンキ

② 事務作業に使用する物品を購入し，品物とともに次の請求書を受け取り，代金は普通預金口座から支払った。なお，当社では単価¥100,000以上の物品は備品として処理している。

|  |  | 請求書 | X8年7月1日 |
|---|---|---|---|

株式会社盛岡商事　様

株式会社東北電器

| 品名 | 数量 | 単価 | 金額 |
|---|---|---|---|
| ノートパソコン | 30 | 210,000 | ￥6,300,000 |
| 配送料 |  |  | ￥ 72,000 |
| セッティング作業 | 30 | 1,300 | ￥ 39,000 |
|  |  | 合計 | ￥6,411,000 |

X8年7月31日までに合計額を下記口座へお振り込み下さい。
南北銀行東北支店　普通　2468024　カ）トウホクデンキ

|  | 借 方 科 目 | 金　　額 | 貸 方 科 目 | 金　　額 |
|---|---|---|---|---|
| ① |  |  |  |  |
| ② |  |  |  |  |

問題 10-8　次の固定資産台帳にもとづいて，空欄①〜⑤に当てはまる適切な金額を答えなさい。当社は，定額法（残存価額はゼロ，間接法で記帳）により減価償却を行っており，期中取得した場合には減価償却費は月割計算で計上する。なお，当社の決算日は3月31日であり，当期はX7年4月1日からX8年3月31日までである。

### 固 定 資 産 台 帳
X8年3月31日現在

| 取得年月日 | 種類用途 | 期末数量 | 耐用年数 | 期首（期中取得）取得原価 | 期首減価償却累 計 額 | 差引期首（期中取得）帳簿価額 | 当　　　期減価償却費 |
|---|---|---|---|---|---|---|---|
| X4年4月1日 | 備品A | 1 | 8年 | 1,200,000 | 450,000 | （　①　） | （　②　） |
| X6年10月5日 | 備品B | 2 | 5年 | 600,000 | （　③　） | （　　　） | （　④　） |
| X7年4月1日 | 備品C | 2 | 4年 | 1,000,000 | 0 | 1,000,000 | （　⑤　） |

| ① | ② | ③ | ④ | ⑤ |
|---|---|---|---|---|
|  |  |  |  |  |

**問題 10-9** 次の固定資産台帳にもとづいて，下記の勘定の空欄①〜⑤に当てはまる適切な金額または勘定科目を答えなさい。当社は，定額法（残存価額はゼロ，間接法で記帳）により減価償却を行っており，期中取得した場合には減価償却費は月割計算で計上する。なお，当社の決算日は3月31日であり，当期はX6年4月1日からX7年3月31日までである。

### 固 定 資 産 台 帳
X7年3月31日現在

| 取得年月日 | 種類用途 | 期末数量 | 耐用年数 | 期首（期中取得）取得原価 | 期首減価償却累計額 | 差引期首（期中取得）帳簿価額 | 当期減価償却費 |
|---|---|---|---|---|---|---|---|
| X4年4月1日 | 備品X | 4 | 5年 | 1,400,000 | 560,000 | 840,000 | 280,000 |
| X5年7月10日 | 備品Y | 1 | 4年 | 576,000 | 108,000 | 468,000 | 144,000 |
| X6年6月1日 | 備品Z | 2 | 8年 | 720,000 | 0 | 720,000 | （各自計算） |

### 備　　品

| | | | |
|---|---|---|---|
| X6/ 4/ 1 前 期 繰 越（　①　） | X7/ 3/31 次 期 繰 越（　②　） |
| 6/ 1 普 通 預 金（　　　） | |
| （　　　） | （　　　） |

### 備品減価償却累計額

| | |
|---|---|
| X7/ 3/31 次 期 繰 越（　　　） | X6/ 4/ 1 前 期 繰 越（　③　） |
| | X7/ 3/31（　④　）（　⑤　） |
| （　　　） | （　　　） |

| ① | ② | ③ | ④ | ⑤ |
|---|---|---|---|---|
| | | | | |

10

有形固定資産

# 第11章 貸倒損失と貸倒引当金

## 学習のポイント

1 　得意先の倒産などにより，売掛金などの債権が回収できなくなることを貸倒れといいます。債権が貸倒れになったときに生じた損失は，**貸倒損失勘定**（費用）で処理します。

・売掛金￥2,000が回収不能となり，貸倒れとして処理した。

　　　（借）貸 倒 損 失　　　2,000　（貸）売　掛　金　　　2,000

2 　上記1は，貸倒れに備えた処理を決算時に行っていない場合の処理になりますが，通常は決算時に，保有する債権の貸倒予想額を見積もって**貸倒引当金勘定**に計上するとともに，**貸倒引当金繰入勘定**（費用）で処理します。その後，翌期に貸倒れが発生したときは，その債権を減少させるとともに貸倒引当金を取り崩します。

・決算に際し，売掛金残高￥300,000に対して￥3,000の貸倒れを見積もり，同額の貸倒引当金を設定した。

　　　（借）貸 倒 引 当 金 繰 入　　　3,000　（貸）貸 倒 引 当 金　　　3,000

・前期の販売から生じた売掛金￥2,000が当期に回収不能となり，貸倒れとして処理した。
（貸倒引当金勘定の残高が￥3,000の場合）

　　　（借）貸 倒 引 当 金　　　2,000　（貸）売　　掛　　金　　　2,000

（貸倒引当金勘定の残高が￥1,000の場合）

　　　（借）貸 倒 引 当 金　　　1,000　（貸）売　　掛　　金　　　2,000
　　　　　　貸 倒 損 失　　　1,000

※当期の販売から生じた売掛金や受取手形に対する貸倒れの場合，その債権に対して貸倒引当金は設定されていないため，すべて貸倒損失として費用計上します。

3 　決算において，貸倒引当金勘定に残高がある場合には，当期末における貸倒見積額と貸倒引当金勘定残高との差額を新たに貸倒引当金として繰り入れます。この処理方法を**差額補充法**といいます。また，当期末における貸倒見積額よりも貸倒引当金勘定残高のほうが多い場合には，見積額を超過した額を貸倒引当金勘定から減額するとともに**貸倒引当金戻入勘定**（収益）で処理します。

・決算に際し，売掛金残高￥350,000に対して貸倒引当金￥3,500を設定した。
（貸倒引当金勘定の残高が￥3,000の場合）

　　　（借）貸 倒 引 当 金 繰 入　　　500　（貸）貸 倒 引 当 金　　　500

（貸倒引当金勘定の残高が￥4,000の場合）

　　　（借）貸 倒 引 当 金　　　500　（貸）貸 倒 引 当 金 戻 入　　　500

4　過年度において貸倒れとして処理した債権を当期に回収できたときには，**償却債権取立益勘定**（収益）で処理します。

- 前年度において貸倒れとして処理した売掛金￥600を，本日現金にて回収した。

（借）現　　　　　金　　　600　　（貸）償却債権取立益　　　600

問題 11−1　次の各取引について仕訳しなさい。

① 得意先に対し，当期に掛売りした代金￥145,000が回収不能となったため，貸倒れとして処理した。

② 決算にあたり，売掛金の残高￥200,000に対して5％の貸倒れを見積もり，差額補充法により貸倒引当金を設定する。ただし，貸倒引当金の残高が￥6,000ある。

③ 得意先に対する売掛金（前期販売分）￥11,000が貸倒れとなった。ただし，貸倒引当金の残高が￥13,000ある。

④ 決算にあたり，売掛金の残高￥350,000に対して2％の貸倒れを見積もった。ただし，貸倒引当金の残高が￥12,000ある。

⑤ 得意先に対する売掛金￥56,000（前期販売分）が貸倒れとなった。ただし，貸倒引当金の残高が￥39,000ある。

| | 借　方　科　目 | 金　　　額 | 貸　方　科　目 | 金　　　額 |
|---|---|---|---|---|
| ① | | | | |
| ② | | | | |
| ③ | | | | |
| ④ | | | | |
| ⑤ | 貸倒引当金　貸倒損失 | 39,000　17,000 | 売掛金 | 56,000 |

**問題 11-2** 次の連続した取引について仕訳しなさい。

① X1年度の決算にあたり，売掛金の残高¥1,600,000に対して3％の貸倒れを見積もった。ただし，貸倒引当金の残高が¥50,000ある。

② X2年度になって，得意先が倒産し，前期より繰り越した売掛金¥40,000が回収不能となった。

③ X2年度の決算にあたり，売掛金の残高¥1,400,000に対して5％の貸倒れを見積もった。

④ X3年度になって，得意先が倒産し，前期より繰り越した売掛金¥78,000が回収不能となった。

⑤ X2年度に貸倒れとして処理した売掛金¥40,000のうち¥30,000を現金で回収した。

|   | 借 方 科 目 | 金 額 | 貸 方 科 目 | 金 額 |
|---|---|---|---|---|
| ① |  |  |  |  |
| ② |  |  |  |  |
| ③ |  |  |  |  |
| ④ |  |  |  |  |
| ⑤ |  |  |  |  |

# 第12章 資本

## 学習のポイント

1 会社の設立時や設立後に資金の調達を行うために株式を発行した場合，株主から受ける金銭等による払込額は**資本金勘定**（資本）を用いて処理します。

- 埼玉商事株式会社を設立し，株式2,000株を1株当たり￥10,000で発行し，株主からの払込金は普通預金とした。

　　　（借）普 通 預 金　20,000,000　（貸）資　　本　　金　20,000,000

- 埼玉商事株式会社は，会社設立後の4期目に増資を行うため，新たに1,000株を1株当たり￥11,000で発行し，株主からの払込金は当座預金とした。

　　　（借）当 座 預 金　11,000,000　（貸）資　　本　　金　11,000,000

2 決算において収益と費用が損益勘定に振り替えられ，その差額として算定された当期における純利益（または純損失）は，損益勘定から**繰越利益剰余金勘定**（資本）に振り替えられます。また，繰越利益剰余金は翌期の株主総会でその処分が決議されるため，翌期にそのまま繰り越されます。

- A株式会社の決算の結果は，収益総額￥30,000,000および費用総額￥28,800,000であり，当期純損益を繰越利益剰余金に振り替えた。

　　　（借）損　　　　　益　 1,200,000　（貸）繰越利益剰余金　 1,200,000

- B株式会社の決算の結果は，収益総額￥30,000,000および費用総額￥30,300,000であり，当期純損益を繰越利益剰余金に振り替えた。なお，繰越利益剰余金勘定には￥2,000,000の貸方残高がある。

　　　（借）繰越利益剰余金　　 300,000　（貸）損　　　　　益　　 300,000

3 株主総会において配当を行う決議を行った場合には，利益を原資として配当が行われるため繰越利益剰余金勘定（前期までの利益の留保額）を取り崩す（減少させる）とともに，株主への配当の支払義務を**未払配当金勘定**（負債）に計上します。また，株主への配当を行う場合には，配当の10分の1に相当する金額を利益準備金として積み立てることが強制されるため，繰越利益剰余金勘定を減少させるとともに**利益準備金勘定**（資本）を増加させる処理を行います。

- 株主総会において，繰越利益剰余金勘定の残高￥1,800,000から株主への配当￥800,000を行うことが決議され，利益準備金の積立て￥80,000とともに繰越利益剰余金の処分を行った。

　　　（借）繰越利益剰余金　　 880,000　（貸）未 払 配 当 金　　 800,000
　　　　　　　　　　　　　　　　　　　　　　　利 益 準 備 金　　　 80,000

> ・株主総会で決議された株主への配当金￥800,000を，当社の普通預金口座から株主が登録した受取口座に振り込んで支払った。
>
> （借）未 払 配 当 金　800,000　（貸）普 通 預 金　800,000

**問題 12−1**　次の各取引について仕訳しなさい。

① 会社の設立にあたり，神戸株式会社は，株式1,000株を1株当たり￥3,000で発行し，株主からの払込金は普通預金とした。

② 神戸株式会社は，新たに株式400株を1株当たり￥3,200で発行して増資し，株主からの払込金が当座預金口座に振り込まれた。

| | 借 方 科 目 | 金 額 | 貸 方 科 目 | 金 額 |
|---|---|---|---|---|
| ① | | | | |
| ② | | | | |

**問題 12−2**　次の各取引について仕訳しなさい。

① 決算の結果，株式会社浜松商事の収益合計は￥6,280,000，費用合計は￥5,730,000と算定されたので，損益勘定で算定された当期純利益を繰越利益剰余金勘定に振り替える。

② 決算の結果，岡山株式会社の収益合計は￥2,330,000，費用合計は￥2,690,000と算定されたので，損益勘定で算定された当期純損失を繰越利益剰余金勘定に振り替える。

| | 借 方 科 目 | 金 額 | 貸 方 科 目 | 金 額 |
|---|---|---|---|---|
| ① | | | | |
| ② | | | | |

**問題 12−3**　当社の決算整理後の各勘定の残高は次のとおりである。

売　上　￥4,642,000　　仕　入　￥2,455,000　　給　料　￥780,000

① 収益および費用の諸勘定を損益勘定に振り替える仕訳をしなさい。

② 上記①にもとづいて，当期純利益（または当期純損失）を繰越利益剰余金勘定に振り替える仕訳をしなさい。

| | 借 方 科 目 | 金 額 | 貸 方 科 目 | 金 額 |
|---|---|---|---|---|
| ① | | | | |
| | | | | |
| ② | | | | |

問題 **12-4** 次の【資料】にもとづいて，問いに答えなさい（これ以外の条件を考える必要はない）。

【資料1】 決算整理前残高試算表（一部）

| 借　　方 | 勘 定 科 目 | 貸　　方 |
|---|---|---|
| 362,000 | 現　　　　金 | |
| 860,000 | 繰 越 商 品 | |
| | 売　　　　上 | 5,932,000 |
| 3,775,000 | 仕　　　　入 | |
| 128,000 | 通 信 費 | |

【資料2】 決算整理事項

① 通信費¥5,000を現金で支払ったが，この取引が未記入であった。

② 期末商品棚卸高は¥724,000である。売上原価は仕入勘定で算定する。

（問1） 当期の売上原価の金額を答えなさい。

（問2） 当期純損益を答えなさい。なお，当期純損失の場合には金額の前に△を付すこと。

（問3） （問2）で算定された当期純損益を，損益勘定から繰越利益剰余金勘定に振り替える仕訳を答えなさい。

（問1） ¥（　　　　　　　）

（問2） ¥（　　　　　　　）

（問3）

| 借 方 科 目 | 金　　額 | 貸 方 科 目 | 金　　額 |
|---|---|---|---|
| | | | |

問題 **12-5** 次の各取引について仕訳しなさい。

① 茨城株式会社の株主総会において，繰越利益剰余金¥900,000から，株主への配当¥100,000と利益準備金の積立て¥10,000を行うことが承認された。

② 上記①の株主配当金を普通預金口座から株主の指定する預金口座へ振り込んで支払った。

| | 借 方 科 目 | 金　　額 | 貸 方 科 目 | 金　　額 |
|---|---|---|---|---|
| ① | | | | |
| ② | | | | |

# 第13章 収益と費用

## 学習のポイント

1　契約にもとづいて継続的に用役の授受が行われる収益や費用は，その対価としての受取額や支払額が該当の会計期間に対する金額と対応していないことがあり，その期間に計上すべき正しい金額を表していない場合があります。その場合には，決算時に，**未収・未払い**と**前受け・前払い**の金額を計上し，正しい金額に修正するための仕訳が行われます。また，翌期首には決算時の反対仕訳を行い，翌期の費用や収益への振戻し（**再振替仕訳**）を行います。

- 決算にあたり，受取利息の当期未収分￥100を未収利息として計上した。

　　　（借）未　収　利　息　　　100　（貸）受　取　利　息　　　100

- 決算にあたり，給料の当期未払額￥500を計上した。

　　　（借）給　　　　　料　　　500　（貸）未　払　給　料　　　500

- 決算にあたり，受取地代のうち次期分￥1,000を前受地代として計上した。

　　　（借）受　取　地　代　　1,000　（貸）前　受　地　代　　1,000

- 決算にあたり，保険料のうち次期分￥300を前払保険料として計上した。

　　　（借）前　払　保　険　料　　300　（貸）保　　険　　料　　　300

2　消耗品の処理方法は，購入時に**消耗品費勘定**（費用）を用いて費用処理し，決算時に未使用高があっても資産に計上せず，購入額をそのまま費用計上します。

　一方，郵便切手や収入印紙など換金性の高いものは，購入時にそれぞれの費目で費用処理し，決算時に未使用高を**貯蔵品勘定**（資産）に振り替える処理を行います。なお，決算で計上された貯蔵品は，翌期首に**振替元の費用**に振り戻すための仕訳を行います。

- 事務使用の消耗品￥20,000を購入し，現金で支払いを行った。

　　　（借）消　耗　品　費　　20,000　（貸）現　　　　　金　　20,000

- 決算にあたり，未使用の収入印紙￥8,000と郵便切手￥4,100を資産に計上した。

　　　（借）貯　　蔵　　品　　12,100　（貸）租　税　公　課　　　8,000
　　　　　　　　　　　　　　　　　　　　　　　通　信　費　　　4,100

- 期首において，前期決算で計上した貯蔵品￥12,100（収入印紙￥8,000と郵便切手￥4,100）を適切な費用の勘定へ振り戻すための仕訳を行った。

　　　（借）租　税　公　課　　　8,000　（貸）貯　　蔵　　品　　12,100
　　　　　　通　信　費　　　4,100

問題 13-1　A社（決算年１回，３月31日）は，取引先のB社に対して，当期の５月１日に次の条件で現金¥600,000を貸し付け，借用証書を受け取った。よって，A社とB社の下記の日付の仕訳（決算仕訳，期首の再振替仕訳を含む）を示し，各勘定に転記し，締め切りなさい（開始記入も行うこと）。

貸付条件：貸付期間２年，利率年５％，利払日は貸付後の半年ごと（10月末，４月末）

利払方法は現金払い，利息計算は月割計算。

**A社の仕訳**

| | 借 方 科 目 | 金　　額 | 貸 方 科 目 | 金　　額 |
|---|---|---|---|---|
| 5／1 | 貸付金 | 600000 | 現金 | 600000 |
| 10／31 | | | | |
| 3／31 | | | | |
| 4／1 | | | | |

受 取 利 息　　　　　　　　　　　未 収 利 息

**B社の仕訳**

| | 借 方 科 目 | 金　　額 | 貸 方 科 目 | 金　　額 |
|---|---|---|---|---|
| 5／1 | | | | |
| 10／31 | | | | |
| 3／31 | | | | |
| 4／1 | | | | |

支 払 利 息　　　　　　　　　　　未 払 利 息

**問題 13-2** A社（決算年1回，3月31日）は，当期の7月1日に，今後3年間駐車場として土地を賃貸する契約をB社と結んだ。この契約で，地代（賃貸料）は，毎年7月1日に向こう1年分 ¥240,000（1カ月当たり ¥20,000）を現金で受け取ることとしている。よって，A社とB社の下記の日付の仕訳（決算仕訳，期首の再振替仕訳を含む）を示し，各勘定に転記し，締め切りなさい（開始記入も行うこと）。

**A社の仕訳**

| | 借 方 科 目 | 金 額 | 貸 方 科 目 | 金 額 |
|---|---|---|---|---|
| 7／1 | | | | |
| 3／31 | | | | |
| 4／1 | | | | |

受 取 地 代

前 受 地 代

**B社の仕訳**

| | 借 方 科 目 | 金 額 | 貸 方 科 目 | 金 額 |
|---|---|---|---|---|
| 7／1 | | | | |
| 3／31 | | | | |
| 4／1 | | | | |

支 払 地 代

前 払 地 代

**問題 13-3** 静岡株式会社（決算年1回，3月31日）は，前期（20X1年）の6月1日に，3年間継続して使用する予定で土地の賃借契約を結んだ。この契約で，賃借料（地代）は毎年6月1日に12カ月分¥180,000を現金で先払いすることとしている。よって，次の勘定記入の内容にもとづいて，仕訳帳に記載されている仕訳内容を示し，当期（20X2年）の支払地代勘定と前払地代勘定の記入を行いなさい。なお，地代は月割計算する。

勘定記入の内容

① 前期末に，期首の日付で前期繰越高の記入が行われている。

② 期首に，前払地代勘定の残高を支払地代勘定に振り戻した。（仕訳帳1ページに記入）

③ 期中に，土地の賃借料支払いの処理を行った。（仕訳帳3ページに記入）

④ 決算日に，支払地代の当期未経過分を計上した。（仕訳帳12ページに記入）

⑤ 決算日に，支払地代勘定の残高を損益勘定に振り替え，支払地代勘定を締め切った。（仕訳帳13ページに記入）

⑥ 決算日に，前払地代勘定の残高を繰越記入し，前払地代勘定を締め切った。なお，翌期首の日付で開始記入を行った。

| | 借 方 科 目 | 金 額 | 貸 方 科 目 | 金 額 |
|---|---|---|---|---|
| 4／1 | | | | |
| 6／1 | | | | |
| 3／31 | | | | |

前 払 地 代

| 20X2年 | 摘 要 | 仕丁 | 借 方 | 20X2年 | 摘 要 | 仕丁 | 貸 方 |
|---|---|---|---|---|---|---|---|
| | | | | | | | |
| | | | | | | | |
| | | | | | | | |

支 払 地 代

| 20X2年 | 摘 要 | 仕丁 | 借 方 | 20X2年 | 摘 要 | 仕丁 | 貸 方 |
|---|---|---|---|---|---|---|---|
| | | | | | | | |
| | | | | | | | |

**問題 13-4** 次の各問いに答えなさい。

① 当期（X4年4月1日～X5年3月31日）の6月1日に，新店舗として使用する目的で契約期間を3年とする建物の賃借契約（年額¥480,000，月額¥40,000）を結んだ。この契約で，家賃は6月1日と12月1日に向こう半年分¥240,000をそれぞれ現金で前払いすることとしている。よって，支払家賃勘定と前払家賃勘定への記入を行いなさい。

支払家賃

| X4/ 6/ 1 ( ) ( ) | X5/ 3/31 ( ) ( ) |
|---|---|
| 12/ 1 ( ) ( ) | 〃 ( ) ( ) |
| ( ) | ( ) |

前払家賃

| X5/ 3/31 ( ) ( ) | X5/ 3/31 ( ) ( ) |
|---|---|
| X5/ 4/ 1 前期繰越 ( ) | |

② 当期（X6年4月1日～X7年3月31日）の7月1日に，銀行から現金¥1,000,000を期間1年，利率年3％，（利払日は12月末と6月末の2回）で借り入れた。この借入れに対する支払利息勘定の記入は，次のとおりであった。空欄（ア）～（オ）に入る適切な金額または語句を答えなさい。なお，利息の計算は月割で行っている。

支払利息

| X6/12/31 当座預金 ( ア ) | X7/ 3/31 ( エ ) ( ) |
|---|---|
| X7/ 3/31 ( イ ) ( ウ ) | |
| ( ) | ( オ ) |

| ア | イ | ウ | エ | オ |
|---|---|---|---|---|
| | | | | |

③ 当期の11月1日に，当社は契約期間1年で建物の賃貸契約を結んだ。1カ月の家賃は¥50,000であり，11月，2月，5月および8月の月初に，それぞれ向こう3カ月分を当社の当座預金口座に振り込んでもらうことにした。よって，受取家賃勘定と前受家賃勘定の空欄（ア）～（エ）に当てはまる適切な金額または語句を答えなさい。なお，当社の会計期間は4月1日から翌年3月31日までである。

受取家賃

| 3/31 前受家賃 ( ア ) | 11/ 1 当座預金 ( ウ ) |
|---|---|
| 〃 ( イ ) ( ) | 2/ 1 当座預金 ( ) |
| ( ) | ( ) |

前受家賃

| 3/31 ( エ ) ( ) | 3/31 ( ) ( ) |
|---|---|

| ア | イ | ウ | エ |
|---|---|---|---|
|   |   |   |   |

**問題 13-5** 次の連続した取引について仕訳しなさい。

① 郵便切手¥8,200と収入印紙¥5,000を現金で購入し，全額を費用処理した。

② 決算にあたり，上記①のうち未使用の郵便切手¥2,870と収入印紙¥1,200を貯蔵品勘定に振り替えた。

③ 翌期首において，上記②で計上した貯蔵品を元の費用勘定へ振り戻すための再振替仕訳を行った。

|   | 借 方 科 目 | 金 額 | 貸 方 科 目 | 金 額 |
|---|---|---|---|---|
| ① |   |   |   |   |
| ② |   |   |   |   |
| ③ |   |   |   |   |

## 第14章 税金

### 学習のポイント

1. 費用となる税金（固定資産税，自動車税や印紙税など）は，納付した際（収入印紙の場合は購入時）に**租税公課勘定**（費用）を用いて借方に記入します。

   ・固定資産税の年税額￥90,000を現金で納付した。

   （借）租 税 公 課　　90,000　（貸）現　　　　金　　90,000

   ・事業所で所有している車両につき，自動車税の年税額￥39,500を現金で納付した。

   （借）租 税 公 課　　39,500　（貸）現　　　　金　　39,500

   ・領収書等で使用するため収入印紙￥20,000を購入し，代金は現金で支払った。

   （借）租 税 公 課　　20,000　（貸）現　　　　金　　20,000

2. 株式会社の利益に課される税金には，法人税，住民税及び事業税があり，これらの税金は，決算において当期の税額を**法人税，住民税及び事業税勘定**（費用）を用いて損益計算書に計上し，その支払義務となる金額を**未払法人税等勘定**（負債）として貸借対照表に計上します。支払義務となる金額（未払法人税等）は，決算日から2カ月以内に確定申告を行い，納付します。また，前年度の法人税額が一定額を超えている場合には，法人税，住民税，事業税のすべてについて当期中に中間申告・納付することが義務付けられており，これらの納付額は**仮払法人税等勘定**（資産）を用いて処理されます。期中に中間納付を行い，仮払法人税等勘定が計上されている場合には，決算時に計上する法人税，住民税及び事業税の金額からこれを差し引いて未払法人税等を計上します。

   ・当期の11月に法人税，住民税及び事業税の中間申告を行い，前年度の確定税額￥1,000,000の2分の1の金額である￥500,000を現金で納付した。

   （借）仮払法人税等　　500,000　（貸）現　　　　金　　500,000

   ・決算において，収益総額と費用総額の差額から計算された税引前当期純利益は￥3,000,000であり，税率30％を乗じて算定した税額￥900,000を当期の法人税，住民税及び事業税として計上した。なお，期中に中間納付した￥500,000が仮払法人税等勘定に計上されている。

   （借）法人税，住民税　　900,000　（貸）仮払法人税等　　500,000
   　　　及 び 事 業 税　　　　　　　　　 未払法人税等　　400,000

   ・法人税，住民税及び事業税の確定申告を行い，前期決算で計上した未払法人税等￥400,000を現金で納付した。

   （借）未払法人税等　　400,000　（貸）現　　　　金　　400,000

3　商品の仕入れや販売時などに課税取引として生じた消費税について，仕入時など取引先に支払った消費税は**仮払消費税勘定（資産）**を用いて処理し，販売時など顧客（取引先）から受け取った消費税は**仮受消費税勘定（負債）**を用いて処理します。このような消費税の記帳方式を**税抜方式**といいます。決算時には仮受消費税と仮払消費税を相殺し，差額を**未払消費税勘定（負債）**に計上し，消費税の確定申告時にその納付を行います。また，前年度の消費税納付額が一定額を超える場合には，法人税等と同様に中間申告・納付が必要となり，中間納付額は仮払消費税勘定を用いて処理します。

〔商品売買の場合〕

・商品￥50,000（本体価格）を仕入れ，消費税として10％分の金額を加算した代金を小切手の振出しにより支払った。

| （借） | 仕　　　　　入 | 50,000 | （貸） | 当 座 預 金 | 55,000 |
| | 仮 払 消 費 税 | 5,000 | | | |

・商品￥70,000（本体価格）を売り上げ，消費税として10％分の金額を加算した代金は掛けとした。

| （借） | 売 　掛 　金 | 77,000 | （貸） | 売　　　　　上 | 70,000 |
| | | | | 仮 受 消 費 税 | 7,000 |

・決算に際して，上記2つの取引から生じた消費税の記録にもとづいて，納付すべき消費税の額を負債に計上した。

| （借） | 仮 受 消 費 税 | 7,000 | （貸） | 仮 払 消 費 税 | 5,000 |
| | | | | 未 払 消 費 税 | 2,000 |

・消費税の確定申告を行い，前期の決算で計上した未払消費税￥2,000を現金で納付した。

| （借） | 未 払 消 費 税 | 2,000 | （貸） | 現　　　　　金 | 2,000 |

〔商品売買以外の場合〕

・備品￥350,000（本体価格）を購入し，消費税として10％分の金額を加算した代金については当月末に支払うこととした。

| （借） | 備　　　　　品 | 350,000 | （貸） | 未　 払 　金 | 385,000 |
| | 仮 払 消 費 税 | 35,000 | | | |

・事務用消耗品￥50,000（本体価格）を購入し，消費税として10％分の金額を加算した代金を現金で支払った。

| （借） | 消 耗 品 費 | 50,000 | （貸） | 現　　　　　金 | 55,000 |
| | 仮 払 消 費 税 | 5,000 | | | |

4　商工会や商工会議所などへの加盟料・年会費を企業の負担として支払う場合，**諸会費勘定（費用）**を用いて処理します。

・商工会議所会員として負担する年会費￥12,000を現金で支払った。

| （借） | 諸 　会 　費 | 12,000 | （貸） | 現　　　　　金 | 12,000 |

問題 14-1　次の各取引について仕訳しなさい。

① 固定資産税¥128,000を現金で納付した。

② 郵便局で収入印紙¥4,600と郵便切手¥1,500を購入し，現金で支払った。なお，収入印紙と郵便切手はすぐに使用した。

③ 営業用の自動車にかかる自動車税¥28,000を普通預金口座から納付した。

| | 借　方　科　目 | 金　　額 | 貸　方　科　目 | 金　　額 |
|---|---|---|---|---|
| ① | | | | |
| ② | | | | |
| ③ | | | | |

問題 14-2　次の連続した取引について仕訳しなさい。

① 法人税，住民税及び事業税の中間申告を行い，¥250,000を普通預金口座から納付した。

② 決算の結果，法人税，住民税及び事業税が¥600,000と算定されたため，納付すべき税額とともに計上した。

③ 確定申告を行い，上記②の未払分を普通預金口座から納付した。

| | 借　方　科　目 | 金　　額 | 貸　方　科　目 | 金　　額 |
|---|---|---|---|---|
| ① | 仮払法人税 | 250,000 | 普通預金 | 250,000 |
| ② | 法人税、住民税及び事業税 | 600,000 | 仮払法人税 未払法人税 | 250,000 350,000 |
| ③ | 未払法人税 | 350,000 | 普通 | 350,000 |

問題 14-3　次の各取引について仕訳しなさい。

① 長崎株式会社は，法人税，住民税及び事業税の中間申告・納付につき，前年度の確定税額¥800,000の半額に相当する¥400,000を現金で納付した。

② 決算の結果，長崎株式会社の当期の法人税，住民税及び事業税が¥794,000と算定されたので，上記①の仮払法人税等を控除した金額を未払法人税等に計上した。

③ 決算の結果，深谷商会株式会社の当期の税引前当期純利益が¥860,000と算定されたので，その30%を法人税，住民税及び事業税に計上することとした。なお，すでに中間申告で¥116,000を納付しており，この分は仮払法人税等で処理されている。

|   | 借方科目 | 金額 | 貸方科目 | 金額 |
|---|---|---|---|---|
| ① |  |  |  |  |
| ② |  |  |  |  |
| ③ |  |  |  |  |

問題 14-4　次の各取引について仕訳しなさい。

① 以下の納付書にもとづいて，普通預金口座から法人税を納付した。

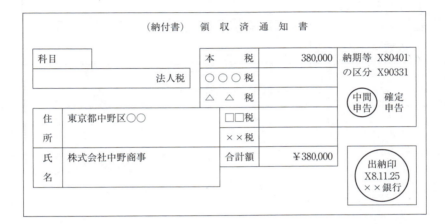

② 以下の納付書にもとづいて，普通預金口座から法人税を納付した。

|   | 借方科目 | 金額 | 貸方科目 | 金額 |
|---|---|---|---|---|
| ① |  |  |  |  |
| ② |  |  |  |  |

問題 14-5 次の連続した取引を税抜方式で仕訳しなさい。なお，商品売買の記帳方法は3分法によることとし，消費税率は10%とする。

① 広島株式会社は，商品￥10,000（本体価格）を仕入れ，代金は消費税を含めて掛けとした。

② 広島株式会社は，上記①の商品を￥15,000（本体価格）で売り上げ，代金は消費税を含めて掛けとした。

③ 決算にさいして，広島株式会社は，消費税の納付額を計算し，これを計上した。

④ 広島株式会社は，消費税の確定申告を行い，上記③の未払消費税を現金で納付した。

| | 借　方　科　目 | 金　　額 | 貸　方　科　目 | 金　　額 |
|---|---|---|---|---|
| ① | 仕入<br>仮払消費税 | 10,000<br>1,000 | 買掛金 | 11,000 |
| ② | 売上<br>仮受消費税 | 15,000<br>1,500 | 売掛金 | 16,500 |
| ③ | 仮受消費税 | 1,500 | 仮払消費税<br>未払消費税 | 1,000<br>500 |
| ④ | | | | |

94

問題 14-6　次の各取引について仕訳しなさい。商品売買の記帳方法は３分法によることとし，消費税は税抜方式で記帳する。

① 商品を仕入れ，品物とともに次の納品書兼請求書を受け取った。

| | | 納品書兼請求書 | X8年10月1日 |
|---|---|---|---|
| 石川商事株式会社　御中 | | | |
| | | | 新潟株式会社 |

| 品名 | 数量 | 単価 | 金額 |
|---|---|---|---|
| 婦人用小物 A | 80 | 300 | ￥24,000 |
| 婦人用小物 B | 100 | 200 | ￥20,000 |
| 婦人用小物 C | 150 | 240 | ￥36,000 |
| 代金は X8年10月31日までにお支払下さい。 | 消費税 | | ￥ 8,000 |
| | 合計 | | ￥88,000 |

② 1日分の売上の集計結果は次のとおりであった。なお，合計額のうち￥45,900は現金，残りはクレジットカード利用による決済であった。クレジットカード販売額に対する手数料は３％であり，信販会社に対する債権から差し引くこととする。

| | | 売上集計表 | |
|---|---|---|---|
| | | | X8年12月13日 |

| 品名 | 数量 | 単価 | 金額 |
|---|---|---|---|
| 雑貨 X | 50 | 400 | ￥20,000 |
| 雑貨 Y | 70 | 300 | ￥21,000 |
| 雑貨 Z | 80 | 350 | ￥28,000 |
| | 消費税 | | ￥ 6,900 |
| | 合計 | | ￥75,900 |

③ 以下の納付書にもとづき，普通預金口座から消費税を納付した。

| （納付書）領　収　済　通　知　書 | | | |
|---|---|---|---|
| 科目　　　　　　　　　　　　　　消費税及び地方消費税 | 本　　税 | 160,000 | 納期等　X70401 |
| | ○○○税 | | の区分　X80331 |
| | △△税 | | 中間　確定 |
| 住所　東京都新宿区○○ | □□税 | | 申告　申告 |
| | ××税 | | |
| 氏名　株式会社新宿商会 | 合計額 | ¥160,000 | 出納印 X8.5.17 ××銀行 |

| | 借　方　科　目 | 金　　額 | 貸　方　科　目 | 金　　額 |
|---|---|---|---|---|
| ① | | | | |
| ② | | | | |
| ③ | | | | |

**問題 14-7**　次の各取引について仕訳しなさい。

① 所属する業界団体の年会費¥20,000を普通預金口座から支払った。その際に振込手数料¥100がかかり，同口座から差し引かれた。

② 商工会議所の年会費¥30,000の請求書が届いたので，未払い計上した。

| | 借　方　科　目 | 金　　額 | 貸　方　科　目 | 金　　額 |
|---|---|---|---|---|
| ① | | | | |
| ② | | | | |

# 第15章 伝票

## 学習のポイント

1 3伝票制では，**入金伝票**，**出金伝票**および**振替伝票**が用いられます。入金伝票は現金の増加を，出金伝票は現金の減少を伴う取引において起票する伝票です。

|入　金　伝　票|　|
|---|---:|
|売　掛　金|2,000|
|（山口商店）|　|

|出　金　伝　票|　|
|---|---:|
|広告宣伝費|2,000|

|振　替　伝　票|||||
|---|---:|---|---|---:|
|受 取 手 形|800|売　掛　金|　|800|
|　|　|（東西商店）|　|　|

※上記の入金伝票と出金伝票は，次の各仕訳を起票したものです。

　（入金伝票）（借）現　　　　　金　　2,000　（貸）売　　掛　　金　　2,000
　（出金伝票）（借）広 告 宣 伝 費　　2,000　（貸）現　　　　　金　　2,000

2 3伝票制において，1つの取引が入出金取引とそれ以外の取引の2つからなる場合の取引を，**一部振替取引**といいます。一部振替取引の起票方法には，以下の2つの方法があります。

・商品¥1,000を仕入れ，代金のうち¥300は現金で支払い，残額は掛けとした。

① 取引を分解して起票する方法

|出　金　伝　票|　|
|---|---:|
|仕　　入|300|

|振　替　伝　票|||||
|---|---:|---|---|---:|
|仕　　入|700|買　掛　金|　|700|

② 取引を擬制して起票する方法

|振　替　伝　票|||||
|---|---:|---|---|---:|
|仕　　入|1,000|買　掛　金|　|1,000|

（科目振替）

|出　金　伝　票|　|
|---|---:|
|買　掛　金|300|

　複数の決済手段や内容により1つの取引を行う場合において，①取引を分解して起票する方法とは，複数ある内容（勘定科目）の記入をそれぞれの金額ごとに区切り，取引内容を細分化して起票する方法をいい，②取引を擬制する方法とは，全額をいったん掛けで取引したと仮定（擬制）して，起票する方法をいいます。よって，②取引を擬制する方法では，商品売買の取引金額について掛売買があったと仮定（擬制）して振替伝票に起票し，掛代金の一部を現金で支払った，または受け取ったものとして，出金伝票または入金伝票に起票します。

3 伝票に記入された内容を一定期間ごとに(毎日または毎週)集計する場合，**仕訳集計表**(仕訳日計表または仕訳週計表)が作成されます。総勘定元帳へは仕訳集計表から合計転記が行われますが，補助元帳へは個々の伝票から個別転記が行われます。

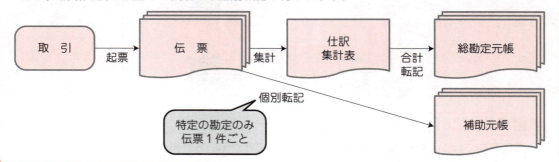

**問題 15-1** 次の取引について，一部振替取引の起票の方法として①取引を分解して起票する方法，②取引を擬制して起票する方法のそれぞれで起票し，買掛金元帳への記入も行いなさい。なお，掛代金の増減については，人名勘定を用いないこと。また，商品売買の記帳方法は3分法によること。

取引 20X1年6月10日に，名古屋商店から商品¥100,000を仕入れ，代金のうち¥40,000は現金で支払い，残額は掛けとした。

① 取引を分解して起票する方法

| 出　金　伝　票 |  |
|---|---|
| 20X1年6月10日 | |
| 科　目 | 金　額 |
|  |  |

| 振　替　伝　票 |  |  |  |
|---|---|---|---|
| 20X1年6月10日 |  |  |  |
| 借方科目 | 金　額 | 貸方科目 | 金　額 |
|  |  |  |  |

② 取引を擬制して起票する方法

| 出　金　伝　票 |  |
|---|---|
| 20X1年6月10日 | |
| 科　目 | 金　額 |
|  |  |

| 振　替　伝　票 |  |  |  |
|---|---|---|---|
| 20X1年6月10日 |  |  |  |
| 借方科目 | 金　額 | 貸方科目 | 金　額 |
|  |  |  |  |

①の場合

**買掛金元帳**
名古屋商店

|  |  | 6/ 1 前月繰越 | 120,000 |
|---|---|---|---|
|  |  |  |  |
|  |  |  |  |

②の場合

**買掛金元帳**
名古屋商店

|  |  | 6/ 1 前月繰越 | 120,000 |
|---|---|---|---|
|  |  |  |  |
|  |  |  |  |

問題 15-2　次の各取引について，各伝票に起票しなさい。ただし，当社は3伝票制を採用し，一部振替取引は，取引を分解して起票する方法によること。なお，掛代金の増減については，人名勘定を用いないこと。また，商品売買の記帳方法は3分法によること。

① 三重商店から商品¥300,000を仕入れ，代金として同店宛の約束手形を振り出した。なお，引取費用（当社負担）¥3,000は現金で支払った。

② 大阪商店へ商品¥600,000を売り上げ，代金のうち¥400,000は同店振出しの約束手形で受け取り，残額は現金で受け取った。

①

| 出　金　伝　票 | |
|---|---|
| 科　　目 | 金　　額 |
|  |  |

| 振　替　伝　票 | | | |
|---|---|---|---|
| 借方科目 | 金　　額 | 貸方科目 | 金　　額 |
|  |  |  |  |

②

| 入　金　伝　票 | |
|---|---|
| 科　　目 | 金　　額 |
|  |  |

| 振　替　伝　票 | | | |
|---|---|---|---|
| 借方科目 | 金　　額 | 貸方科目 | 金　　額 |
|  |  |  |  |

問題 15-3　次の各取引の伝票記入について，空欄（ア）～（ケ）に当てはまる適切な勘定科目または金額を答えなさい。なお，使用しない伝票の解答欄には「記入なし」と答えること。また，商品売買取引の記帳方法は3分法によること。

① 商品¥400,000を仕入れ，代金のうち¥40,000は現金で支払い，残額は掛けとした。

| 出　金　伝　票 | |
|---|---|
| 科　　目 | 金　　額 |
| （　　　　） | （　ア　） |

| 振　替　伝　票 | | | |
|---|---|---|---|
| 借方科目 | 金　　額 | 貸方科目 | 金　　額 |
| 仕　　　　入 | 360,000 | （　イ　） | 360,000 |

99

② 商品￥180,000を売り渡し，代金のうち￥30,000は現金で受け取り，残額は掛けとした。なお，当社負担の発送費￥1,200は現金で支払った。

| 振 替 伝 票 | | | |
|---|---|---|---|
| 借方科目 | 金 額 | 貸方科目 | 金 額 |
| 売 掛 金 | 180,000 | 売 上 | 180,000 |

| 入 金 伝 票 | |
|---|---|
| 科 目 | 金 額 |
| （ ウ ） | 30,000 |

| 出 金 伝 票 | |
|---|---|
| 借方科目 | 金 額 |
| （ エ ） | 1,200 |

③ 今週のはじめに，旅費交通費支払用の IC カードに現金￥10,000をチャージ（入金）し，仮払金として処理していた。本日，旅費交通費として￥2,800を使用したので，仮払金から同額を振り替えた。

| 出 金 伝 票 | |
|---|---|
| 科 目 | 金 額 |
| （ オ ） | （ ） |

| 振 替 伝 票 | | | |
|---|---|---|---|
| 借方科目 | 金 額 | 貸方科目 | 金 額 |
| （ ） | （ ） | （ カ ） | （ ） |

④ 備品￥500,000を購入し，引取費￥2,000と合わせて小切手を振り出して支払った。

| 出 金 伝 票 | |
|---|---|
| 科 目 | 金 額 |
| （ ） | （ キ ） |

| 振 替 伝 票 | | | |
|---|---|---|---|
| 借方科目 | 金 額 | 貸方科目 | 金 額 |
| （ ） | （ ク ） | （ ケ ） | （ ） |

| ア | イ | ウ | エ | オ |
|---|---|---|---|---|
| | | | | |

| カ | キ | ク | ケ | |
|---|---|---|---|---|
| | | | | |

**問題 15-4** 山梨株式会社は，毎日の取引を入金伝票，出金伝票および振替伝票の3つの伝票に記入し，これを1日分ずつ集計して仕訳日計表を作成している。同社のX3年6月1日の取引について作成された次の各伝票にもとづいて，①仕訳日計表を作成し，②6月1日における千葉商店に対する買掛金残高を答えなさい。なお，5月31日時点における同店に対する買掛金の残高は¥130,000であった。

| 入金伝票 | No. 11 |
|---|---|
| 未収入金 | 40,000 |

| 入金伝票 | No. 12 |
|---|---|
| 売　　上 | 80,000 |

| 入金伝票 | No. 13 |
|---|---|
| 売掛金（青森商店） | 10,000 |

| 出金伝票 | No. 21 |
|---|---|
| 買掛金（千葉商店） | 50,000 |

| 出金伝票 | No. 22 |
|---|---|
| 消耗品費 | 20,000 |

| 振替伝票 | | No. 31 |
|---|---|---|
| 買掛金（千葉商店） | 15,000 | |
| 支払手形 | | 15,000 |

| 振替伝票 | | No.32 |
|---|---|---|
| 仕　　入 | 46,000 | |
| 買掛金（千葉商店） | | 46,000 |

①

## 仕 訳 日 計 表
### X3年6月1日

| 借　　方 | 勘　定　科　目 | 貸　　方 |
|---|---|---|
| | 現　　　　　金 | |
| | 売　　掛　　金 | |
| | 未　収　入　金 | |
| | 支　払　手　形 | |
| | 買　　掛　　金 | |
| | 売　　　　　上 | |
| | 仕　　　　　入 | |
| | 消　耗　品　費 | |
| | | |

②　6月1日における千葉商店に対する買掛金残高　¥（　　　　　　　　　　）

**問題 15-5** 岐阜商事株式会社は，毎日の取引を入金伝票，出金伝票，および振替伝票に記入し，これを1日分ずつ集計して仕訳日計表を作成している。同社のX1年4月1日の取引に関して作成された以下の各伝票（略式）にもとづいて，仕訳日計表を作成し，総勘定元帳と売掛金元帳における各勘定へ転記しなさい。

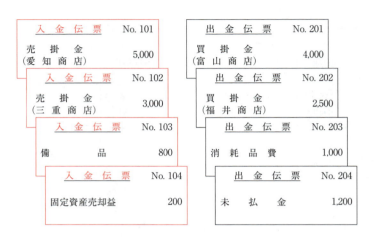

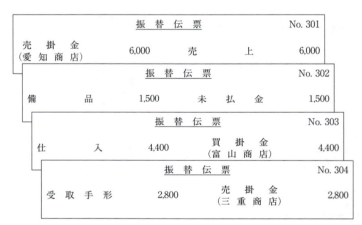

## 仕 訳 日 計 表
### X1年4月1日

| 借　方 | 勘 定 科 目 | 貸　方 |
|---|---|---|
| | 現　　　　金 | |
| | 受　取　手　形 | |
| | 売　　掛　　金 | |
| | 備　　　　品 | |
| | 買　　掛　　金 | |
| | 未　　払　　金 | |
| | 売　　　　上 | |
| | 仕　　　　入 | |
| | 消　耗　品　費 | |
| | 固 定 資 産 売 却 益 | |

## 総 勘 定 元 帳

| 現　金 | | | 売　掛　金 | | |
|---|---|---|---|---|---|
| 4/ 1 前期繰越 | 40,000 | | 4/ 1 前期繰越 | 30,000 | |

| 備　品 | | | 未　払　金 | | |
|---|---|---|---|---|---|
| 4/ 1 前期繰越 | 8,000 | | | 4/ 1 前期繰越 | 1,200 |

## 補 助 元 帳
## 売 掛 金 元 帳

| 愛 知 商 店 | | | 三 重 商 店 | | |
|---|---|---|---|---|---|
| 4/ 1 前期繰越 | 20,000 | | 4/ 1 前期繰越 | 10,000 | |

# 第16章 財務諸表

## 学習のポイント

1 決算手続は，次のような手順で行われます。

試算表の作成 → 棚卸表の作成・決算整理手続 → 精算表の作成※ → 決算振替手続（・損益振替手続・資本振替手続） → 帳簿の締切り（・仕訳帳の締切り・元帳の締切り） → 財務諸表の作成（・貸借対照表・損益計算書）

※正式な決算手続として作成を要するものではありませんが，作成する場合は上記のタイミングで行います。

2 試算表は，期中の元帳記入が正しいかどうかを確認するために作成されます。

3 棚卸表の記載事項（決算整理事項）に従って，決算整理仕訳を行い，元帳記録を修正します。決算整理手続は，財政状態と経営成績を正しく表した財務諸表を作成するため，期中に行った元帳記録を修正する手続です。

4 精算表は，決算振替手続や帳簿の締切りを正確に帳簿上で行う前に，決算手続の妥当性について概観する目的で作成されます。決算整理手続を反映するためには，6桁精算表に修正記入欄（整理記入欄）を加えた8桁精算表を作成する必要があります。

### 精　算　表

| 勘 定 科 目 | 残高試算表 | | 修正記入 | | 損益計算書 | | 貸借対照表 | |
|---|---|---|---|---|---|---|---|---|
| | 借方 | 貸方 | 借方 | 貸方 | 借方 | 貸方 | 借方 | 貸方 |
| 現　　　　　金 | 700 | | | | | | 700 | |
| 繰 越 商 品 | 400 | | 350 | 400 | | | 350 | |
| 買　掛　金 | | 450 | | | | | | 450 |
| 資　本　金 | | 500 | | | | | | 500 |
| 繰越利益剰余金 | | 50 | | | | | | 50 |
| 売　　　　　上 | | 1,200 | | | | 1,200 | | |
| 仕　　　　　入 | 900 | | 400 | 350 | 950 | | | |
| 給　　　　　料 | 200 | | | | 200 | | | |
| 法 人 税, 住民税及 び 事 業 税 | | | 15 | | 15 | | | |
| 未 払 法 人 税 等 | | | | 15 | | | | 15 |
| 当 期 純 利 益 | | | | | 35 | | | 35 |
| | 2,200 | 2,200 | 765 | 765 | 1,200 | 1,200 | 1,050 | 1,050 |

5　決算振替手続では，次のような手続を行います。

① **損益振替手続**……収益・費用に属する各勘定の残高を損益勘定に振り替えます。

② **資本振替手続**……損益勘定の貸借差額（当期純利益または当期純損失）を損益勘定から繰越利益剰余金勘定に振り替えます。

6　決算振替手続の次に，仕訳帳と元帳の締切りを行います。資産・負債・資本に属する勘定については，元帳上で各勘定残高を「次期繰越」と直接記入して締め切ります。

7　帳簿の締切りが終わると，財務諸表（貸借対照表と損益計算書）を作成して企業の財政状態および経営成績を報告します。貸借対照表の作成にあたっては，貸倒引当金や減価償却累計額のような資産の評価項目について，それぞれ売上債権や有形固定資産から間接的に控除する形式で記載するのが一般的です。また，貸借対照表と損益計算書の表示には勘定科目とは異なる**表示科目**が用いられるものがあります。勘定科目と表示科目が異なるものや，勘定残高を控除形式で記載するものには次のようなものがあります。

（貸借対照表で用いられる表示科目，表示方法）

　　資産の科目：繰越商品　　➡　　商品

　　　　　　　未収利息など　➡　　未収収益※

　　　　　　　前払保険料など　➡　　前払費用※

　　　　　　　貸倒引当金　　➡　　受取手形や売掛金などの個々の債権から控除，または貸倒引当金の設定対象となる債権全体から貸倒引当金を一括して控除する形式があります。なお，貸倒引当金として表示する金額は，貸倒れの見積額となります。

　　　　　　　備品減価償却累計額など　➡　　該当する有形固定資産から控除する形式で「減価償却累計額」

　　負債の科目：前受地代など　➡　　前受収益※

　　　　　　　未払給料など　➡　　未払費用※

※これらは原則的な表示科目ですが，問題の指示（答案の形式）によっては勘定科目のまま表示させる場合もあります。

（損益計算書で用いられる表示科目）

　　収益の科目：売上　　　➡　　売上高

　　費用の科目：仕入　　　➡　　売上原価

問題 16-1

次の(1)合計試算表と(2)諸取引にもとづいて，6月末の合計残高試算表と売掛金および買掛金の明細表を作成しなさい。なお，(2)の諸取引における仕入と売上はすべて掛けで行っている。

(1) X1年6月25日現在の合計試算表

## 合 計 試 算 表
### X1年6月25日

| 借方合計 | 勘 定 科 目 | 貸方合計 |
|---:|:---:|---:|
| 110,000 | 現　　　　金 | 80,000 |
| 240,000 | 当 座 預 金 | 180,000 |
| 90,000 | 受 取 手 形 | 58,000 |
| 320,000 | 売 　掛 　金 | 208,000 |
| 72,000 | 繰 越 商 品 | |
| 320,000 | 備　　　　品 | |
| 54,000 | 支 払 手 形 | 78,000 |
| 122,000 | 買 　掛 　金 | 165,000 |
| 20,000 | 所 得 税 預 り 金 | 20,000 |
| | 借 　入 　金 | 100,000 |
| | 備品減価償却累計額 | 80,000 |
| | 資 　本 　金 | 200,000 |
| | 繰 越 利 益 剰 余 金 | 140,000 |
| 12,000 | 売　　　　上 | 288,000 |
| 186,000 | 仕　　　　入 | 7,000 |
| 44,000 | 給　　　　料 | |
| 11,000 | 支 払 家 賃 | |
| 3,000 | 支 払 利 息 | |
| 1,604,000 | | 1,604,000 |

(2) X1年6月26日から30日までの諸取引

6月26日　売上：青森商店　　　¥12,000　　八戸商店　　　　¥9,000

　　　　　　　八戸商店より売掛金¥20,000が当座預金口座に振り込まれた。

　　27日　仕入：福島商店　　　¥11,000　　仙台商店　　　　¥8,000

　　　　　　　青森商店に対する売掛金¥22,000を同店振出し，当社宛の約束手形で回収した。

　　　　　　　26日に八戸商店に売り上げた商品の一部¥1,000が品違いのため返品されてきた。

　　　　　　　八戸商店振出しの約束手形¥12,000が満期となり，当座預金口座に振り込まれた。

　　28日　売上：青森商店　　　¥18,000　　八戸商店　　　　¥13,000

106

福島商店へ振り出した約束手形￥6,000が満期となり，当座預金口座から引き落とされた。

本月分の給料を，支給総額￥11,500から所得税の源泉徴収分￥1,300を差し引き，現金で支払った。

29日　仕入：福島商店　　　　　￥6,500　　　仙台商店　　　　　￥14,000

本月分の家賃￥3,500を小切手を振り出して支払った。

仙台商店に対する買掛金￥9,500の支払いのため，同店宛の約束手形を振り出して同店に渡した。

借入金のうち￥40,000を利息￥2,500とともに小切手を振り出して支払った。

30日　売上：青森商店　　　　　￥10,500　　　八戸商店　　　　　￥12,400

　　　仕入：福島商店　　　　　￥7,500　　　仙台商店　　　　　￥6,300

福島商店に対する買掛金￥9,500を小切手を振り出して支払った。

青森商店より売掛金￥12,300が当座預金口座に振り込まれた。

備品￥10,000を購入し，代金は現金で支払った。

## 合計残高試算表
X1年 6 月30日

| 借方残高 | 借方合計 | 勘 定 科 目 | 貸方合計 | 貸方残高 |
|---|---|---|---|---|
| | | 現　　　　金 | | |
| | | 当 座 預 金 | | |
| | | 受 取 手 形 | | |
| | | 売 　掛 　金 | | |
| | | 繰 越 商 品 | | |
| | | 備　　　　品 | | |
| | | 支 払 手 形 | | |
| | | 買 　掛 　金 | | |
| | | 所 得 税 預 り 金 | | |
| | | 借 　入 　金 | | |
| | | 備品減価償却累計額 | | |
| | | 資 　本 　金 | | |
| | | 繰 越 利 益 剰 余 金 | | |
| | | 売　　　　上 | | |
| | | 仕　　　　入 | | |
| | | 給　　　　料 | | |
| | | 支 払 家 賃 | | |
| | | 支 払 利 息 | | |
| | | | | |

**売掛金明細表**

| | 6月25日 | 6月30日 |
|---|---|---|
| 青森商店 | ¥　60,000 | ¥（　　　　） |
| 八戸商店 | ¥　52,000 | ¥（　　　　） |
| | ¥　112,000 | ¥（　　　　） |

**買掛金明細表**

| | 6月25日 | 6月30日 |
|---|---|---|
| 福島商店 | ¥　20,000 | ¥（　　　　） |
| 仙台商店 | ¥　23,000 | ¥（　　　　） |
| | ¥　43,000 | ¥（　　　　） |

**問題 16-2** 以下の【資料1】と【資料2】にもとづいて，8月末の残高試算表を作成しなさい。なお，解答に無関係の費用については「その他費用」として一括表示している。

【資料1】 X8年7月31日の残高試算表

| 借　方 | 勘　定　科　目 | 貸　方 |
|---:|:---:|---:|
| 343,000 | 現　　　　　金 | |
| 802,000 | 当　座　預　金 | |
| 400,000 | 電　子　記　録　債　権 | |
| 590,000 | 売　　掛　　金 | |
| 289,000 | 繰　越　商　品 | |
| 50,000 | 前　　払　　金 | |
| 1,800,000 | 建　　　　　物 | |
| 1,200,000 | 土　　　　　地 | |
| | 電　子　記　録　債　務 | 140,000 |
| | 買　　掛　　金 | 420,000 |
| | 所　得　税　預　り　金 | 12,000 |
| | 社　会　保　険　料　預　り　金 | 18,000 |
| | 貸　倒　引　当　金 | 13,000 |
| | 建物減価償却累計額 | 990,000 |
| | 資　　本　　金 | 1,400,000 |
| | 繰　越　利　益　剰　余　金 | 820,000 |
| | 売　　　　　上 | 7,600,000 |
| 4,130,000 | 仕　　　　　入 | |
| 1,470,000 | 給　　　　　料 | |
| 96,000 | 水　道　光　熱　費 | |
| 38,000 | 通　　信　　費 | |
| 72,000 | 法　定　福　利　費 | |
| 30,000 | 減　価　償　却　費 | |
| 103,000 | そ　の　他　費　用 | |
| 11,413,000 | | 11,413,000 |

【資料2】　X8年8月中の取引

2日　商品¥165,000を仕入れ，代金のうち¥50,000は注文時に支払った手付金と相殺し，残額は掛けとした。

3日　浦安商店に対する買掛金¥70,000について，取引銀行を通じて電子記録債務の発生記録の請求を行った。

8日　商品¥192,000を売り上げ，代金は掛けとした。

9日　所得税の源泉徴収額¥12,000を現金で納付した。

10日　浜松商店に対する売掛金¥200,000について，取引銀行より電子記録債権の発生記録の通知を受けた。

14日　売掛金¥160,000が当座預金口座に振り込まれた。

16日　買掛金¥110,000が当座預金口座から引き落とされた。

20日　給料¥260,000について，所得税の源泉徴収額¥11,000と従業員負担の社会保険料¥20,000を差し引いた手取額を，当座預金口座から支払った。

21日　水道光熱費¥13,000と電話料金¥8,000が当座預金口座から引き落とされた。

24日　商品の注文をし，手付金として現金¥30,000を支払った。

28日　電子記録債権¥300,000が決済され，当座預金口座に振り込まれた。
　　　電子記録債務¥80,000が決済され，当座預金口座から引き落とされた。

30日　社会保険料預り金¥18,000（従業員の負担額）について，会社負担額（従業員の負担額と同額とする）を加えて現金で納付した。

31日　建物について，当月分の減価償却費¥7,500を計上した。

# 残 高 試 算 表

X8年8月31日

| 借　方 | 勘 定 科 目 | 貸　方 |
|---|---|---|
| | 現　　　　金 | |
| | 当 座 預 金 | |
| | 電 子 記 録 債 権 | |
| | 売　掛　金 | |
| | 繰 越 商 品 | |
| | 前　払　金 | |
| | 建　　　物 | |
| | 土　　　地 | |
| | 電 子 記 録 債 務 | |
| | 買　掛　金 | |
| | 所 得 税 預 り 金 | |
| | 社 会 保 険 料 預 り 金 | |
| | 貸 倒 引 当 金 | |
| | 建物減価償却累計額 | |
| | 資　本　金 | |
| | 繰 越 利 益 剰 余 金 | |
| | 売　　　上 | |
| | 仕　　　入 | |
| | 給　　　料 | |
| | 水 道 光 熱 費 | |
| | 通　信　費 | |
| | 法 定 福 利 費 | |
| | 減 価 償 却 費 | |
| | そ の 他 の 費 用 | |
| | | |

**問題 16-3** 以下の【決算整理事項等】にもとづいて，精算表を完成しなさい。なお，当期は X5年4月1日から X6年3月31日までである。

**【決算整理事項等】**

① 従業員が出張から帰社し，旅費交通費の精算をした結果，残金¥3,000を現金で受け取っていたが，この取引が未記帳であった。なお，この従業員には旅費の概算額として現金¥40,000を仮払いしていた。

② 売掛金¥150,000が当座預金口座に振り込まれていたが，この取引が未記帳であった。

③ 当座預金の貸方残高（上記②処理後の残高）を当座借越勘定に振り替える。なお，銀行とは借越限度額¥3,800,000の当座借越契約を結んでいる。

④ 電子記録債権と売掛金の期末残高合計に対して4％の貸倒引当金を差額補充法により設定する。

⑤ 仮払消費税と仮受消費税を相殺し，その差額を未払消費税として計上する。

⑥ 期末商品棚卸高は¥838,000である。売上原価は「売上原価」の行で計算する。

⑦ 建物（残存価額ゼロ，耐用年数30年）について定額法で減価償却を行う。

⑧ 保険料の前払分¥4,500を計上する。

⑨ 借入金は当期の6月1日に利率年4％で借り入れたものであり，その利息は毎年11月末日と5月末日にそれぞれ直前の半年分を支払う契約となっている。したがって，利息の未払分を月割で計上する。

# 精 算 表

| 勘 定 科 目 | 残高試算表 | | 修正記入 | | 損益計算書 | | 貸借対照表 | |
|---|---|---|---|---|---|---|---|---|
| | 借方 | 貸方 | 借方 | 貸方 | 借方 | 貸方 | 借方 | 貸方 |
| 現　　　　　金 | 355,000 | | | | | | | |
| 当 座 預 金 | | 393,000 | | | | | | |
| | | | | | | | | |
| 電 子 記 録 債 権 | 400,000 | | | | | | | |
| 売 　 掛 　 金 | 750,000 | | | | | | | |
| 繰 越 商 品 | 920,000 | | | | | | | |
| 仮 　 払 　 金 | 40,000 | | | | | | | |
| 仮 払 消 費 税 | 720,000 | | | | | | | |
| 建 　 　 　 物 | 2,400,000 | | | | | | | |
| 土 　 　 　 地 | 1,456,000 | | | | | | | |
| 買 　 掛 　 金 | | 240,000 | | | | | | |
| 借 　 入 　 金 | | 300,000 | | | | | | |
| 仮 受 消 費 税 | | 980,000 | | | | | | |
| 貸 倒 引 当 金 | | 18,000 | | | | | | |
| 建物減価償却累計額 | | 960,000 | | | | | | |
| 資 　 本 　 金 | | 1,500,000 | | | | | | |
| 繰 越 利 益 剰 余 金 | | 1,034,000 | | | | | | |
| 売 　 　 　 上 | | 9,800,000 | | | | | | |
| 仕 　 　 　 入 | 7,200,000 | | | | | | | |
| 給 　 　 　 料 | 908,000 | | | | | | | |
| 旅 費 交 通 費 | 49,000 | | | | | | | |
| 保 　 険 　 料 | 21,000 | | | | | | | |
| 支 払 利 息 | 6,000 | | | | | | | |
| | 15,225,000 | 15,225,000 | | | | | | |
| 当 座 借 越 | | | | | | | | |
| 貸 倒 引 当 金 繰 入 | | | | | | | | |
| 未 払 消 費 税 | | | | | | | | |
| 売 上 原 価 | | | | | | | | |
| | | | | | | | | |
| 減 価 償 却 費 | | | | | | | | |
| （　　　）保険料 | | | | | | | | |
| （　　　）利 息 | | | | | | | | |
| 当 期 純（　　　） | | | | | | | | |
| | | | | | | | | |

16 財務諸表

**問題 16-4** 以下の【決算整理事項等】にもとづいて，精算表を完成しなさい。なお，当期は X7年4月1日から X8年3月31日までである。

**【決算整理事項等】**

① 決算日に，普通預金 A 銀行から普通預金 B 銀行に¥1,000,000を振り替え，そのさいに振込手数料¥400が普通預金 A 銀行の口座から差し引かれたが，これらの取引が未処理であった。

② 掛仕入れしていた商品¥25,000を品違いのために返品し，掛代金から差し引いたが，この取引が未処理であった。

③ 残高試算表の土地のうち¥300,000（帳簿価額）を¥380,000で売却し，売却代金を現金で受け取ったさいに以下の仕訳を行っていたので，適切に修正する。

    （借）現　　　　　金　　380,000　（貸）仮　受　金　　　380,000

④ 売掛金の期末残高に対して3％の貸倒引当金を差額補充法により設定する。

⑤ すでに費用処理した収入印紙のうち¥5,000は未使用であったので，貯蔵品勘定に振り替える。

⑥ 期末商品棚卸高は¥237,000である（上記②を考慮済み）。売上原価は「仕入」の行で計算する。

⑦ 備品（残存価額ゼロ，耐用年数5年）について定額法で減価償却を行う。なお，当社は減価償却費の計上にあたり，月割額を月次計上する処理方法によっている。

⑧ 給料の未払分が¥27,000ある。

⑨ 借入金は当期の12月1日に期間1年，利率年5％で借り入れたものであり，借入時に1年分の利息¥30,000が差し引かれている。したがって，利息の前払分を月割で計上する。

⑩ 出張から戻った従業員が，旅費交通費について次の領収書を提出した。旅費交通費については，従業員がいったん立て替え，翌月に従業員に支払うこととしているので，旅費交通費の総額を未払金に計上した。

| 領収書 | 領収書 |
|---|---|
| 運賃　¥2,200 | 宿泊費　¥7,800 |
| 岐阜タクシー㈱ | 南岐阜ホテル |

114

## 精　算　表

| 勘 定 科 目 | 残高試算表 借方 | 残高試算表 貸方 | 修正記入 借方 | 修正記入 貸方 | 損益計算書 借方 | 損益計算書 貸方 | 貸借対照表 借方 | 貸借対照表 貸方 |
|---|---|---|---|---|---|---|---|---|
| 現　　　　　金 | 361,000 | | | | | | | |
| 普 通 預 金 A 銀 行 | 2,352,000 | | | | | | | |
| 普 通 預 金 B 銀 行 | 515,000 | | | | | | | |
| 売　　掛　　金 | 900,000 | | | | | | | |
| 繰　越　商　品 | 343,000 | | | | | | | |
| 備　　　　　品 | 900,000 | | | | | | | |
| 土　　　　　地 | 1,000,000 | | | | | | | |
| 買　　掛　　金 | | 280,000 | | | | | | |
| 未　　払　　金 | | 40,000 | | | | | | |
| 借　　入　　金 | | 600,000 | | | | | | |
| 仮　　受　　金 | | 380,000 | | | | | | |
| 貸 倒 引 当 金 | | 15,000 | | | | | | |
| 備品減価償却累計額 | | 345,000 | | | | | | |
| 資　　本　　金 | | 2,100,000 | | | | | | |
| 繰 越 利 益 剰 余 金 | | 1,170,000 | | | | | | |
| 売　　　　　上 | | 9,250,000 | | | | | | |
| 仕　　　　　入 | 5,750,000 | | | | | | | |
| 給　　　　　料 | 780,000 | | | | | | | |
| 支　払　家　賃 | 980,000 | | | | | | | |
| 旅 費 交 通 費 | 75,000 | | | | | | | |
| 支 払 手 数 料 | 4,000 | | | | | | | |
| 租　税　公　課 | 25,000 | | | | | | | |
| 減 価 償 却 費 | 165,000 | | | | | | | |
| 支　払　利　息 | 30,000 | | | | | | | |
| | 14,180,000 | 14,180,000 | | | | | | |
| 固定資産売却(　　) | | | | | | | | |
| 貸 倒 引 当 金 繰 入 | | | | | | | | |
| 貯　　蔵　　品 | | | | | | | | |
| (　　　　)給　料 | | | | | | | | |
| (　　　　)利　息 | | | | | | | | |
| 当 期 純(　　　　) | | | | | | | | |

**問題 16-5** 以下の【資料1】と【資料2】にもとづいて，貸借対照表と損益計算書を作成しなさい。なお，当期は X7年4月1日から X8年3月31日までの1年間である。

【資料1】 決算整理前残高試算表

| 借　方 | 勘 定 科 目 | 貸　方 |
|---:|:---:|---:|
| 241,000 | 現　　　　金 | |
| 915,000 | 当 座 預 金 | |
| 352,000 | 電 子 記 録 債 権 | |
| 403,000 | 売 　 掛 　 金 | |
| 330,000 | 繰 越 商 品 | |
| 120,000 | 仮 払 法 人 税 等 | |
| 2,000,000 | 建　　　　物 | |
| 400,000 | 備　　　　品 | |
| 1,500,000 | 土　　　　地 | |
| | 買 　 掛 　 金 | 774,000 |
| | 社会保険料預り金 | 15,000 |
| | 貸 倒 引 当 金 | 14,000 |
| | 建物減価償却累計額 | 250,000 |
| | 備品減価償却累計額 | 50,000 |
| | 資 　 本 　 金 | 2,500,000 |
| | 繰 越 利 益 剰 余 金 | 1,510,000 |
| | 売　　　　上 | 9,195,000 |
| | 受 取 手 数 料 | 431,000 |
| 7,476,000 | 仕　　　　入 | |
| 620,000 | 給　　　　料 | |
| 125,000 | 広 告 宣 伝 費 | |
| 37,000 | 水 道 光 熱 費 | |
| 60,000 | 通 　 信 　 費 | |
| 160,000 | 法 定 福 利 費 | |
| 14,739,000 | | 14,739,000 |

【資料2】 決算整理事項等

① 現金の実際有高は¥228,000であった。帳簿残高との差額のうち¥12,000は水道光熱費の記帳漏れであることが判明したが，残額は原因不明なので，雑損または雑益として処理する。

② 売掛金¥155,000が当座預金口座に振り込まれていたが，この取引が未記帳である。

③ 電子記録債権および売掛金の期末残高に対して４％の貸倒引当金を差額補充法により設定する。

④ 期末商品棚卸高は¥290,000である。

⑤ 有形固定資産について，次の要領で定額法により減価償却を行う。

　建物：残存価額ゼロ，耐用年数40年　　備品：残存価額ゼロ，耐用年数４年

⑥ すでに費用処理した郵便切手¥4,000が未使用であったので，貯蔵品勘定に振り替える。

⑦ 受取手数料の前受分が¥78,000ある。

⑧ 法定福利費の未払分¥15,000を計上する。

⑨ 法人税，住民税及び事業税が¥229,000と計算されたので，仮払法人税等との差額を未払法人税等として計上する。

## 貸 借 対 照 表
X8年３月31日　　　　　　　　　　　（単位：円）

| | | | |
|---|---|---|---|
| 現　　　　金 | （　　　） | 買　掛　金 | （　　　） |
| 当 座 預 金 | （　　　） | 社会保険料預り金 | （　　　） |
| 電子記録債権 （　　　） | | 前 受 収 益 | （　　　） |
| 売　掛　金 （　　　） | | （　　　）費用 | （　　　） |
| （　　　）△（　　　） | （　　　） | 未払法人税等 | （　　　） |
| 商　　　　品 | （　　　） | 資　本　金 | （　　　） |
| 貯　蔵　品 | （　　　） | 繰越利益剰余金 | （　　　） |
| 建　　　　物 （　　　） | | | |
| 減価償却累計額 △（　　　） | （　　　） | | |
| 備　　　　品 （　　　） | | | |
| 減価償却累計額 △（　　　） | （　　　） | | |
| 土　　　　地 | （　　　） | | |
| | （　　　） | | （　　　） |

## 損 益 計 算 書
X7年４月１日から X8年３月31日まで　　　　　　（単位：円）

| | | | |
|---|---|---|---|
| 売 上 原 価 | （　　　） | 売　上　高 | （　　　） |
| 給　　　料 | （　　　） | 受 取 手 数 料 | （　　　） |
| 広 告 宣 伝 費 | （　　　） | | |
| 水 道 光 熱 費 | （　　　） | | |
| 通　信　費 | （　　　） | | |
| 法 定 福 利 費 | （　　　） | | |
| 貸倒引当金繰入 | （　　　） | | |
| 減 価 償 却 費 | （　　　） | | |
| 雑（　　　） | （　　　） | | |
| 法人税,住民税及び事業税 | （　　　） | | |
| 当 期 純（　　　） | （　　　） | | |
| | （　　　） | | （　　　） |

**問題 16-6** 以下の【資料１】と【資料２】にもとづいて，貸借対照表と損益計算書を作成しなさい。
なお，当期は X7年４月１日から X8年３月31日までの１年間である。

**【資料１】** 決算整理前残高試算表

| 借　方 | 勘 定 科 目 | 貸　方 |
|---|---|---|
| 264,000 | 現　　　　　金 | |
| | 当 座 預 金 | 183,000 |
| 659,000 | 売 　掛 　金 | |
| 410,000 | 繰 越 商 品 | |
| 370,000 | 仮 払 消 費 税 | |
| 3,000,000 | 建　　　　　物 | |
| 600,000 | 備　　　　　品 | |
| 2,826,000 | 土　　　　　地 | |
| | 買 　掛 　金 | 710,000 |
| | 仮 受 消 費 税 | 520,000 |
| | 仮 　受 　金 | 39,000 |
| | 貸 倒 引 当 金 | 10,000 |
| | 建物減価償却累計額 | 800,000 |
| | 備品減価償却累計額 | 240,000 |
| | 資 　本 　金 | 3,300,000 |
| | 繰 越 利 益 剰 余 金 | 1,938,000 |
| | 売　　　　　上 | 5,200,000 |
| | 受 取 手 数 料 | 120,000 |
| 3,700,000 | 仕　　　　　入 | |
| 940,000 | 給　　　　　料 | |
| 140,000 | 広 告 宣 伝 費 | |
| 151,000 | 水 道 光 熱 費 | |
| 13,060,000 | | 13,060,000 |

**【資料２】** 決算整理事項等

① 買掛金￥110,000を現金で支払った取引が未処理である。

② 当座預金勘定の貸方残高全額を借入金勘定に振り替える。なお，取引銀行とは借越限度額を￥1,000,000とする当座借越契約を結んでいる。

③ 商品販売に関わる手付金￥25,000を現金で受け取ったさいに，以下の仕訳を行っていたので，適切に修正する。

118

（借）現　　　　金　　25,000　（貸）売　　　　上　　25,000

④ 仮受金は全額売掛金の回収によるものであることが判明した。

⑤ 売掛金の期末残高に対して５％の貸倒引当金を差額補充法により設定する。

⑥ 消費税の処理（税抜方式）を行う。

⑦ 期末商品棚卸数量は1,000個，原価は@¥458である。

⑧ 有形固定資産について以下の要領で，定額法により減価償却を行う。

建物：残存価額ゼロ，耐用年数30年

備品：残存価額ゼロ，耐用年数５年

⑨ 受取手数料の未収分が¥14,000ある。

⑩ 給料の未払分が¥33,000ある。

## 貸 借 対 照 表
### X8年３月31日　　　　　　　　　　　　　　　（単位：円）

| | | | | |
|---|---|---|---|---|
| 現　　　　　　金 | （　　　　　） | 買　　掛　　金 | （　　　　　） | |
| 売　　掛　　金 （　　　　） | | 前　　受　　金 | （　　　　　） | |
| （　　　　　）△（　　　　） | （　　　　　） | 未 払 消 費 税 | （　　　　　） | |
| 商　　　　　品 | （　　　　　） | 未 払 費 用 | （　　　　　） | |
| 未　収　収　益 | （　　　　　） | 借　　入　　金 | （　　　　　） | |
| 建　　　　物 （　　　　） | | 資　　本　　金 | （　　　　　） | |
| 減価償却累計額 △（　　　　） | （　　　　　） | 繰越利益剰余金 | （　　　　　） | |
| 備　　　　品 （　　　　） | | | | |
| 減価償却累計額 △（　　　　） | （　　　　　） | | | |
| 土　　　　地 | （　　　　　） | | | |
| | （　　　　　） | | （　　　　　） | |

## 損 益 計 算 書
### X7年４月１日から X8年３月31日まで　　　　　（単位：円）

| | | | |
|---|---|---|---|
| 売　上　原　価 | （　　　　　） | 売　　上　　高 | （　　　　　） |
| 給　　　　　料 | （　　　　　） | 受 取 手 数 料 | （　　　　　） |
| 広 告 宣 伝 費 | （　　　　　） | | |
| 水 道 光 熱 費 | （　　　　　） | | |
| 貸倒引当金繰入 | （　　　　　） | | |
| 減 価 償 却 費 | （　　　　　） | | |
| 当 期 純（　　） | （　　　　　） | | |
| | （　　　　　） | | （　　　　　） |

問題 16-7　以下の【資料1】と【資料2】にもとづいて，下記の問いに答えなさい。なお，会計期間は X8年4月1日から X9年3月31日までの1年間である。

【資料1】　決算整理前残高試算表

| 借　　方 | 勘　定　科　目 | 貸　　方 |
|---:|:---:|---:|
| 477,000 | 現　　　　　金 | |
| 1,476,000 | 当　座　預　金 | |
| 1,273,000 | 普　通　預　金 | |
| 1,450,000 | 売　　掛　　金 | |
| 700,000 | 繰　越　商　品 | |
| 450,000 | 仮　払　消　費　税 | |
| 122,000 | 仮　払　法　人　税　等 | |
| 800,000 | 備　　　　　品 | |
| | 買　　掛　　金 | 451,000 |
| | 仮　受　消　費　税 | 780,000 |
| | 借　　入　　金 | 800,000 |
| | 貸　倒　引　当　金 | 10,000 |
| | 備品減価償却累計額 | 150,000 |
| | 資　　本　　金 | 2,000,000 |
| | 繰　越　利　益　剰　余　金 | 872,000 |
| | 売　　　　　上 | 7,800,000 |
| | 受　取　手　数　料 | 352,000 |
| 4,500,000 | 仕　　　　　入 | |
| 1,460,000 | 給　　　　　料 | |
| 295,000 | 租　税　公　課 | |
| 180,000 | 保　　険　　料 | |
| 32,000 | 支　払　利　息 | |
| 13,215,000 | | 13,215,000 |

【資料2】　決算整理事項等

① 売掛金¥300,000が普通預金口座に振り込まれていたが，この取引が未記帳であった。

② 現金の手許有高は¥475,000であり，帳簿残高との差額の原因は不明である。

③ 売掛金の期末残高に対して4％の貸倒引当金を差額補充法により設定する。

④ 消費税の処理（税抜方式）を行う。

⑤ 期末商品棚卸高は¥660,000である。

⑥ 備品について定額法（残存価額ゼロ，耐用年数４年）で減価償却を行う。なお，残高試算表の金額のうち¥200,000は当期の10月１日に取得したものである。新規取得分についても同様の条件で減価償却をするが，減価償却費は月割計算する。

⑦ 購入時に費用処理した収入印紙の未使用高が¥17,000あるため，貯蔵品勘定に振り替える。

⑧ 保険料の前払分が¥60,000ある。

⑨ 借入金は当期の12月１日に借入期間１年，利率年2.4％で借り入れたもので，利息は返済日にまとめて支払うこととなっている。したがって，利息の未払分を月割で計上する。

⑩ 法人税，住民税及び事業税が¥308,000と算定されたので，仮払法人税等との差額を未払法人税等として計上する。


**問１** 決算整理後残高試算表を作成しなさい。

**問２** 当期純利益または当期純損失の金額を答えなさい。なお，当期純損失の場合は金額の頭に△を付すこと。

**問 1**

### 決算整理後残高試算表

X9年3月31日

| 借　　方 | 勘 定 科 目 | 貸　　方 |
|---|---|---|
| | 現　　　　　金 | |
| | 当 座 預 金 | |
| | 普 通 預 金 | |
| | 売 　 掛 　 金 | |
| | 繰 越 商 品 | |
| | 貯 　 蔵 　 品 | |
| | （　　　　）保険料 | |
| | 備　　　　　品 | |
| | 買 　 掛 　 金 | |
| | 借 　 入 　 金 | |
| | 貸 倒 引 当 金 | |
| | 備品減価償却累計額 | |
| | （　　　　）利 息 | |
| | 未 払 消 費 税 | |
| | 未 払 法 人 税 等 | |
| | 資 　 本 　 金 | |
| | 繰越利益剰余金 | |
| | 売　　　　　上 | |
| | 受 取 手 数 料 | |
| | 仕　　　　　入 | |
| | 給　　　　　料 | |
| | 租 税 公 課 | |
| | 保 　 険 　 料 | |
| | 貸倒引当金繰入 | |
| | 減 価 償 却 費 | |
| | 支 払 利 息 | |
| | 雑 （　　　　） | |
| | 法人税,住民税及び事業税 | |
| | | |

**問 2**　￥（　　　　　　　）

# 第17章
# 総合模擬問題(1)

**問題 17−1** （45点）　　　　　　　　　　　　　　（満点100点，制限時間は全問で1時間）

　下記の各取引について仕訳しなさい。ただし，勘定科目は，設問ごとに最も適当と思われるものを選び，**記号で解答**すること。

① 郵便局で収入印紙¥6,000と郵便切手¥800を購入し，合計額を現金で支払った。なお，これらはすぐに使用した。
　　ア　現金　　イ　普通預金　　ウ　未払金　　エ　受取手数料　　オ　租税公課
　　カ　通信費

② 大阪株式会社に商品¥350,000を売り上げ，送料¥5,000を含めた合計額を掛けとした。また，同時に配送業者へこの商品を引き渡し，送料¥5,000は後日支払うこととした。
　　ア　現金　　イ　未払金　　ウ　買掛金　　エ　売上　　オ　発送費　　カ　売掛金

③ 社会保険料について，従業員から源泉徴収した¥150,000に会社負担分¥150,000を加えた合計額を普通預金口座から納付した。
　　ア　普通預金　　イ　社会保険料預り金　　ウ　所得税預り金　　エ　給料　　オ　租税公課
　　カ　法定福利費

④ 商品¥500,000を仕入れ，代金は掛けとした。なお，当社負担の引取運賃¥5,000は現金で支払った。
　　ア　現金　　イ　当座預金　　ウ　売掛金　　エ　買掛金　　オ　売上　　カ　仕入

⑤ 鎌倉株式会社に対する貸付金¥1,000,000の満期日になり，元利合計が普通預金口座に振り込まれた。なお，年利率は1.4%，貸付期間は146日，利息は1年を365日として日割計算する。
　　ア　普通預金　　イ　当座預金　　ウ　貸付金　　エ　借入金　　オ　受取利息
　　カ　支払利息

⑥ 営業用の建物の改修と修繕のためにかかった代金¥1,000,000を，小切手を振り出して支払った。この支出のうち¥800,000は改良（資本的支出），残額は定期修繕（収益的支出）である。
　　ア　普通預金　　イ　当座預金　　ウ　建物　　エ　資本金　　オ　支払家賃　　カ　修繕費

⑦ 掛けで販売していた商品¥200,000のうち¥100,000が品違いのため返品され，掛代金から差し引いた。
　　ア　売掛金　　イ　買掛金　　ウ　売上　　エ　雑益　　オ　仕入　　カ　雑損

⑧ 株式会社神奈川商事に対する売掛金¥200,000について，電子債権記録機関に債権の発生記録の請求を行った。

**123**

ア　受取手形　　イ　電子記録債権　　ウ　売掛金　　エ　支払手形　　オ　電子記録債務

　　カ　買掛金

⑨　神戸株式会社は，株式10,000株を1株当たり¥420で発行して増資を行い，株主からの払込金
　　は当座預金とした。

　　ア　普通預金　　イ　当座預金　　ウ　借入金　　エ　資本金　　オ　繰越利益剰余金

　　カ　受取手数料

⑩　現金の帳簿残高は¥62,500，実際有高は¥60,700であり，不一致の原因を調査することとした。

　　ア　現金　　イ　仮払金　　ウ　仮受金　　エ　雑益　　オ　雑損　　カ　現金過不足

⑪　建物の賃借契約を解約し，契約時に支払っていた敷金（保証金）¥400,000について，修繕に
　　かかった費用¥160,000を差し引かれた残額が普通預金口座に振り込まれた。

　　ア　普通預金　　イ　建物　　ウ　差入保証金　　エ　資本金　　オ　支払家賃

　　カ　修繕費

⑫　前期に貸倒れとして処理した売掛金¥100,000のうち¥40,000を現金で回収した。

　　ア　現金　　イ　売掛金　　ウ　貸倒引当金　　エ　償却債権取立益　　オ　貸倒引当金繰入

　　カ　貸倒損失

⑬　日商株式会社から商品¥450,000を仕入れ，代金のうち¥90,000については注文時に支払った手
　　付金と相殺し，残額については掛けとした。

　　ア　売掛金　　イ　前払金　　ウ　買掛金　　エ　前受金　　オ　売上　　カ　仕入

⑭　法人税，住民税及び事業税の中間申告を行い，普通預金口座から¥250,000を納付した。

　　ア　普通預金　　イ　当座預金　　ウ　仮払法人税等　　エ　未払法人税等　　オ　租税公課

　　カ　法人税，住民税及び事業税

⑮　金沢商事株式会社に商品を売り上げ，品物とともに次の納品書兼請求書を発送し，代金は掛け
　　とした。なお，消費税の処理は，税抜方式で行う。

　　ア　売掛金　　イ　仮払消費税　　ウ　買掛金　　エ　仮受消費税　　オ　売上　　カ　仕入

<table>
<tr><td colspan="4" align="center">納品書　兼　請求書　　　　　　　X7年10月20日</td></tr>
<tr><td colspan="4">金沢商事株式会社　御中</td></tr>
<tr><td colspan="4" align="right">株式会社新潟商事　　　　</td></tr>
<tr><td>品名</td><td>数量</td><td>単価</td><td>金額</td></tr>
<tr><td>商品X</td><td>25</td><td>12,000</td><td>¥300,000</td></tr>
<tr><td>商品Y</td><td>10</td><td>20,000</td><td>¥200,000</td></tr>
<tr><td>商品Z</td><td>8</td><td>38,000</td><td>¥304,000</td></tr>
<tr><td colspan="3" align="center">消費税</td><td>¥　80,400</td></tr>
<tr><td colspan="3" align="center">合計</td><td>¥884,400</td></tr>
</table>

　　X7年11月30日までに合計代金を下記口座にお振り込みください。

　　○○銀行　新潟支店　普通　9999999　カ）ニイガタショウジ

|     | 借 方 科 目 | 金 額 | 貸 方 科 目 | 金 額 |
| --- | --- | --- | --- | --- |
| ① | | | | |
| ② | | | | |
| ③ | | | | |
| ④ | | | | |
| ⑤ | | | | |
| ⑥ | | | | |
| ⑦ | | | | |
| ⑧ | | | | |
| ⑨ | | | | |
| ⑩ | | | | |
| ⑪ | | | | |
| ⑫ | | | | |
| ⑬ | | | | |
| ⑭ | | | | |
| ⑮ | | | | |

# 問題 17-2 (20点)

(1) 次の [資料] にもとづいて，下記の損益勘定，繰越利益剰余金勘定の（ア）から（オ）に当てはまる適切な金額または勘定科目を記入しなさい。なお，会計期間は4月1日から翌年3月31日までである。

[資料]
1．総売上高：¥12,600,000
2．売上戻り高：¥80,000
3．決算整理前の仕入勘定残高：¥8,400,000
4．決算整理前の繰越商品勘定残高：¥650,000
5．期末商品棚卸高：¥720,000
6．売上原価は仕入勘定で算定している。
7．法人税，住民税及び事業税の金額は，税引前の当期純利益（収益総額－費用総額）に対して30％の税率を乗じて計算する。
8．決算整理前の繰越利益剰余金勘定残高：¥600,000

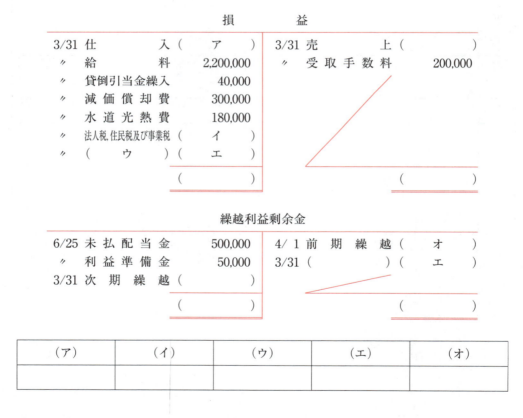

| （ア） | （イ） | （ウ） | （エ） | （オ） |
|---|---|---|---|---|
| | | | | |

(2) 20X1年5月における国分寺株式会社の取引にもとづいて，下記の問に答えなさい。

5月1日　三鷹不動産より土地¥4,000,000と建物¥3,000,000を購入する契約をしていたが，本日その引渡しを受け，代金は小切手を振り出して支払った。なお，土地と建物は同日から使用

している。

7日　先月末に府中商店へ掛けで売り上げていた商品¥400,000について不良品が見つかったため¥20,000の商品につき返品を受けた。

15日　国立商店より商品¥450,000を仕入れ，代金のうち半額は約束手形を振り出し，残額は掛けとした。なお，同取引にかかる引取費用（当社負担）¥10,000を現金で支払った。

21日　小金井商店から売上代金として受け取っていた約束手形¥500,000の満期日になり，同額が当社の当座預金口座に振り込まれた。また，立川商店に対する売掛金¥700,000が当座預金口座に振り込まれた。

31日　月次決算処理のひとつとして，1日に購入した建物について，残存価額をゼロ，耐用年数を25年とする定額法で減価償却を行い，減価償却費を月割で計上した。

**問1**　1日，7日，15日および21日の取引が，答案用紙に示されたどの補助簿に記入されるか答えなさい。なお，解答にあたっては，該当するすべての補助簿の欄に〇印を付すこと。

| 補助簿<br>日付 | 現　金<br>出納帳 | 当座預金<br>出 納 帳 | 商　品<br>有高帳 | 売掛金（得<br>意先）元帳 | 買掛金（仕<br>入先）元帳 | 受取手形<br>記 入 帳 | 支払手形<br>記 入 帳 | 仕入帳 | 売上帳 | 固定資産<br>台　　帳 |
|---|---|---|---|---|---|---|---|---|---|---|
| 1日 | | | | | | | | | | |
| 7日 | | | | | | | | | | |
| 15日 | | | | | | | | | | |
| 21日 | | | | | | | | | | |

**問2**　31日に計上される減価償却費の金額を答えなさい。　¥（　　　　　　　　　　）

**問題 17-3** （35点）

次の【資料1】と【資料2】にもとづいて，貸借対照表と損益計算書を完成しなさい。当期は X7年4月1日から X8年3月31日までの1年間である。なお，消費税については，【資料2】の10. のみ考慮する。

【資料1】 決算整理前残高試算表

| 借　方 | 勘定科目 | 貸　方 |
|---:|:---:|---:|
| 412,000 | 現　　　　金 | |
| 18,000 | 現 金 過 不 足 | |
| 2,350,000 | 当 座 預 金 | |
| 5,000,000 | 普 通 預 金 | |
| 1,000,000 | 売 　掛 　金 | |
| 800,000 | 繰 越 商 品 | |
| 2,000,000 | 貸 　付 　金 | |
| 350,000 | 仮 払 法 人 税 等 | |
| 1,020,000 | 仮 払 消 費 税 | |
| 70,000 | 仮 　払 　金 | |
| 4,500,000 | 建 　　　物 | |
| 800,000 | 備 　　　品 | |
| 5,800,000 | 土 　　　地 | |
| | 買 　掛 　金 | 1,065,000 |
| | 仮 受 消 費 税 | 1,900,000 |
| | 貸 倒 引 当 金 | 5,000 |
| | 建物減価償却累計額 | 2,700,000 |
| | 備品減価償却累計額 | 400,000 |
| | 借 　入 　金 | 5,000,000 |
| | 資 　本 　金 | 7,800,000 |
| | 利 益 準 備 金 | 600,000 |
| | 繰 越 利 益 剰 余 金 | 700,000 |
| | 売 　　　上 | 19,000,000 |
| | 受 取 手 数 料 | 200,000 |
| 10,200,000 | 仕 　　　入 | |
| 3,480,000 | 給 　　　料 | |
| 500,000 | 旅 費 交 通 費 | |
| 320,000 | 保 　険 　料 | |
| 300,000 | 水 道 光 熱 費 | |
| 100,000 | 通 　信 　費 | |
| 250,000 | 租 税 公 課 | |
| 100,000 | 支 払 利 息 | |
| 39,370,000 | | 39,370,000 |

【資料2】 決算整理事項等

1. 売掛金¥200,000が当座預金口座に振り込まれていたが，この取引が未処理である。

2. 現金過不足の原因を調査したところ，通信費¥20,000と手数料の受取額¥3,000の記帳漏れが判明したが，残額については原因不明のため雑損または雑益として処理する。

3. 売掛金の期末残高に対して1%の貸倒れを見積もり，差額補充法により貸倒引当金を設定する。

4. 従業員が出張から帰社し，旅費交通費を精算したところ，残金¥8,500の返金を受けた。なお，出張にさいしてこの従業員には現金¥70,000を仮払いしていた。

5. 期末商品棚卸高は¥650,000である。

6. 有形固定資産について，定額法で減価償却を行う。

　　建物：残存価額ゼロ，耐用年数30年

　　備品：残存価額ゼロ，耐用年数5年

7. 費用処理した収入印紙の未使用高¥30,000を貯蔵品勘定に振り替える。

8. 保険料の前払分が¥80,000ある。

9. 貸付金は，当期の12月1日に取引先に対して期間1年，利率年1.8%で貸し付けたものである。したがって，当期にすでに発生している利息を月割で計上する。

10. 消費税の処理を税抜方式で行う。

11. 法人税，住民税及び事業税が¥950,000と算定されたので，仮払法人税等との差額を未払計上する。

128

## 貸 借 対 照 表

X8年3月31日　　　　　　　　　　　　　　　　（単位：円）

| | | | | | |
|---|---|---|---|---|---|
| 現　　　　　金 | （　　　　） | 買　掛　金 | 1,065,000 |
| 当 座 預 金 | （　　　　） | 未 払 消 費 税 | （　　　　） |
| 普 通 預 金 | （　　　　） | 未 払 法 人 税 等 | （　　　　） |
| 売　掛　金（　　　） | | 借　入　金 | 5,000,000 |
| （　　　　）△（　　　） | （　　　　） | 資　本　金 | 7,800,000 |
| 商　　　　品 | （　　　　） | 利 益 準 備 金 | 600,000 |
| 貯　蔵　品 | （　　　　） | 繰越利益剰余金 | （　　　　） |
| 前払（　　　） | （　　　　） | | |
| 未収（　　　） | （　　　　） | | |
| 貸　付　金 | （　　　　） | | |
| 建　　物　（　　　） | | | |
| 減価償却累計額△（　　　） | （　　　　） | | |
| 備　　　　品　（　　　） | | | |
| 減価償却累計額△（　　　） | （　　　　） | | |
| 土　　　　地 | 5,800,000 | | |
| | （　　　　） | | （　　　　） |

## 損 益 計 算 書

X7年4月1日から X8年3月31日まで　　　　　　　（単位：円）

| | | | |
|---|---|---|---|
| 売 上 原 価 | （　　　　） | 売　上　高 | （　　　　） |
| 給　　　料 | 3,480,000 | 受 取 手 数 料 | （　　　　） |
| 旅 費 交 通 費 | （　　　　） | 受 取 利 息 | （　　　　） |
| 保　険　料 | （　　　　） | | |
| 水 道 光 熱 費 | 300,000 | | |
| 通　信　費 | （　　　　） | | |
| 租 税 公 課 | （　　　　） | | |
| 貸倒引当金繰入 | （　　　　） | | |
| 減 価 償 却 費 | （　　　　） | | |
| 支 払 利 息 | 100,000 | | |
| 雑（　　　） | （　　　　） | | |
| 法人税,住民税及び事業税 | 950,000 | | |
| 当期純（　　　） | （　　　　） | | |
| | （　　　　） | | （　　　　） |

# 第18章 総合模擬問題(2)

**問題 18-1** (45点)　　　　　　　　　　　　　　（満点100点，制限時間は全問で1時間）

下記の各取引について仕訳しなさい。ただし，勘定科目は，設問ごとに最も適当と思われるものを選び，**記号で解答すること**。

① 商品¥150,000を販売し，代金の全額をA市が発行した商品券で受け取った。

　　ア　現金　　イ　売掛金　　ウ　受取手形　　エ　受取商品券　　オ　買掛金　　カ　売上

② 取引銀行に約束手形を振り出して¥4,000,000を借り入れ，利息は借入期間146日，利率年3％，1年を365日とする日割計算により差し引かれ，手取金は当座預金口座に振り込まれた。

　　ア　当座預金　　イ　受取手形　　ウ　支払手形　　エ　手形借入金　　オ　支払利息

　　カ　雑損

③ 従業員の給料総額¥800,000の支給に際して，所得税の源泉徴収額¥30,000，住民税の源泉徴収額¥45,000および健康保険・厚生年金・雇用保険の社会保険料合計¥100,000を控除し，差引額を当社の普通預金口座から従業員の預金口座へ振り込んだ。

　　ア　住民税預り金　　イ　普通預金　　ウ　所得税預り金　　エ　社会保険料預り金

　　オ　給料　　カ　法定福利費

④ 商品¥400,000を売り上げ，代金は掛けとした。なお，当社負担の発送費¥5,000は現金で支払った。

　　ア　現金　　イ　当座預金　　ウ　売掛金　　エ　買掛金　　オ　売上　　カ　発送費

⑤ 商品¥900,000（本体価格）を仕入れ，代金は本体価格に対してかかる消費税10％とともに掛けとした。

　　ア　現金　　イ　仮払消費税　　ウ　買掛金　　エ　未払消費税　　オ　仕入

　　カ　租税公課

⑥ 商品陳列用の棚¥850,000を購入し，代金の全額を翌月払いとした。なお，購入にともない生じた引取運賃¥10,000は現金で支払った。

　　ア　現金　　イ　備品　　ウ　買掛金　　エ　未払金　　オ　仕入　　カ　発送費

⑦ 商品¥300,000をクレジット払いの条件で販売し，信販会社への手数料（売上代金の3％）を差し引いた残額を債権に計上した。

　　ア　当座預金　　イ　クレジット売掛金　　ウ　未収入金　　エ　仮受金　　オ　売上

　　カ　支払手数料

⑧ 仕入先に対する電子記録債務¥200,000について支払期日となったため，当社の普通預金口座

からの自動引落しによる決済が行われた。

　　ア　当座預金　　イ　普通預金　　ウ　電子記録債権　　エ　買掛金　　オ　電子記録債務
　　カ　仕入

⑨　当社の株主総会において，繰越利益剰余金残高¥800,000から株主への配当¥200,000および利益準備金の積立て¥20,000を行うことが承認された。

　　ア　当座預金　　イ　普通預金　　ウ　未払配当金　　エ　資本金　　オ　利益準備金
　　カ　繰越利益剰余金

⑩　仕入先に対する買掛金¥600,000を小切手を振り出して支払った。

　　ア　現金　　イ　当座預金　　ウ　売掛金　　エ　買掛金　　オ　未払金　　カ　仕入

⑪　営業用自動車（取得原価¥3,300,000，減価償却累計額¥2,970,000，間接法で記帳）を当期首に¥350,000で売却し，代金は2週間後に当社の普通預金口座に振り込まれることになった。

　　ア　普通預金　　イ　未収入金　　ウ　車両運搬具　　エ　車両運搬具減価償却累計額
　　オ　固定資産売却益　　カ　固定資産売却損

⑫　得意先が倒産したため，前期の販売による売掛金¥700,000が貸倒れとなった。ただし，貸倒引当金の残高が¥400,000ある。

　　ア　現金　　イ　売掛金　　ウ　貸倒引当金　　エ　売上　　オ　償却債権取立益
　　カ　貸倒損失

⑬　商品¥550,000を売り上げ，代金のうち¥110,000については注文時に受け取った手付金と相殺し，残額は掛けとした。

　　ア　現金　　イ　売掛金　　ウ　前払金　　エ　買掛金　　オ　前受金　　カ　売上

⑭　決算の結果，収益合計は¥9,200,000，費用合計は¥8,800,000であり，当期の純損益を繰越利益剰余金に振り替えた。

　　ア　当座預金　　イ　資本金　　ウ　繰越利益剰余金　　エ　売上　　オ　仕入　　カ　損益

⑮　事務作業に使用する物品を購入し，納品とともに次の請求書を受け取り，代金は後日支払うこととした。なお，当社では単価¥100,000以上の物品を備品として処理し，単価¥100,000未満の物品は費用処理している。消費税は税抜方式で記帳する。

　　ア　普通預金　　イ　備品　　ウ　仮払消費税　　エ　未払金　　オ　仕入　　カ　消耗品費

請求書　　　　　　　　X1年11月20日

金沢商事株式会社　御中

株式会社　富山商事

| 品名 | 数量 | 単価 | 金額 |
|---|---|---|---|
| パソコン | 2 | 250,000 | ¥500,000 |
| 印刷用紙 | 5 | 500 | ¥2,500 |
| | | 消費税 | ¥50,250 |
| | | 合計 | ¥552,750 |

X1年12月20日までに合計代金を下記口座にお振り込みください。
○○銀行　富山支店　普通　9999999　カ）トヤマショウジ

| | 借 方 科 目 | 金 額 | 貸 方 科 目 | 金 額 |
|---|---|---|---|---|
| ① | | | | |
| ② | | | | |
| ③ | | | | |
| ④ | | | | |
| ⑤ | | | | |
| ⑥ | | | | |
| ⑦ | | | | |
| ⑧ | | | | |
| ⑨ | | | | |
| ⑩ | | | | |
| ⑪ | | | | |
| ⑫ | | | | |
| ⑬ | | | | |
| ⑭ | | | | |
| ⑮ | | | | |

## 問題 18-2 (20点)

(1) 次の資料にもとづいて、下記の受取利息勘定と未収利息勘定の空欄①～⑤に入る適切な語句または金額を答えなさい。当期はX7年4月1日からX8年3月31日までである。

X7年4月1日　前期末に計上した未収利息（貸付金￥1,000,000に係るもの）の再振替仕訳を行った。この貸付金は、X6年12月1日に貸付期間1年間、年利率1.8％、利息は元本回収時に受け取る条件でA社に対して貸し付けたものである。利息は月割計算する。

X7年11月30日　A社に対する貸付金￥1,000,000の満期日にともない、元利合計が普通預金口座に振り込まれた。

X8年1月1日　B社に対して、貸付期間1年間、年利率1.6％、利息は元本回収時に受け取る条件で￥3,000,000を貸し付け、当社の普通預金口座からB社の普通預金口座に振り込んだ。

X8年3月31日　B社に対する貸付金について、利息の未収分を月割計算で計上する。

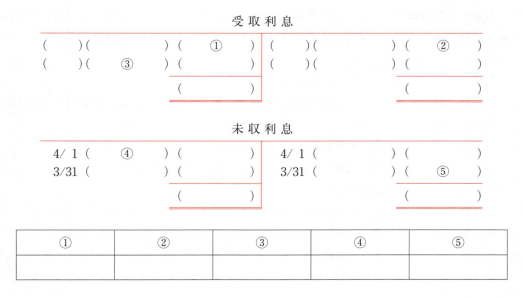

| ① | ② | ③ | ④ | ⑤ |
|---|---|---|---|---|
|   |   |   |   |   |

(2) 次の各文の中の①から⑤にあてはまる最も適切な語句を下記の［語群］から選び、**ア～シの記号で答えなさい**。

1．決算において、利益を総勘定元帳上で把握するため、収益および費用の諸勘定を振り替えるための勘定を（　①　）勘定という。

2．総勘定元帳における買掛金勘定の借方合計・貸方合計の金額は、買掛金元帳の各人名勘定の合計金額と一致する。このような補助簿の各勘定を集計した内容を持つ勘定のことを（　②　）という。

3．有形固定資産購入後に、その固定資産について機能維持のため修理・保守を行った場合の支出は（　③　）勘定で処理する。

4．収入印紙を購入した場合には、（　④　）勘定で処理する。

5．株式会社の設立時や増資時において、株式発行による株主からの払込額は（　⑤　）勘定を用いて記帳する。

[語群]

| ア | 主要簿 | イ | 評価勘定 | ウ | 修繕費 | エ | 通信費 | オ | 受取手形 | カ | 損益 |
| キ | 建物 | ク | 租税公課 | ケ | 合計 | コ | 資本金 | サ | 統制勘定 | シ | 利益 |

| ① | ② | ③ | ④ | ⑤ |
|---|---|---|---|---|
|   |   |   |   |   |

## 問題 18-3 (35点)

以下の【決算整理事項等】にもとづいて，精算表を完成しなさい。なお，当期は X1年 4 月 1 日から X2年 3 月31日までである。

### 【決算整理事項等】

1. 現金の実際有高を確認したところ¥978,000であり，帳簿残高との差額の原因として収入印紙購入の記帳もれ¥2,500があることが判明したが，残額については未だ原因不明のため雑損または雑益として処理する。

2. 仮受金¥300,000は，全額が売掛金の回収であることが判明した。

3. 売掛金の期末残高に対して 1 ％の貸倒れを見積もり，差額補充法により貸倒引当金を設定する。

4. 期末商品棚卸高は¥2,420,000である。売上原価は仕入勘定で算定する。

5. 備品について，定額法（耐用年数10年，残存価額ゼロ）により減価償却を行う。

   なお，備品の勘定残高には期中の10月 1 日に取得した¥400,000が含まれており，これについても同様の条件で減価償却を行い，減価償却費は月割計算する。

6. 購入時に費用処理した収入印紙の未使用高が¥5,000あるため，貯蔵品へ振り替える。

7. 消費税の処理（税抜方式）を行う。

8. 支払家賃勘定の残高は，当期首に再振替仕訳した前期支出の 4 カ月分の家賃と，期中の 8 月 1 日に支出した 1 年分の家賃の合計額であるため，家賃の前払額を計上する。なお，家賃の月額は前期・当期ともに同額である。

9. 借入金は X1年10月 1 日に期間 1 年，利率年 2 ％，利息は元本返済時に支払う条件で借り入れたものである。当期末までの未払利息を月割計算により計上する。

10. 受取手数料は， 3 カ月ごとに手数料¥30,000を受け取っているものであるが，翌期の期間にかかる金額が¥20,000含まれているため，前受高として計上した。

11. 当期の利益にかかる法人税等¥800,000，および確定申告時に納付すべき額（未払法人税等）を計上する。

## 精 算 表

| 勘 定 科 目 | 残高試算表 | | 修正記入 | | 損益計算書 | | 貸借対照表 | |
|---|---|---|---|---|---|---|---|---|
| | 借方 | 貸方 | 借方 | 貸方 | 借方 | 貸方 | 借方 | 貸方 |
| 現　　　　　金 | 980,000 | | | | | | | |
| 普 通 預 金 | 10,061,000 | | | | | | | |
| 売 掛 金 | 2,700,000 | | | | | | | |
| 繰 越 商 品 | 2,080,000 | | | | | | | |
| 仮 払 法 人 税 等 | 350,000 | | | | | | | |
| 仮 払 消 費 税 | 2,360,000 | | | | | | | |
| 備　　　　　品 | 4,600,000 | | | | | | | |
| 買 掛 金 | | 2,140,000 | | | | | | |
| 借 入 金 | | 5,000,000 | | | | | | |
| 仮 受 金 | | 300,000 | | | | | | |
| 仮 受 消 費 税 | | 3,480,000 | | | | | | |
| 貸 倒 引 当 金 | | 20,000 | | | | | | |
| 備品減価償却累計額 | | 1,155,000 | | | | | | |
| 資 本 金 | | 7,300,000 | | | | | | |
| 繰 越 利 益 剰 余 金 | | 1,500,000 | | | | | | |
| 売　　　　　上 | | 34,800,000 | | | | | | |
| 受 取 手 数 料 | | 140,000 | | | | | | |
| 仕　　　　　入 | 20,600,000 | | | | | | | |
| 支 払 家 賃 | 2,784,000 | | | | | | | |
| 租 税 公 課 | 420,000 | | | | | | | |
| そ の 他 費 用 | 8,900,000 | | | | | | | |
| | 55,835,000 | 55,835,000 | | | | | | |
| 雑　（　　　） | | | | | | | | |
| 貸 倒 引 当 金 繰 入 | | | | | | | | |
| 減 価 償 却 費 | | | | | | | | |
| 貯 蔵 品 | | | | | | | | |
| 支 払 利 息 | | | | | | | | |
| （　　　）消費税 | | | | | | | | |
| 前 払 家 賃 | | | | | | | | |
| （　　　）利 息 | | | | | | | | |
| （　　　）手 数 料 | | | | | | | | |
| 未 払 法 人 税 等 | | | | | | | | |
| 法 人 税 等 | | | | | | | | |
| 当 期 純（　　　） | | | | | | | | |

# 第 **19** 章
# 総合模擬問題(3)

問題 19-1 （45点）　　　　　　　　　　　　　　　　　（満点100点，制限時間は全問で1時間）

　下記の各取引について仕訳しなさい。ただし，勘定科目は，設問ごとに最も適当と思われるものを選び，**記号で解答する**こと。

① クレジット売掛金¥100,000が普通預金口座に振り込まれた。

　　ア　買掛金　　イ　仕入　　ウ　売上　　エ　普通預金　　オ　クレジット売掛金
　　カ　現金

② 小口現金係から今週の支払明細について次の報告があり，ただちに同額の小切手を小口現金係に渡した。当社は，定額資金前渡制を採用している。

　　タクシー代　¥3,800　文房具代（使用済み）¥1,500　収入印紙代（使用済み）¥5,000

　　ア　通信費　　イ　消耗品費　　ウ　租税公課　　エ　旅費交通費　　オ　諸会費
　　カ　当座預金

③ 事務所用の建物を賃借する契約を不動産会社と締結し，保証金（敷金）¥300,000，不動産会社に対する手数料¥150,000，1カ月分の家賃¥150,000を普通預金口座から支払った。

　　ア　建物　　イ　支払家賃　　ウ　普通預金　　エ　資本金　　オ　支払手数料
　　カ　差入保証金

④ かねて商品仕入に際して振り出した約束手形¥620,000が当座預金口座から決済された。

　　ア　受取手形　　イ　支払手形　　ウ　仕入　　エ　当座預金　　オ　支払利息
　　カ　受取利息

⑤ 秋田株式会社に対する買掛金¥400,000について，電子記録債務の発生記録の請求を行った。

　　ア　電子記録債務　　イ　電子記録債権　　ウ　支払手形　　エ　買掛金　　オ　受取手形
　　カ　売掛金

⑥ 博多株式会社に¥3,000,000を貸し付け，当社の普通預金口座から同社の普通預金口座に振り込んだ。なお，貸付けに際して同社振出の約束手形を受け取った。

　　ア　受取利息　　イ　受取手形　　ウ　手形貸付金　　エ　手形借入金　　オ　支払利息
　　カ　普通預金

⑦ 商品¥750,000を購入する契約を締結し，手付金として¥100,000を普通預金口座から支払った。

　　ア　普通預金　　イ　前受金　　ウ　仮受金　　エ　仮払金　　オ　前払金　　カ　仕入

⑧ 当期（X7年4月1日からX8年3月31日まで）の6月30日に，不用になった備品（取得原価¥600,000，期首減価償却累計額¥500,000）を¥20,000で売却し，売却代金は現金で受け取った。

136

この備品については，耐用年数5年，残存価額ゼロとした定額法で減価償却し，間接法で記帳している。なお，当期の減価償却費については月割計算で計上し，減価償却累計額勘定を経由せずに直接計上すること。

ア　減価償却費　　　　イ　備品減価償却累計額　　ウ　備品　　エ　現金
オ　固定資産売却益　　カ　固定資産売却損

⑨　建物¥3,000,000を購入し，不動産会社への手数料¥90,000を含めた総額を，小切手を振り出して支払った。

ア　支払手数料　　イ　当座預金　　ウ　小口現金　　エ　建物　　オ　未払金
カ　買掛金

⑩　期首において，前期末に費用勘定から貯蔵品勘定に振り替えた郵便切手¥4,700と収入印紙¥18,000を適切な勘定科目に振り戻した。

ア　通信費　　イ　旅費交通費　　ウ　未払費用　　エ　租税公課　　オ　未収入金
カ　貯蔵品

⑪　現金の実際有高が帳簿残高より¥8,700不足していたので，現金過不足勘定で適切に処理しておいた。本日，原因を調査したところ，水道光熱費¥13,700の支払および手数料¥5,000の受取の記帳漏れが判明した。

ア　雑益　　イ　現金過不足　　ウ　支払手数料　　エ　受取手数料　　オ　水道光熱費
カ　雑損

⑫　商品¥80,000（税抜価格）を売り上げ，代金は10％の消費税を含めて掛けとした。なお，消費税は税抜方式で処理する。

ア　仮受消費税　　イ　未払消費税　　ウ　売上　　エ　売掛金　　オ　買掛金
カ　仮払消費税

⑬　得意先に対する売掛金（前期販売分）¥264,000が貸し倒れた。なお，貸倒引当金の残高は¥490,000である。

ア　売掛金　　イ　貸倒引当金繰入　　ウ　貸倒引当金　　エ　貸倒損失　　オ　雑損
カ　償却債権取立益

⑭　決算整理後の売上勘定の貸方残高¥3,820,000を損益勘定に振り替えた。

ア　仕入　　イ　繰越商品　　ウ　売上　　エ　資本金　　オ　損益
カ　繰越利益剰余金

⑮　商品¥83,000を仕入れ，代金のうち¥23,000は現金で支払い，残額は掛けとした取引について，出金伝票を次のように作成したとき，振替伝票に記入される仕訳を答えなさい。なお，3伝票制を採用しており，商品売買の記帳は3分法によっている。

ア　仕入　　イ　現金　　ウ　売上　　エ　売掛金　　オ　未払金　　カ　買掛金

```
　　　出　金　伝　票
　　　X8年10月4日
　　（買掛金）　23,000
```

| | 借 方 科 目 | 金 額 | 貸 方 科 目 | 金 額 |
|---|---|---|---|---|
| ① | | | | |
| ② | | | | |
| ③ | | | | |
| ④ | | | | |
| ⑤ | | | | |
| ⑥ | | | | |
| ⑦ | | | | |
| ⑧ | | | | |
| ⑨ | | | | |
| ⑩ | | | | |
| ⑪ | | | | |
| ⑫ | | | | |
| ⑬ | | | | |
| ⑭ | | | | |
| ⑮ | | | | |

## 問題 19-2 (20点)

(1) 以下の資料にもとづいて、損益勘定、仮払法人税等勘定、および未払法人税等勘定の空欄①～⑤に入る適切な語句または金額を記入しなさい。便宜的に、仕入と法人税、住民税及び事業税以外の費用は「その他費用」としてまとめている。なお、当期はX7年4月1日からX8年3月31日までである。

X7年5月28日　前期末に計上された未払法人税等￥180,000を普通預金口座から納付した。

X7年11月28日　法人税、住民税及び事業税の中間申告納付を行い、￥140,000を普通預金口座から納付した。

X8年3月31日　決算につき、税引前の当期純利益に対して30％の税率を乗じた額を法人税、住民税及び事業税として計上するとともに、中間納付額を差し引いた額を未払計上した。

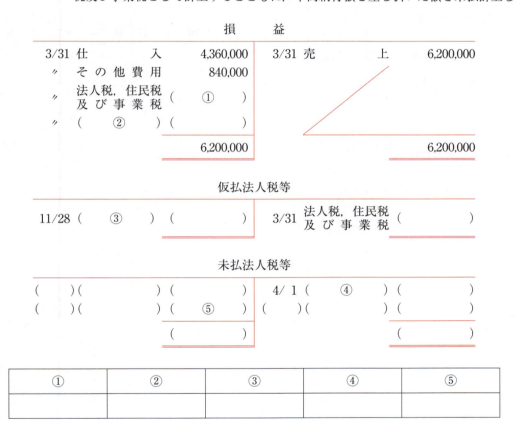

| ① | ② | ③ | ④ | ⑤ |
|---|---|---|---|---|
|   |   |   |   |   |

(2) 次の３月中の取引にもとづいて，下記の移動平均法による商品有高帳の記入を行い，月末付けで締め切りなさい。

３月６日　株式会社前橋商店にＢ商品150個を@￥420で売り渡し，代金は掛けとした。

　　12日　株式会社高崎商店からＢ商品200個を@￥310で仕入れ，代金は掛けとした。なお，引取運賃￥2,000は現金で支払った。

　　20日　株式会社前橋商店にＢ商品150個を@￥430で売り渡し，代金は掛けとした。

　　25日　株式会社前橋商店より，掛け代金のうち￥69,000を現金で受け取った。

### 商 品 有 高 帳

(移動平均法)　　　　　　　　　　　　　Ｂ　商　品　　　　　　　　　　　　　　(単位：個)

| 20X1年 | | 摘　要 | 受　入 | | | 払　出 | | | 残　高 | | |
|---|---|---|---|---|---|---|---|---|---|---|---|
| | | | 数　量 | 単　価 | 金　額 | 数　量 | 単　価 | 金　額 | 数　量 | 単　価 | 金　額 |
| 3 | 1 | 前月繰越 | 200 | 300 | 60,000 | | | | | | |
| | 6 | 前橋商店 | | | | | | | | | |
| | | | | | | | | | | | |
| | 31 | 次月繰越 | | | | | | | | | |
| | | | | | | | | | | | |

問題 19-3 （35点）

次の【資料1】と【資料2】にもとづいて，問に答えなさい。なお，消費税については，【資料2】の②と⑦のみ考慮し，税抜方式で処理する。当期は，X8年4月1日からX9年3月31日までの1年間である。

【資料1】 決算整理前残高試算表

| 借　方 | 勘 定 科 目 | 貸　方 |
|---:|:---:|---:|
| 89,400 | 現　　　　　金 | |
| | 現 金 過 不 足 | 10,000 |
| | 当 座 預 金 | 224,000 |
| 888,000 | 普 通 預 金 | |
| 750,000 | 売 　掛 　金 | |
| 437,000 | 仮 払 消 費 税 | |
| 226,000 | 繰 越 商 品 | |
| 2,000,000 | 建　　　　　物 | |
| 640,000 | 備　　　　　品 | |
| 1,400,000 | 土　　　　　地 | |
| | 買 　掛 　金 | 678,000 |
| | 前 　受 　金 | 68,000 |
| | 仮 受 消 費 税 | 559,000 |
| | 手 形 借 入 金 | 800,000 |
| | 貸 倒 引 当 金 | 9,000 |
| | 建物減価償却累計額 | 880,000 |
| | 備品減価償却累計額 | 320,000 |
| | 資 　本 　金 | 2,300,000 |
| | 繰 越 利 益 剰 余 金 | 724,000 |
| | 売　　　　　上 | 5,590,000 |
| 4,370,000 | 仕　　　　　入 | |
| 1,060,000 | 給　　　　　料 | |
| 139,000 | 通 　信 　費 | |
| 53,000 | 旅 費 交 通 費 | |
| 100,000 | 保 　険 　料 | |
| 9,600 | 支 払 利 息 | |
| 12,162,000 | | 12,162,000 |

141

【資料2】　決算整理事項等

① 現金過不足の原因を調査した結果，旅費交通費¥12,000を現金で支払ったさいに¥21,000と誤記帳していたことが判明したが，残額については原因不明のため，雑損または雑益で処理する。

② 規格違いであったため，当期に掛で仕入れていた商品¥220,000（内消費税¥20,000）を返品し，同額を掛代金から差し引くこととしたが，この取引が未記帳であった。

③ 通信費¥28,000が当座預金口座から支払われた取引が未記帳であった。

④ 商品販売に伴う手付金¥50,000を現金で受け取ったさいに，以下の仕訳を行っていたことが判明したので，適切に修正する。

　　　（借）現　　　　　金　　50,000　（貸）売　　掛　　金　　50,000

⑤ 当座預金勘定の貸方残高を当座借越勘定に振り替える。なお，取引銀行との間に借越限度額¥2,000,000の当座借越契約を結んでいる。

⑥ 売掛金の期末残高に対して2％の貸倒引当金を差額補充法により設定する。

⑦ 仮受消費税と仮払消費税を相殺し，未払分の消費税を計上する。

⑧ 上記②の返品考慮後の期末商品棚卸高は¥318,000である。

⑨ 建物および備品について，次の要領で定額法により減価償却を行う。

　　　建物：残存価額ゼロ　耐用年数25年

　　　備品：残存価額ゼロ　耐用年数4年

⑩ 手形借入金は当期の1月1日に，期間1年，利率年1.2％で借り入れたものであり，借入時に1年分の利息が差し引かれた金額を受け取っている。そこで，利息について月割により適切に処理する。

⑪ 保険料の前払分が¥16,000ある。


問1　決算整理後残高試算表を作成しなさい。

問2　当期純利益または当期純損失の金額を答えなさい。なお，当期純損失の場合は，金額の頭に△を付すこと。

**問 1**

**決算整理後残高試算表**

X9年 3 月31日

| 借　　方 | 勘 定 科 目 | 貸　　方 |
|---|---|---|
| | 現　　　　　金 | |
| | 普 通 預 金 | |
| | 売 　 掛 　 金 | |
| | 繰 越 商 品 | |
| | 前 払 保 険 料 | |
| | （　　　）利 息 | |
| | 建　　　　　物 | |
| | 備　　　　　品 | |
| | 土　　　　　地 | |
| | 買 　 掛 　 金 | |
| | 前 　 受 　 金 | |
| | （　　　）消費税 | |
| | 当 座 借 越 | |
| | 手 形 借 入 金 | |
| | 貸 倒 引 当 金 | |
| | 建物減価償却累計額 | |
| | 備品減価償却累計額 | |
| | 資 　 本 　 金 | |
| | 繰越利益剰余金 | |
| | 売　　　　　上 | |
| | 仕　　　　　入 | |
| | 給　　　　　料 | |
| | 通 　 信 　 費 | |
| | 旅 費 交 通 費 | |
| | 保 　 険 　 料 | |
| | 貸倒引当金繰入 | |
| | 減 価 償 却 費 | |
| | 雑 （　　　　　） | |
| | | |

**問 2**　¥（　　　　　　　　　　）

143

# 解 答 編

■以下の「解答編」は，取りはずしてご利用
　いただくことが可能です。取りはずす場合
　には，この色紙は残したまま，「解答編」
　をゆっくり引き離してください。

# 検定簿記ワークブック
## 3級/商業簿記
### 〔解答編〕

| 目　　次 | | | |
|---|---|---|---|
| 第 1 章 …………… | 2 | 第11章 …………… | 45 |
| 第 2 章 …………… | 5 | 第12章 …………… | 46 |
| 第 3 章 …………… | 8 | 第13章 …………… | 48 |
| 第 4 章 …………… | 11 | 第14章 …………… | 52 |
| 第 5 章 …………… | 17 | 第15章 …………… | 54 |
| 第 6 章 …………… | 22 | 第16章 …………… | 58 |
| 第 7 章 …………… | 26 | 第17章 …………… | 69 |
| 第 8 章 …………… | 33 | 第18章 …………… | 74 |
| 第 9 章 …………… | 36 | 第19章 …………… | 79 |
| 第10章 …………… | 40 | | |

中央経済社

# 第 1 章
## 簿記の意義としくみ

### 問題 1-1

（ア　財　　貨）（イ　債　　権）（ウ　債　　務）（エ　資　本　金）（オ　当期純利益）
（カ　当期純損失）（キ　収　　益）（ク　費　　用）（ケ　貸借対照表）（コ　損益計算書）

#### 解説

(1)の文章は，資産・負債の意味と，資本の内容をあらわしています。

(2)の文章は，財産法による当期純損益の計算の意味をあらわしています。

(3)の文章は，収益・費用の意味をあらわしています。

(4)の文章は，簿記の目的を果たすために会計期末に作成される財務諸表の種類をあらわしています。

### 問題 1-2

**貸 借 対 照 表**

株式会社東京商店　　　　　　　　20X2年 3 月31日

| 資　　　　　産 | 金　　　額 | 負債および純資産 | 金　　　額 |
|---|---|---|---|
| 現　　　　　金 | 450,000 | 買　　掛　　金 | 300,000 |
| 売　　掛　　金 | 350,000 | 借　　入　　金 | 500,000 |
| 建　　　　　物 | 2,250,000 | 資　　本　　金 | 2,500,000 |
| 備　　　　　品 | 400,000 | 繰越利益剰余金 | 150,000 |
| | 3,450,000 | | 3,450,000 |

#### 解説

　貸借対照表は，財政状態をあらわすために作成される計算書です。

　貸借対照表の左側には資産を，右側には負債および資本を記入します。期末の貸借対照表を作成する場合には，期末資本を資本金と繰越利益剰余金（利益の留保額）に分けて表示します。

問題 1-3

### 貸 借 対 照 表

株式会社神奈川商店　　　　　　　　20X2年3月31日

| 資　　　産 | 金　　額 | 負債および純資産 | 金　　額 |
|---|---|---|---|
| 現　　　　　金 | 450,000 | 買　　掛　　金 | 250,000 |
| 売　　掛　　金 | 350,000 | 借　　入　　金 | 700,000 |
| 建　　　　　物 | 2,500,000 | 資　　本　　金 | 2,700,000 |
| 備　　　　　品 | 650,000 | 繰越利益剰余金 | 300,000 |
| | 3,950,000 | | 3,950,000 |

解説

　期首資本は，4月1日の期首資産から期首負債を差し引いた額，または同日の資本金と繰越利益剰余金の合計額となります。

- 期首資本＝期首資産￥3,450,000－期首負債￥500,000＝￥2,950,000

　　または，期首の資本金￥2,700,000＋繰越利益剰余金￥250,000＝￥2,950,000

　期末資本は，3月31日の期末資産から期末負債を差し引いた額により計算します。

- 期末資本＝期末資産￥3,950,000－期末負債￥950,000＝￥3,000,000
- 当期純損益＝期末資本￥3,000,000－期首資本￥2,950,000＝（＋）￥50,000
- 期末繰越利益剰余金（貸借対照表に記載）＝期首繰越利益剰余金￥250,000＋当期純利益￥50,000＝￥300,000

　　または，期末資本￥3,000,000－決算前の資本金￥2,700,000＝￥300,000

　貸借対照表に記載する繰越利益剰余金は，期首繰越利益剰余金に当期純利益を加算（当期純損失の場合は減算）して求めます。

問題 1-4

### 損 益 計 算 書

株式会社埼玉商店　　　　20X1年4月1日から20X2年3月31日まで

| 費　　　用 | 金　　額 | 収　　　益 | 金　　額 |
|---|---|---|---|
| 仕　　　　　入 | 2,380,000 | 売　　　　　上 | 3,000,000 |
| 給　　　　　料 | 360,000 | 受 取 手 数 料 | 20,000 |
| 広 告 宣 伝 費 | 36,000 | | |
| 支　払　家　賃 | 120,000 | | |
| 水 道 光 熱 費 | 42,000 | | |
| 消　耗　品　費 | 12,000 | | |
| 当 期 純 利 益 | 70,000 | | |
| | 3,020,000 | | 3,020,000 |

解説

　損益計算書は，経営成績をあらわすために作成される計算書です。

　損益計算書の左側には費用を，右側には収益を記入します。収益と費用の差額は，当期純損益となります。当期純損益の表示は，当期純利益の場合は左側に，当期純損失の場合は右側に表示します。

　決算で作成する貸借対照表や損益計算書のことを財務諸表といいます。

**問題 1−5**

### 損 益 計 算 書

株式会社茨城商店　　　　20X1年4月1日から20X2年3月31日まで

| 費　　用 | 金　　額 | 収　　益 | 金　　額 |
|---|---|---|---|
| 仕　　入 | 1,479,000 | 売　　上 | 2,100,000 |
| 給　　料 | 300,000 | 受 取 手 数 料 | 25,000 |
| 広 告 宣 伝 費 | 75,000 | | |
| 支 払 家 賃 | 150,000 | | |
| 水 道 光 熱 費 | 8,500 | | |
| 支 払 利 息 | 2,500 | | |
| 当 期 純 利 益 | 110,000 | | |
| | 2,125,000 | | 2,125,000 |

### 貸 借 対 照 表

株式会社茨城商店　　　　20X2年3月31日

| 資　　産 | 金　　額 | 負債および純資産 | 金　　額 |
|---|---|---|---|
| 現　　金 | 699,000 | 買 掛 金 | 290,000 |
| 売 掛 金 | 355,000 | 借 入 金 | 100,000 |
| 備　　品 | 646,000 | 資 本 金 | 1,000,000 |
| | | 繰越利益剰余金 | 310,000 |
| | 1,700,000 | | 1,700,000 |

**解説**

　損益計算書の作成は，期間中の収益・費用を記入して行います。収益と費用の差額から，当期純利益を計算します。貸借対照表の作成は，期末の資産・負債を記入して行います。期末資本は，期末の資産総額から負債総額を差し引いて¥1,310,000となり，貸借対照表では資本金と繰越利益剰余金に分けて表示します。繰越利益剰余金の金額は，期末資本¥1,310,000から資本金¥1,000,000を差し引く，または期首の繰越利益剰余金¥200,000に当期純利益¥110,000を加算して求めます。

## 問題 2-1

(1)( × ) (2)( × ) (3)( ○ ) (4)( × ) (5)( ○ ) (6)( ○ ) (7)( ○ )

**解説**

企業の財産に増加または減少がある場合は簿記上の取引となります。契約や注文だけでは，その時点において財産の増減はありませんので，簿記上の取引にはなりません。

## 問題 2-2

(1)( ウ ) (2)( イ ) (3)( ア ) (4)( オ ) (5)( イ ) (6)( エ )

**解説**

複式簿記では，取引を二面的な情報によりとらえます。財産の変動は，どのような理由（原因）から生じたのか，変動とその理由の組合せを取引要素であらわしたものが取引要素の結合関係となります。勘定への増加・減少・発生の記入は，各勘定の記入法に従って行われます。

## 問題 2-3

|  | 借方科目 | 金額 | 貸方科目 | 金額 |
|---|---|---|---|---|
| 1/ 4 | 現　　　　金<br>建　　　　物 | 500,000<br>5,000,000 | 資　本　金 | 5,500,000 |
| 7 | 備　　　　品 | 200,000 | 現　　　　金 | 200,000 |
| 10 | 仕　　　　入 | 400,000 | 買　掛　金 | 400,000 |
| 15 | 現　　　　金<br>売　掛　金 | 350,000<br>250,000 | 売　　　　上 | 600,000 |
| 17 | 仕　　　　入 | 600,000 | 現　　　　金<br>買　掛　金 | 200,000<br>400,000 |
| 20 | 水 道 光 熱 費 | 20,000 | 現　　　　金 | 20,000 |
| 25 | 給　　　　料 | 100,000 | 現　　　　金 | 100,000 |
| 26 | 現　　　　金<br>売　掛　金 | 250,000<br>250,000 | 売　　　　上 | 500,000 |
| 28 | 現　　　　金 | 250,000 | 売　掛　金 | 250,000 |
| 31 | 現　　　　金 | 100,000 | 借　入　金 | 100,000 |

**解説**

仕訳は，勘定科目とその金額により記入を行い，借方に記入した勘定の合計額と貸方に記入した勘定の合計額は同額となります。

1/ 4　株主からの出資を受けた金額は，「資本金」として処理します。

1/10, 15　商品売買の記帳法は3分法によるため，商品の仕入時は原価で「仕入」，商品の売上時は売価で「売上」として処理します。よって10日は購入した金額￥400,000を借方に「仕入」として記帳し，15日は売り渡した金額￥600,000（売価）を貸方に「売上」として記帳します。

1/20　水道光熱費は，水道料・電気・ガス代の記帳に用いる勘定科目です。

**問題 2-4**

|  | 借 方 科 目 | 金 額 | 貸 方 科 目 | 金 額 |
|---|---|---|---|---|
| 1／3 | 現　　　　金 | 300,000 | 資　本　金 | 1,800,000 |
|  | 建　　　　物 | 1,500,000 |  |  |
| 5 | 現　　　　金 | 100,000 | 借　入　金 | 100,000 |
| 7 | 仕　　　　入 | 60,000 | 現　　　　金 | 20,000 |
|  |  |  | 買　掛　金 | 40,000 |
| 12 | 現　　　　金 | 30,000 | 売　　　　上 | 80,000 |
|  | 売　掛　金 | 50,000 |  |  |
| 16 | 現　　　　金 | 4,000 | 受 取 手 数 料 | 4,000 |
| 18 | 支 払 地 代 | 5,000 | 現　　　　金 | 5,000 |
| 21 | 現　　　　金 | 50,000 | 売　掛　金 | 50,000 |
| 23 | 買　掛　金 | 40,000 | 現　　　　金 | 40,000 |
| 25 | 給　　　　料 | 30,000 | 現　　　　金 | 30,000 |
| 31 | 借　入　金 | 50,000 | 現　　　　金 | 50,100 |
|  | 支 払 利 息 | 100 |  |  |

### 総 勘 定 元 帳

**現　　金　　1**

| 1／3 資 本 金 | 300,000 | 1／7 仕　入 | 20,000 |
|---|---|---|---|
| 5 借 入 金 | 100,000 | 18 支払地代 | 5,000 |
| 12 売　　上 | 30,000 | 23 買 掛 金 | 40,000 |
| 16 受取手数料 | 4,000 | 25 給　料 | 30,000 |
| 21 売 掛 金 | 50,000 | 31 諸　口 | 50,100 |

**売　掛　金　　2**

| 1／12 売　　上 | 50,000 | 1／21 現　金 | 50,000 |
|---|---|---|---|

**建　　物　　3**

| 1／3 資 本 金 | 1,500,000 |  |  |
|---|---|---|---|

**借　入　金　　5**

| 1／31 現　金 | 50,000 | 1／5 現　金 | 100,000 |
|---|---|---|---|

**買　掛　金　　4**

| 1／23 現　金 | 40,000 | 1／7 仕　入 | 40,000 |
|---|---|---|---|

**資　本　金　　6**

|  |  | 1／3 諸　口 | 1,800,000 |
|---|---|---|---|

**売　　上　　7**

|  |  | 1／12 諸　口 | 80,000 |
|---|---|---|---|

**受取手数料　　8**

|  |  | 1／16 現　金 | 4,000 |
|---|---|---|---|

**仕　　入　　9**

| 1／7 諸　口 | 60,000 |  |  |
|---|---|---|---|

**給　　料　　10**

| 1／25 現　金 | 30,000 |  |  |
|---|---|---|---|

**支 払 地 代　　11**

| 1／18 現　金 | 5,000 |  |  |
|---|---|---|---|

**支 払 利 息　　12**

| 1／31 現　金 | 100 |  |  |
|---|---|---|---|

**解説**

　転記は，仕訳の各勘定科目の金額を，該当する勘定に仕訳と同じ側で記入し，相手勘定科目が2つ以上の場合には，諸口と記入します。

**問題 2-5**

| | 借 方 科 目 | 金 額 | 貸 方 科 目 | 金 額 |
|---|---|---|---|---|
| ① | 仕　　　　入 | 700,000 | 現　　　　金 | 400,000 |
| | | | 買　　掛　　金 | 300,000 |
| ② | 現　　　　金 | 350,000 | 売　　　　上 | 350,000 |
| ③ | 売　　掛　　金 | 420,000 | 売　　　　上 | 420,000 |
| ④ | 現　　　　金 | 300,000 | 売　　掛　　金 | 300,000 |
| ⑤ | 買　　掛　　金 | 200,000 | 現　　　　金 | 200,000 |

**解説**

　各勘定には，日付と相手勘定科目の記入が転記として行われているため，日付ごとの借方の勘定と貸方の勘定を金額とともに仕訳として書き出せば，上記の仕訳を導き出せます。勘定記録の（　）の金額または相手勘定科目は，書き出した仕訳の借方と貸方の金額合計は一致すること，その仕訳から相手勘定科目を見てみることで推定することができます。

**問題 2-6**

| ① | 3,000,000 | ② | 400,000 | ③ | 2,000,000 | ④ | 1,200,000 |
|---|---|---|---|---|---|---|---|
| ⑤ | 2,400,000 | ⑥ | 600,000 | ⑦ | 700,000 | | |

**解説**

　取引の各日付の記入内容は，勘定記入におけるどの日付の転記面と一致するかを考えます。

　各日付の取引と，転記面の日付（a～f）との対応を考えると以下の仕訳になります。

```
1／3  (借) 現      金  3,000,000  (貸) 資   本   金  3,000,000  …転記 a
   6  (借) 備      品    400,000  (貸) 現       金    400,000  …転記 d
   9  (借) 仕      入  2,000,000  (貸) 現       金  1,200,000  …転記 e
                                      買   掛   金    800,000
  13  (借) 現      金  1,000,000  (貸) 売       上  2,400,000  …転記 b
       売   掛   金  1,400,000
  23  (借) 買   掛   金    600,000  (貸) 現       金    600,000  …転記 f
  27  (借) 現      金    700,000  (貸) 売   掛   金    700,000  …転記 c
```

7

# 第3章
# 仕訳帳と元帳

## 問題 3-1

### 仕 訳 帳　　　　1

| 20X1年 | 摘　　　　要 | 元丁 | 借　　方 | 貸　　方 |
|---|---|---|---|---|
| 1 2 | （ 現　　金 ） | 1 | 1,000,000 | |
| | 　　　　　　（ 資 本 金 ） | 7 | | 1,000,000 |
| | 株主より出資を受けて営業を開始 | | | |
| 5 | （ 仕　　入 ）　諸　口 | 9 | 300,000 | |
| | 　　　　　　（ 現　　金 ） | 1 | | 100,000 |
| | 　　　　　　（ 買 掛 金 ） | 6 | | 200,000 |
| | さいたま商事から仕入れ | | | |

### 総 勘 定 元 帳

**標準式**　　　　　現　　金　　　　　1

| 20X1年 | 摘　要 | 仕丁 | 借　方 | 20X1年 | 摘　要 | 仕丁 | 貸　方 |
|---|---|---|---|---|---|---|---|
| 1 2 | 資 本 金 | 1 | 1,000,000 | 1 5 | 仕　入 | 1 | 100,000 |

買　掛　金　　　　6

| | | | | 20X1年 | 摘　要 | 仕丁 | 貸　方 |
|---|---|---|---|---|---|---|---|
| | | | | 1 5 | 仕　入 | 1 | 200,000 |

資　本　金　　　　7

| | | | | 20X1年 | 摘　要 | 仕丁 | 貸　方 |
|---|---|---|---|---|---|---|---|
| | | | | 1 2 | 現　金 | 1 | 1,000,000 |

仕　入　　　　9

| 20X1年 | 摘　要 | 仕丁 | 借　方 | | | | |
|---|---|---|---|---|---|---|---|
| 1 5 | 諸　口 | 1 | 300,000 | | | | |

### 解説

　仕訳帳の記入にあたっては，摘要欄の勘定科目には（ ）を付け，元丁欄は総勘定元帳への転記後，各勘定口座の番号を記入します。借方・貸方欄には，摘要で記した勘定と同じ側にその金額を記入しますが，（ ）は不要です。

　総勘定元帳の各勘定口座における仕丁欄は，仕訳帳のページ番号を記入し，相手勘定科目が2つ以上ある場合の摘要欄の記入は，「諸口」とします。

8

問題 3-2

仕　訳　帳　　　　　　　　　　1

| 20X1年 | | 摘　　　要 | 元丁 | 借　　方 | 貸　　方 |
|---|---|---|---|---|---|
| 1 | 3 | 諸　　口　（ 資 本 金 ） | 5 | | 1,700,000 |
| | | （ 現　　金 ） | 1 | 1,400,000 | |
| | | （ 備　　品 ） | 3 | 300,000 | |
| | | 株主から出資を受けて会社を設立し, 事業開始 | | | |
| | 7 | （ 仕　　入 ）　　諸　　口 | 7 | 300,000 | |
| | | （ 現　　金 ） | 1 | | 100,000 |
| | | （ 買 掛 金 ） | 4 | | 200,000 |
| | | 新宿商店から仕入れ | | | |
| | 12 | 諸　　口　（ 売　　上 ） | 6 | | 350,000 |
| | | （ 現　　金 ） | 1 | 150,000 | |
| | | （ 売 掛 金 ） | 2 | 200,000 | |
| | | 港商店に売り渡し | | | |
| | 21 | （ 給　　料 ） | 8 | 70,000 | |
| | | （ 現　　金 ） | 1 | | 70,000 |
| | | 本月分の給料支払い | | | |
| | 25 | （ 現　　金 ） | 1 | 100,000 | |
| | | （ 売 掛 金 ） | 2 | | 100,000 |
| | | 港商店より回収 | | | |
| | | 次ページへ | | 2,520,000 | 2,520,000 |

仕　訳　帳　　　　　　　　　　2

| 20X1年 | | 摘　　　要 | 元丁 | 借　　方 | 貸　　方 |
|---|---|---|---|---|---|
| | | 前ページから | | 2,520,000 | 2,520,000 |
| 1 | 28 | （ 支 払 家 賃 ） | 9 | 30,000 | |
| | | （ 現　　金 ） | 1 | | 30,000 |
| | | 本月分の家賃支払い | | | |
| | 30 | （ 買 掛 金 ） | 4 | 200,000 | |
| | | （ 現　　金 ） | 1 | | 200,000 |
| | | 新宿商店へ支払い | | | |

解説

　仕訳帳の各ページの最終行では, それまでの取引の合計額（「前ページから」の金額を含む）を「次ページへ」として記入し, 2ページ以降の最初の行では, 前ページの合計額（「次ページへ」）を「前ページから」として記入します。

9

## 総 勘 定 元 帳

### 現　金　　　　1

| 20X1年 | | 摘　　要 | 仕丁 | 借　方 | 20X1年 | | 摘　　要 | 仕丁 | 貸　方 |
|---|---|---|---|---|---|---|---|---|---|
| 1 | 3 | 資　本　金 | 1 | 1,400,000 | 1 | 7 | 仕　　　入 | 1 | 100,000 |
| | 12 | 売　　　上 | 〃 | 150,000 | | 21 | 給　　　料 | 〃 | 70,000 |
| | 25 | 売　掛　金 | 〃 | 100,000 | | 28 | 支 払 家 賃 | 2 | 30,000 |
| | | | | | | 30 | 買　掛　金 | 〃 | 200,000 |

### 売　掛　金　　　　2

| 1 | 12 | 売　　　上 | 1 | 200,000 | 1 | 25 | 現　　　金 | 1 | 100,000 |
|---|---|---|---|---|---|---|---|---|---|

### 備　　品　　　　3

| 1 | 3 | 資　本　金 | 1 | 300,000 | | | | | |
|---|---|---|---|---|---|---|---|---|---|

### 買　掛　金　　　　4

| 1 | 30 | 現　　　金 | 2 | 200,000 | 1 | 7 | 仕　　　入 | 1 | 200,000 |
|---|---|---|---|---|---|---|---|---|---|

### 資　本　金　　　　5

| | | | | | 1 | 3 | 諸　　　口 | 1 | 1,700,000 |
|---|---|---|---|---|---|---|---|---|---|

### 売　　上　　　　6

| | | | | | 1 | 12 | 諸　　　口 | 1 | 350,000 |
|---|---|---|---|---|---|---|---|---|---|

### 仕　　入　　　　7

| 1 | 7 | 諸　　　口 | 1 | 300,000 | | | | | |
|---|---|---|---|---|---|---|---|---|---|

### 給　　料　　　　8

| 1 | 21 | 現　　　金 | 1 | 70,000 | | | | | |
|---|---|---|---|---|---|---|---|---|---|

### 支 払 家 賃　　　　9

| 1 | 28 | 現　　　金 | 2 | 30,000 | | | | | |
|---|---|---|---|---|---|---|---|---|---|

**残高式**　　　　　現　　金　　　　1

| 20X1年 | | 摘　　要 | 仕丁 | 借　方 | 貸　方 | 借/貸 | 残　高 |
|---|---|---|---|---|---|---|---|
| 1 | 3 | 資　本　金 | 1 | 1,400,000 | | 借 | 1,400,000 |
| | 7 | 仕　　　入 | 〃 | | 100,000 | 〃 | 1,300,000 |
| | 12 | 売　　　上 | 〃 | 150,000 | | 〃 | 1,450,000 |
| | 21 | 給　　　料 | 〃 | | 70,000 | 〃 | 1,380,000 |
| | 25 | 売　掛　金 | 〃 | 100,000 | | 〃 | 1,480,000 |
| | 28 | 支 払 家 賃 | 2 | | 30,000 | 〃 | 1,450,000 |
| | 30 | 買　掛　金 | 〃 | | 200,000 | 〃 | 1,250,000 |

**解説**

　各勘定口座の借方・貸方の日付欄は，1行目および取引月が変わった場合には月を記入し，仕丁欄が前行と同じ場合は「〃」と記入します。残高式の「借/貸」欄は，残高のある側を示します。

## 問題 4-1

### 総勘定元帳

| 現　　金　　1 |
|---|
| （ 800,000）（ 100,000） |
| （ 120,000）（ 90,000） |
| （ 300,000）（ 250,000） |

| 売　掛　金　　2 |
|---|
| （ 400,000）（ 300,000） |
| （ 150,000） |

| 買　掛　金　　3 |
|---|
| （ 250,000）（ 250,000） |
| （ 70,000） |

| 資　本　金　　4 |
|---|
| （ 800,000） |

| 売　　上　　5 |
|---|
| （ 400,000） |
| （ 270,000） |

| 仕　　入　　6 |
|---|
| （ 250,000） |
| （ 170,000） |

| 給　　料　　7 |
|---|
| （ 90,000） |

### 合計残高試算表
20X1年1月31日

| 借方 残高 | 借方 合計 | 元丁 | 勘定科目 | 貸方 合計 | 貸方 残高 |
|---:|---:|:---:|:---:|---:|---:|
| 780,000 | 1,220,000 | 1 | 現　　　　金 | 440,000 | |
| 250,000 | 550,000 | 2 | 売　掛　金 | 300,000 | |
| | 250,000 | 3 | 買　掛　金 | 320,000 | 70,000 |
| | | 4 | 資　本　金 | 800,000 | 800,000 |
| | | 5 | 売　　　　上 | 670,000 | 670,000 |
| 420,000 | 420,000 | 6 | 仕　　　　入 | | |
| 90,000 | 90,000 | 7 | 給　　　　料 | | |
| 1,540,000 | 2,530,000 | | | 2,530,000 | 1,540,000 |

**解説**

試算表の勘定科目の配列は，総勘定元帳における勘定の番号順となります。合計欄は，各勘定の借方・貸方の合計額を，残高欄は，借方または貸方の一方に各勘定の残高（貸借差額）を記入します。結果として，各勘定の残高の記入側は，貸借対照表・損益計算書と同じになります。

## 問題 4-2

| (1) | 売掛金回収額 | ¥ | 2,250,000 |
|---|---|---|---:|
| (2) | 備品購入額 | ¥ | 150,000 |
| (3) | 買掛金残高 | ¥ | 400,000 |
| (4) | 当期純利益 | ¥ | 80,000 |

**解説**

(1) 仕訳では売掛金の回収時に同勘定の貸方に記入します。よって，試算表における売掛金勘定の貸方金額となります。

(2) 試算表の備品勘定借方金額は前期繰越高に比べ増加しているとわかるため，その差額が期中購入額となります。

(3) 残高とは，勘定に記入されている金額の貸借差額のことをいいます。負債のため，貸方残高となります。

(4) 試算表の収益総額（¥2,500,000）から費用総額（¥2,420,000）を差し引いて求めます。

## 問題 4-3

(1) 決算仕訳

| 借 方 科 目 | 金 額 | 貸 方 科 目 | 金 額 |
|---|---|---|---|
| 損　　　　益 | 1,900,000 | 仕　　　　入 | 1,380,000 |
| | | 給　　　　料 | 350,000 |
| | | 支 払 家 賃 | 150,000 |
| | | 支 払 利 息 | 20,000 |

(2) 繰越利益剰余金勘定

繰越利益剰余金　　　　　　　7

| 日付 | | 摘　要 | 仕丁 | 借　方 | 日付 | | 摘　要 | 仕丁 | 貸　方 |
|---|---|---|---|---|---|---|---|---|---|
| 3 | 31 | 次 期 繰 越 | ✓ | 300,000 | 4 | 1 | 前 期 繰 越 | ✓ | 200,000 |
| | | | | | 3 | 31 | 損　　益 | 15 | 100,000 |
| | | | | 300,000 | | | | | 300,000 |
| | | | | | 4 | 1 | 前 期 繰 越 | ✓ | 300,000 |

(3) 損益計算書

### 損 益 計 算 書

株式会社群馬商店　　　20X1年4月1日から20X2年3月31日まで

| 費　　用 | 金　額 | 収　益 | 金　額 |
|---|---|---|---|
| 仕　　　　入 | 1,380,000 | 売　　　上 | 2,000,000 |
| 給　　　料 | 350,000 | | |
| 支 払 家 賃 | 150,000 | | |
| 支 払 利 息 | 20,000 | | |
| 当 期 純 利 益 | 100,000 | | |
| | 2,000,000 | | 2,000,000 |

解説

(1) 決算振替仕訳で，費用の諸勘定の振替えは損益勘定の借方に行います。

(2) 繰越利益剰余金勘定の期首(4/1)残高は，決算前の同勘定の金額¥200,000が前期繰越として貸方に記入されます。また，損益勘定の貸借差額で計算される当期純利益は，(3)損益計算書の作成により収益総額から費用総額を差し引いて¥100,000とわかります。当期純利益を損益勘定から繰越利益剰余金勘定に振り替える決算仕訳の転記が行われ，同勘定の決算後残高を「次期繰越」として借方に記入して締め切ります。締切後，「次期繰越」の反対側（貸方）に翌期首の日付で「前期繰越」と記入する開始記入も行います。

12

**問題 4-4**

(1) 3月中の取引の仕訳

| | | 借 方 科 目 | 金 額 | 貸 方 科 目 | 金 額 |
|---|---|---|---|---|---|
| 3/ 1 | | 現　　　　　金 | 80,000 | 売　　　　　上 | 150,000 |
| | | 売　　掛　　金 | 70,000 | | |
| 6 | | 仕　　　　　入 | 130,000 | 現　　　　　金 | 40,000 |
| | | | | 買　　掛　　金 | 90,000 |
| 14 | | 現　　　　　金 | 110,000 | 売　　掛　　金 | 110,000 |
| 18 | | 買　　掛　　金 | 90,000 | 現　　　　　金 | 90,000 |
| 25 | | 給　　　　　料 | 29,000 | 現　　　　　金 | 39,000 |
| | | 支　払　家　賃 | 10,000 | | |
| 31 | | 借　　入　　金 | 60,000 | 現　　　　　金 | 61,000 |
| | | 支　払　利　息 | 1,000 | | |

**解説**

(1), (3)勘定記入

現　　金　　1

| | | | | | | |
|---|---|---|---|---|---|---|
| | | 1,938,000 | | | | 1,144,000 |
| 3/ 1 | 売　　上 | 80,000 | 3/ 6 | 仕　　入 | | 40,000 |
| 14 | 売掛金 | 110,000 | 18 | 買掛金 | | 90,000 |
| | | | 25 | 諸　口 | | 39,000 |
| | | | 31 | 諸　口 | | 61,000 |
| | | | 〃 | **次期繰越** | | **754,000** |
| | | 2,128,000 | | | | 2,128,000 |
| 4/ 1 | 前期繰越 | 754,000 | | | | |

売　掛　金　　2

| | | | | | | |
|---|---|---|---|---|---|---|
| | | 810,000 | | | | 540,000 |
| 3/ 1 | 売　　上 | 70,000 | 3/14 | 現　　金 | | 110,000 |
| | | | 31 | **次期繰越** | | **230,000** |
| | | 880,000 | | | | 880,000 |
| 4/ 1 | 前期繰越 | 230,000 | | | | |

備　　品　　3

| | | | | | |
|---|---|---|---|---|---|
| | 152,000 | 3/31 | **次期繰越** | | **152,000** |
| 4/ 1 前期繰越 | 152,000 | | | | |

買　掛　金　　4

| | | | | | | |
|---|---|---|---|---|---|---|
| | | 470,000 | | | | 710,000 |
| 3/18 | 現　　金 | 90,000 | 3/ 6 | 仕　　入 | | 90,000 |
| 31 | **次期繰越** | **240,000** | | | | |
| | | 800,000 | | | | 800,000 |
| | | | 4/ 1 | 前期繰越 | | 240,000 |

借　入　金　　5

| | | | | | | |
|---|---|---|---|---|---|---|
| | | 300,000 | | | | 500,000 |
| 3/31 | 現　　金 | 60,000 | | | | |
| 〃 | **次期繰越** | **140,000** | | | | |
| | | 500,000 | | | | 500,000 |
| | | | 4/ 1 | 前期繰越 | | 140,000 |

資　本　金　　6

| | | | | | |
|---|---|---|---|---|---|
| 3/31 **次期繰越** | **500,000** | 4/ 1 前期繰越 | | | 500,000 |
| | | 4/ 1 前期繰越 | | | 500,000 |

繰越利益剰余金　　7

| | | | | | |
|---|---|---|---|---|---|
| 3/31 **次期繰越** | **256,000** | 4/ 1 | 前期繰越 | | 180,000 |
| | | 3/31 | 損　　益 | | 76,000 |
| | 256,000 | | | | 256,000 |
| | | 4/ 1 | 前期繰越 | | 256,000 |

13

| 売 | 上 | 8 | | 仕 | 入 | 9 |
|---|---|---|---|---|---|---|
| 3/31 損　益 1,420,000 | 1,270,000 | | | 800,000 | 3/31 損　益 930,000 | |
| | 3/1 諸　口 150,000 | | 3/6 諸　口 130,000 | | | |
| 1,420,000 | 1,420,000 | | | 930,000 | 930,000 | |

| 給 | 料 | 10 | | 支 払 家 賃 | | 11 |
|---|---|---|---|---|---|---|
| 270,000 | 3/31 損　益 299,000 | | | 102,000 | 3/31 損　益 112,000 | |
| 3/25 現　金 29,000 | | | 3/25 現　金 10,000 | | | |
| 299,000 | 299,000 | | | 112,000 | 112,000 | |

| 支 払 利 息 | | 12 | | 損 | 益 | 13 |
|---|---|---|---|---|---|---|
| 2,000 | 3/31 損　益 3,000 | | 3/31 仕　入 930,000 | 3/31 売　上 1,420,000 | | |
| 3/31 現　金 1,000 | | | 〃 給　料 299,000 | | | |
| 3,000 | 3,000 | | 〃 支払家賃 112,000 | | | |
| | | | 〃 支払利息 3,000 | | | |
| | | | 〃 繰越利益剰余金 76,000 | | | |
| | | | 1,420,000 | 1,420,000 | | |

**解説**

　すべての期中取引の転記後，決算前の元帳勘定残高にもとづいて収益，費用の諸勘定を損益勘定に振り替える仕訳（決算振替仕訳）と転記を行います。損益勘定に振り替えられた収益，費用の差額により帳簿上でも純損益を求め，繰越利益剰余金勘定への振替えを行います。

(2)　合計残高試算表

### 合計残高試算表
20X2年 3 月31日

| 借　　方 | | 元丁 | 勘 定 科 目 | 貸　　方 | |
|---|---|---|---|---|---|
| 残　高 | 合　計 | | | 合　計 | 残　高 |
| 754,000 | 2,128,000 | 1 | 現　　　　金 | 1,374,000 | |
| 230,000 | 880,000 | 2 | 売　掛　金 | 650,000 | |
| 152,000 | 152,000 | 3 | 備　　　　品 | | |
| | 560,000 | 4 | 買　掛　金 | 800,000 | 240,000 |
| | 360,000 | 5 | 借　入　金 | 500,000 | 140,000 |
| | | 6 | 資　本　金 | 500,000 | 500,000 |
| | | 7 | 繰越利益剰余金 | 180,000 | 180,000 |
| | | 8 | 売　　　　上 | 1,420,000 | 1,420,000 |
| 930,000 | 930,000 | 9 | 仕　　　　入 | | |
| 299,000 | 299,000 | 10 | 給　　　　料 | | |
| 112,000 | 112,000 | 11 | 支　払　家　賃 | | |
| 3,000 | 3,000 | 12 | 支　払　利　息 | | |
| 2,480,000 | 5,424,000 | | | 5,424,000 | 2,480,000 |

14

**解説**

総勘定元帳の2月末までの記入に，3月中の仕訳を転記した期末の元帳記入により，合計残高試算表を作成します。

(3) 決算振替仕訳

|  | 借 方 科 目 | 金 額 | 貸 方 科 目 | 金 額 |
|---|---|---|---|---|
| | 売 上 | 1,420,000 | 損 益 | 1,420,000 |
| | 損 益 | 1,344,000 | 仕 入 | 930,000 |
| 3/31 | | | 給 料 | 299,000 |
| | | | 支 払 家 賃 | 112,000 |
| | | | 支 払 利 息 | 3,000 |
| | 損 益 | 76,000 | 繰越利益剰余金 | 76,000 |

**解説**

収益の振替え，費用の振替え，当期純損益の繰越利益剰余金勘定への振替えの順で決算振替仕訳を行います。

(4) 精算表

## 精 算 表
20X2年3月31日

| 勘 定 科 目 | 残高試算表 | | 損益計算書 | | 貸借対照表 | |
|---|---|---|---|---|---|---|
| | 借 方 | 貸 方 | 借 方 | 貸 方 | 借 方 | 貸 方 |
| 現 金 | 754,000 | | | | 754,000 | |
| 売 掛 金 | 230,000 | | | | 230,000 | |
| 備 品 | 152,000 | | | | 152,000 | |
| 買 掛 金 | | 240,000 | | | | 240,000 |
| 借 入 金 | | 140,000 | | | | 140,000 |
| 資 本 金 | | 500,000 | | | | 500,000 |
| 繰越利益剰余金 | | 180,000 | | | | 180,000 |
| 売 上 | | 1,420,000 | | 1,420,000 | | |
| 仕 入 | 930,000 | | 930,000 | | | |
| 給 料 | 299,000 | | 299,000 | | | |
| 支 払 家 賃 | 112,000 | | 112,000 | | | |
| 支 払 利 息 | 3,000 | | 3,000 | | | |
| | 2,480,000 | 2,480,000 | | | | |
| **当期純（利益）** | | | **76,000** | | | 76,000 |
| | | | 1,420,000 | 1,420,000 | 1,136,000 | 1,136,000 |

15

(5) 貸借対照表，損益計算書

## 貸 借 対 照 表

株式会社東京商店　　　　　　　　　20X2年3月31日

| 資　　　産 | 金　　額 | 負債および純資産 | 金　　額 |
|---|---|---|---|
| 現　　　　金 | 754,000 | 買　　掛　　金 | 240,000 |
| 売　　掛　　金 | 230,000 | 借　　入　　金 | 140,000 |
| 備　　　　品 | 152,000 | 資　　本　　金 | 500,000 |
| | | 繰越利益剰余金 | 256,000 |
| | 1,136,000 | | 1,136,000 |

## 損 益 計 算 書

株式会社東京商店　　　　20X1年4月1日から20X2年3月31日まで

| 費　　　用 | 金　　額 | 収　　　益 | 金　　額 |
|---|---|---|---|
| 仕　　　　入 | 930,000 | 売　　　　上 | 1,420,000 |
| 給　　　　料 | 299,000 | | |
| 支　払　家　賃 | 112,000 | | |
| 支　払　利　息 | 3,000 | | |
| 当　期　純　利　益 | 76,000 | | |
| | 1,420,000 | | 1,420,000 |

解説

　貸借対照表の期末資本の表示は，資本金と繰越利益剰余金に分けて行います。

　損益計算書は，損益勘定をもとに作成します。損益勘定における繰越利益剰余金勘定への振替額の記入は，損益計算書においては当期純利益と表示します。なお，損益計算書上，売上は「売上高」，仕入は「売上原価」と表示するのが正しい科目名（第16章で学習）ですが，本問では勘定科目のまま記載しています。

# 第5章 現金と預金

### 問題 5-1

| | 借 方 科 目 | 金 額 | 貸 方 科 目 | 金 額 |
|---|---|---|---|---|
| 5／2 | 現　　　　金 | 42,000 | 売　　　　上 | 42,000 |
| 4 | 通　信　費 | 5,500 | 現　　　　金 | 5,500 |
| 8 | 支 払 手 数 料 | 29,000 | 現　　　　金 | 29,000 |
| 10 | 仕　　　　入 | 116,000 | 現　　　　金 | 42,000 |
| | | | 買　掛　金 | 74,000 |
| 13 | 仕　　　　入 | 89,000 | 当　座　預　金 | 89,000 |
| 18 | 支　払　家　賃 | 94,000 | 現　　　　金 | 94,000 |
| 28 | 現　　　　金 | 67,000 | 売　掛　金 | 67,000 |
| 31 | 給　　　　料 | 120,000 | 現　　　　金 | 120,000 |

## 現 金 出 納 帳

| X1年 | | 摘　　　要 | 収　入 | 支　出 | 残　高 |
|---|---|---|---|---|---|
| 5 | 1 | 前月繰越 | 415,000 | | 415,000 |
| | 2 | 大分商店へ売上　小切手受領 | 42,000 | | 457,000 |
| | 4 | 郵便切手・ハガキ購入 | | 5,500 | 451,500 |
| | 8 | 鹿児島商店へ仲介手数料支払い | | 29,000 | 422,500 |
| | 10 | 熊本商店から仕入　他店振出小切手で支払い | | 42,000 | 380,500 |
| | 18 | 今月分家賃支払い | | 94,000 | 286,500 |
| | 28 | 宮崎商店から売掛金回収 | 67,000 | | 353,500 |
| | 31 | 今月分給料支払い | | 120,000 | 233,500 |
| | 〃 | **次月繰越** | | **233,500** | |
| | | | 524,000 | 524,000 | |
| 6 | 1 | 前月繰越 | 233,500 | | 233,500 |

### 解説

1　自己が小切手を振り出したときには，当座預金の減少として処理します。

2　他人振出小切手を仕入れた商品などの支払いにあてたときは，現金の減少として処理します。

3　現金出納帳には，現金勘定で処理される通貨および通貨代用証券の収支のみを記入します。したがって，13日の取引は記入されません。

**問題 5−2**

| | 借　方　科　目 | 金　　額 | 貸　方　科　目 | 金　　額 |
|---|---|---|---|---|
| ①(a) | 現　金　過　不　足 | 8,200 | 現　　　　　金 | 8,200 |
| ①(b) | 通　信　費<br>雑　　　　損 | 7,500<br>700 | 現　金　過　不　足 | 8,200 |
| ②(a) | 現　　　　　金 | 6,000 | 現　金　過　不　足 | 6,000 |
| ②(b) | 現　金　過　不　足 | 6,000 | 受　取　手　数　料<br>雑　　　　益 | 4,500<br>1,500 |
| ③ | 旅　費　交　通　費<br>通　信　費<br>雑　　　　損 | 30,000<br>19,000<br>1,000 | 現　金　過　不　足<br>受　取　手　数　料 | 46,000<br>4,000 |
| ④ | 現　金　過　不　足 | 3,000 | 水　道　光　熱　費 | 3,000 |

解説

①(a)　実際有高が帳簿残高より少ないので，帳簿上の現金残高を減らすことにより，帳簿残高を実際有高に合わせます。

①(b)　決算にあたり，原因がわかった分はその勘定科目に振り替え，原因不明の分は雑損とします。

②(a)　実際有高が帳簿残高より多いので，帳簿上の現金残高を増やすことにより，帳簿残高を実際有高に合わせます。

②(b)　決算にあたり，原因がわかった分はその勘定科目に振り替え，原因不明の分は雑益とします。

③　現金不足の発生時に，次の処理が行われています。

　　　　（借）現　金　過　不　足　　46,000　（貸）現　　　　　金　　46,000

　　原因が判明した現金の不足分は¥30,000＋¥19,000−¥4,000＝¥45,000です。したがって，雑損の金額は¥46,000−¥45,000＝¥1,000となります。

④　現金過不足を貸方記入したときの仕訳は次のとおりです。

　　　　（借）現　　　　　金　　3,000　（貸）現　金　過　不　足　　3,000

　　水道光熱費の二重記帳により現金過不足が¥3,000生じたので，現金過不足を借方記帳し，水道光熱費を貸方記帳します。

**問題 5−3**

| | 借　方　科　目 | 金　　額 | 貸　方　科　目 | 金　　額 |
|---|---|---|---|---|
| ① | 仕　　　　　入 | 90,000 | 当　座　預　金 | 90,000 |
| ② | 当　座　預　金 | 55,000 | 売　　掛　　金 | 55,000 |
| ③ | 仕　　　　　入 | 160,000 | 当　座　預　金 | 160,000 |
| ④ | 当　座　預　金 | 15,000 | 売　　掛　　金 | 15,000 |
| ⑤ | 当　座　預　金 | 100,000 | 現　　　　　金 | 100,000 |
| ⑥ | 当　座　預　金 | 20,000 | 当　座　借　越 | 20,000 |

解説

⑥　当座預金勘定の残高は，¥60,000−¥90,000＋¥55,000−¥160,000＋¥15,000＋¥100,000＝△¥20,000なので，これを当座借越勘定に振り替えます。

**問題 5-4**

| | 借 方 科 目 | 金 額 | 貸 方 科 目 | 金 額 |
|---|---|---|---|---|
| 6／3 | 買 掛 金 | 90,000 | 当 座 預 金 | 90,000 |
| 7 | 当 座 預 金<br>売 掛 金 | 55,000<br>60,000 | 売 上 | 115,000 |
| 15 | 仕 入 | 160,000 | 当 座 預 金 | 160,000 |
| 21 | 当 座 預 金 | 60,000 | 売 掛 金 | 60,000 |
| 25 | 当 座 預 金 | 130,000 | 売 掛 金 | 130,000 |
| 28 | 支 払 家 賃 | 60,000 | 当 座 預 金 | 60,000 |

**当座預金出納帳**

| X1年 | | 摘 要 | 預 入 | 引 出 | 借また<br>は貸 | 残 高 |
|---|---|---|---|---|---|---|
| 6 | 1 | 前月繰越 | 80,000 | | 借 | 80,000 |
| | 3 | 福島商店へ買掛金支払い | | 90,000 | 貸 | 10,000 |
| | 7 | 秋田商店への売上代金受取り | 55,000 | | 借 | 45,000 |
| | 15 | 青森商店から仕入れ | | 160,000 | 貸 | 115,000 |
| | 21 | 秋田商店から売掛金回収 | 60,000 | | 〃 | 55,000 |
| | 25 | 岩手商店から売掛金回収 | 130,000 | | 借 | 75,000 |
| | 28 | 今月分の家賃支払い | | 60,000 | 〃 | 15,000 |
| | 30 | **次月繰越** | | **15,000** | | |
| | | | 325,000 | 325,000 | | |
| 7 | 1 | 前月繰越 | 15,000 | | 借 | 15,000 |

**解説**

1 　当座預金出納帳の記入において，借越の状態となる場合には「借または貸」欄に「貸」と記入します。

**問題 5-5**

| | 借 方 科 目 | 金 額 | 貸 方 科 目 | 金 額 |
|---|---|---|---|---|
| ① | 普通預金 X 銀行 | 1,000,000 | 現 金 | 1,000,000 |
| ② | 当座預金 Y 銀行 | 800,000 | 現 金 | 800,000 |
| ③ | 給 料 | 400,000 | 普通預金 X 銀行 | 400,000 |
| ④ | 買 掛 金 | 230,000 | 当座預金 Y 銀行 | 230,000 |
| ⑤ | 普通預金 X 銀行 | 150,000 | 受 取 手 数 料 | 150,000 |
| ⑥ | 広 告 宣 伝 費<br>支 払 手 数 料 | 120,000<br>300 | 普通預金 X 銀行 | 120,300 |

**解説**

⑥ 　振込手数料は支払手数料で処理します。

**問題 5-6**

S銀行の普通預金の口座残高　¥（　1,249,800　）　T銀行の普通預金の口座残高　¥（　500,000　）

**解説**

仕訳は次のようになります。月初残高に当月の取引を加減算して月末の残高を求めます。

|  | 借 方 科 目 | 金 額 | 貸 方 科 目 | 金 額 |
|---|---|---|---|---|
| 7日 | 買 掛 金 | 210,000 | 普通預金S銀行 | 210,000 |
| 12日 | 普通預金S銀行 | 530,000 | 売 掛 金 | 530,000 |
| 15日 | 現 金 | 100,000 | 普通預金T銀行 | 100,000 |
| 18日 | 備 品 | 500,000 | 普通預金S銀行 | 500,000 |
| 20日 | 支 払 家 賃<br>通 信 費 | 70,000<br>50,000 | 普通預金T銀行 | 120,000 |
| 22日 | 普通預金T銀行 | 80,000 | 受 取 手 数 料 | 80,000 |
| 24日 | 水 道 光 熱 費 | 60,000 | 普通預金T銀行 | 60,000 |
| 30日 | 普通預金T銀行<br>支 払 手 数 料 | 400,000<br>200 | 普通預金S銀行 | 400,200 |

**問題 5-7**

|  | 借 方 科 目 | 金 額 | 貸 方 科 目 | 金 額 |
|---|---|---|---|---|
| 7／1 | 小 口 現 金 | 150,000 | 当 座 預 金 | 150,000 |
| 31 | 旅 費 交 通 費<br>通 信 費<br>水 道 光 熱 費<br>雑 費<br>小 口 現 金 | 38,900<br>42,200<br>32,600<br>9,300<br>123,000 | 小 口 現 金<br><br><br><br>当 座 預 金 | 123,000<br><br><br><br>123,000 |

※7月31日は以下の仕訳でも正解です。

（借）旅 費 交 通 費　　38,900　（貸）当 座 預 金　　123,000
　　　通 信 費　　42,200
　　　水 道 光 熱 費　　32,600
　　　雑 費　　9,300

**解説**

定額資金前渡制のもとでは，報告があった支払額と同額の小切手を振り出して補給します。

**問題 5-8**

小口現金出納帳

| 受　入 | X1年 | | 摘　　　要 | 支　払 | 内　　訳 | | | |
|---|---|---|---|---|---|---|---|---|
| | | | | | 旅費交通費 | 通信費 | 消耗品費 | 雑　費 |
| 7,300 | 6 | 20 | 前　週　繰　越 | | | | | |
| 22,700 | | 〃 | 本　日　補　給 | | | | | |
| | | 〃 | バ ス 回 数 券 | 4,000 | 4,000 | | | |
| | | 21 | 事務用筆記用具 | 3,000 | | | 3,000 | |
| | | 22 | タ ク シ ー 代 | 6,800 | 6,800 | | | |
| | | 23 | 郵　便　切　手 | 5,300 | | 5,300 | | |
| | | 〃 | 菓　　子　　代 | 2,000 | | | | 2,000 |
| | | 24 | 交通系ICカード入金 | 1,000 | 1,000 | | | |
| | | 25 | コ ピ ー 用 紙 | 3,500 | | | 3,500 | |
| | | | 合　　　　　計 | 25,600 | 11,800 | 5,300 | 6,500 | 2,000 |
| | | **25** | **次　週　繰　越** | **4,400** | | | | |
| 30,000 | | | | 30,000 | | | | |
| 4,400 | 6 | 27 | 前　週　繰　越 | | | | | |
| 25,600 | | 〃 | 本　日　補　給 | | | | | |

**解説**

　前渡しされている金額は¥7,300（6月20日の前週繰越の金額）＋¥22,700（6月20日の本日補給の金額）＝¥30,000です。したがって，6月25日の次週繰越の金額は¥30,000－¥25,600（使用した金額）＝¥4,400となります。6月27日には，前週に使用した金額が補給されます。

## 問題 6-1

| | 借方科目 | 金額 | 貸方科目 | 金額 |
|---|---|---|---|---|
| 8/ 2 | 売　掛　金<br>発　送　費 | 62,000<br>1,500 | 売　　　上<br>現　　　金 | 62,000<br>1,500 |
| 5 | 仕　　　入 | 89,000 | 買　掛　金 | 89,000 |
| 10 | 仕　　　入 | 148,000 | 買　掛　金<br>現　　　金 | 140,000<br>8,000 |
| 11 | 買　掛　金 | 7,000 | 仕　　　入 | 7,000 |
| 15 | 現　　　金<br>売　掛　金 | 60,000<br>33,000 | 売　　　上 | 93,000 |
| 28 | 売　　　上 | 5,000 | 売　掛　金 | 5,000 |
| 30 | 売　掛　金<br>発　送　費 | 77,000<br>2,000 | 売　　　上<br>現　　　金 | 77,000<br>2,000 |

```
          仕        入                            売        上
8/ 5 買 掛 金  89,000 │ 8/11 買 掛 金   7,000   8/28 売 掛 金  5,000 │ 8/ 2 売 掛 金  62,000
  10 諸    口 148,000 │                                             │  15 諸    口  93,000
                                                                    │  30 売 掛 金  77,000
```

**解説**

2日, 30日　商品を売り渡したときに発送費を支払った場合には, 発送費で処理します。

10日　商品を仕入れたときに, 当社負担の引取運賃を支払った場合には, 商品の仕入原価に加算して処理します。

11日, 28日　返品の場合には, 通常, 仕入時または売上時に行った仕訳の貸借反対の仕訳をして, 仕入勘定と買掛金勘定または売上勘定と売掛金勘定をそれぞれ減少させます。

## 問題 6-2

| | 借方科目 | 金額 | 貸方科目 | 金額 |
|---|---|---|---|---|
| 9/ 3 | 仕　　　入 | 606,000 | 買　掛　金<br>現　　　金 | 600,000<br>6,000 |
| 6 | 買　掛　金 | 36,000 | 仕　　　入 | 36,000 |
| 12 | 現　　　金<br>売　掛　金 | 120,000<br>48,000 | 売　　　上 | 168,000 |
| 16 | 仕　　　入 | 305,500 | 買　掛　金<br>当　座　預　金 | 300,000<br>5,500 |
| 18 | 売　　　上 | 28,000 | 売　掛　金 | 28,000 |
| 27 | 売　掛　金 | 463,000 | 売　　　上 | 463,000 |

## 仕　入　帳

| X1年 | | 摘　　　要 | | 内　訳 | 金　額 |
|---|---|---|---|---|---|
| 9 | 3 | 茨　城　商　事　　　　　　　　掛 | | | |
| | | A型電話機　15台　　@￥18,000 | | 270,000 | |
| | | B型電話機　15台　　@￥22,000 | | 330,000 | |
| | | 引取運賃現金払い | | 6,000 | 606,000 |
| | 6 | **茨　城　商　事　　　　　掛返品** | | | |
| | | **A型電話機　2台　　@￥18,000** | | | **36,000** |
| | 16 | 群　馬　商　事　　　　　　　　掛 | | | |
| | | C型電話機　12台　　@￥25,000 | | 300,000 | |
| | | 引取運賃小切手振出し | | 5,500 | 305,500 |
| | 30 | 　　　　　総　仕　入　高 | | | 911,500 |
| | 〃 | 　　　　　**仕　入　戻　し　高** | | | **36,000** |
| | | 　　　　　純　仕　入　高 | | | 875,500 |

## 売　上　帳

| X1年 | | 摘　　　要 | | 内　訳 | 金　額 |
|---|---|---|---|---|---|
| 9 | 12 | 栃　木　商　店　　　　小切手・掛 | | | |
| | | B型電話機　6台　　@￥28,000 | | | 168,000 |
| | 18 | **栃　木　商　店　　　　　掛返品** | | | |
| | | **B型電話機　1台　　@￥28,000** | | | **28,000** |
| | 27 | 埼　玉　商　店　　　　　　　　掛 | | | |
| | | A型電話機　8台　　@￥23,000 | | 184,000 | |
| | | C型電話機　9台　　@￥31,000 | | 279,000 | 463,000 |
| | 30 | 　　　　　総　売　上　高 | | | 631,000 |
| | 〃 | 　　　　　**売　上　戻　り　高** | | | **28,000** |
| | | 　　　　　純　売　上　高 | | | 603,000 |

**解説**

　仕入帳・売上帳の内訳欄には品目ごとの合計金額と仕入諸掛（仕入帳の場合）の金額を記入します。商品の種類が1種類のみで，かつ仕入諸掛もない場合には内訳欄には金額を記入しません。総仕入高および総売上高からそれぞれ戻し分・戻り分を差し引いて純仕入高，純売上高を算出し，帳簿を締め切ります。

問題 6-3

## 商品有高帳
### ボールペン

① 先入先出法

| X1年 | | 摘要 | 受入 | | | 払出 | | | 残高 | | |
|---|---|---|---|---|---|---|---|---|---|---|---|
| | | | 数量 | 単価 | 金額 | 数量 | 単価 | 金額 | 数量 | 単価 | 金額 |
| 1 | 1 | 前期繰越 | 30 | 320 | 9,600 | | | | 30 | 320 | 9,600 |
| | 9 | 仕　入 | 30 | 300 | 9,000 | | | | { 30 | 320 | 9,600 |
| | | | | | | | | | { 30 | 300 | 9,000 |
| | 16 | 売　上 | | | | { 30 | 320 | 9,600 | | | |
| | | | | | | { 10 | 300 | 3,000 | 20 | 300 | 6,000 |
| | 21 | 仕　入 | 40 | 250 | 10,000 | | | | { 20 | 300 | 6,000 |
| | | | | | | | | | { 40 | 250 | 10,000 |
| | 29 | 売　上 | | | | { 20 | 300 | 6,000 | | | |
| | | | | | | { 10 | 250 | 2,500 | 30 | 250 | 7,500 |

② 移動平均法

| X1年 | | 摘要 | 受入 | | | 払出 | | | 残高 | | |
|---|---|---|---|---|---|---|---|---|---|---|---|
| | | | 数量 | 単価 | 金額 | 数量 | 単価 | 金額 | 数量 | 単価 | 金額 |
| 1 | 1 | 前期繰越 | 30 | 320 | 9,600 | | | | 30 | 320 | 9,600 |
| | 9 | 仕　入 | 30 | 300 | 9,000 | | | | 60 | 310 | 18,600 |
| | 16 | 売　上 | | | | 40 | 310 | 12,400 | 20 | 310 | 6,200 |
| | 21 | 仕　入 | 40 | 250 | 10,000 | | | | 60 | 270 | 16,200 |
| | 29 | 売　上 | | | | 30 | 270 | 8,100 | 30 | 270 | 8,100 |

解説

1　先入先出法

① 仕入単価が異なるものが残高として残っている場合，または仕入単価が異なるものを同時に払い出した場合には，数量欄においてそれらをカッコでくくります。

② 先に仕入れたものから先に売られると仮定する方法ですから，1月16日の40ダースの売上は，1月1日の前期繰越分30ダースと1月9日に仕入れたうちの10ダースが売られたと考えます。1月29日の売上も同様に，先に仕入れたものの残りが先に払い出されるよう処理します。

③ 解答に示した方法は，単価が異なるものを仕入れたときに残高欄の数値を改行してカッコでくくる記入方法ですが，これ以外に，残高欄の数値を改行しないでカッコでくくる記入方法もあります。参考として，後者の方法によった場合の1月9日までの記入を示せば以下のとおりとなります。

| X1年 | | 摘要 | 受入 | | | 払出 | | | 残高 | | |
|---|---|---|---|---|---|---|---|---|---|---|---|
| | | | 数量 | 単価 | 金額 | 数量 | 単価 | 金額 | 数量 | 単価 | 金額 |
| 1 | 1 | 前期繰越 | 30 | 320 | 9,600 | | | | { 30 | 320 | 9,600 |
| | 9 | 仕　入 | 30 | 300 | 9,000 | | | | { 30 | 300 | 9,000 |

2　移動平均法

① 1月9日の平均単価￥310 ＝ $\dfrac{￥9,600＋￥9,000}{30ダース＋30ダース}$

② 1月21日の平均単価￥270 ＝ $\dfrac{￥6,200＋￥10,000}{20ダース＋40ダース}$

3　いずれの方法でも，売上時において，払出欄に売価を記入しないように注意しましょう。

**問題 6-4**

## 商 品 有 高 帳

（先入先出法）　　　　　　　　　　　　　事務用チェア

| X1年 | | 摘　要 | 受　入 | | | 払　出 | | | 残　高 | | |
|---|---|---|---|---|---|---|---|---|---|---|---|
| | | | 数量 | 単価 | 金　額 | 数量 | 単価 | 金　額 | 数量 | 単価 | 金　額 |
| 3 | 1 | 前 月 繰 越 | 12 | 23,000 | 276,000 | | | | 12 | 23,000 | 276,000 |
| | 3 | 仕　　　入 | 5 | 23,000 | 115,000 | | | | 17 | 23,000 | 391,000 |
| | 15 | 仕　　　入 | 4 | 24,500 | 98,000 | | | | { 17 | 23,000 | 391,000 |
| | | | | | | | | | 4 | 24,500 | 98,000 |
| | 17 | 売　　　上 | | | | { 17 | 23,000 | 391,000 | | | |
| | | | | | | 2 | 24,500 | 49,000 | 2 | 24,500 | 49,000 |
| | 26 | 仕　　　入 | 4 | 25,000 | 100,000 | | | | { 2 | 24,500 | 49,000 |
| | | | | | | | | | 4 | 25,000 | 100,000 |
| | 28 | 売　　　上 | | | | { 2 | 24,500 | 49,000 | | | |
| | | | | | | 1 | 25,000 | 25,000 | 3 | 25,000 | 75,000 |
| | 31 | **次 月 繰 越** | | | | 3 | **25,000** | **75,000** | | | |
| | | | 25 | | 589,000 | 25 | | 589,000 | | | |
| 4 | 1 | 前 月 繰 越 | 3 | 25,000 | 75,000 | | | | 3 | 25,000 | 75,000 |

| 売　上　高 | 売　上　原　価 | 売　上　総　利　益 |
|---|---|---|
| ¥　　927,000 | ¥　　514,000 | ¥　　413,000 |

**解説**

1　商品有高帳は，月末に次月に繰り越す数量，単価，金額を払出欄に記入し，受入欄の数量，金額の合計と，払出欄の数量，金額の合計が一致することを確かめて締め切ります。

2　売上高は資料の売上の合計金額，売上原価は商品有高帳の払出欄の合計金額（次月繰越の金額は加算しない）となります。売上高から売上原価を差し引いて売上総利益を求めます。

売上高：19脚×@¥42,000＋3脚×@¥43,000＝¥927,000

売上原価：¥391,000＋¥49,000＋¥49,000＋¥25,000＝¥514,000

売上総利益：¥927,000－¥514,000＝¥413,000

3　解答に示した記帳方法は，単価が異なるものを仕入れたときに残高欄の数値を改行してカッコでくくる方法ですが，これ以外に，残高欄の数値を改行しないでカッコでくくる方法もあります（問題6-3解説参照）。

## 問題 6-5

**商品有高帳**
(移動平均法) 　紳士靴

| X1年 | | 摘要 | 受入 | | | 払出 | | | 残高 | | |
|---|---|---|---|---|---|---|---|---|---|---|---|
| | | | 数量 | 単価 | 金額 | 数量 | 単価 | 金額 | 数量 | 単価 | 金額 |
| 4 | 1 | 前月繰越 | 40 | 6,000 | 240,000 | | | | 40 | 6,000 | 240,000 |
| | 7 | 仕入 | 60 | 7,000 | 420,000 | | | | 100 | 6,600 | 660,000 |
| | 14 | 売上 | | | | 80 | 6,600 | 528,000 | 20 | 6,600 | 132,000 |
| | 18 | 仕入 | 80 | 7,200 | 576,000 | | | | 100 | 7,080 | 708,000 |
| | 24 | 売上 | | | | 60 | 7,080 | 424,800 | 40 | 7,080 | 283,200 |

売上原価の計算
月初商品棚卸高 （　　240,000）
当月商品仕入高 （　　996,000）
合計 （　1,236,000）
月末商品棚卸高 （　　283,200）
売上原価 （　　952,800）

売上総利益の計算
売上高 （　1,290,000）
売上原価 （　　952,800）
売上総利益 （　　337,200）

### 解説

1　4月7日の平均単価 ¥6,600 = $\frac{¥240,000 + ¥420,000}{40足 + 60足}$

　4月18日の平均単価 ¥7,080 = $\frac{¥132,000 + ¥576,000}{20足 + 80足}$

2　前月から繰り越されてきた商品（すなわち月初に存在している商品）と当月に仕入れた商品の合計額から月末に在庫として存在している商品の額を差し引けば，当月に売り渡された商品の原価である売上原価が計算されます。月初商品棚卸高は商品有高帳の前月繰越の金額，当月商品仕入高は仕入帳の合計金額，月末商品棚卸高は商品有高帳の月末における残高欄の金額（この金額が次月繰越の金額になります）です。売上高は売上帳の合計金額（純売上高）となります。なお，売上原価は商品有高帳の払出欄の金額を合計しても求めることができます。

## 問題 7-1

| | 借方科目 | 金額 | 貸方科目 | 金額 |
|---|---|---|---|---|
| 5/3 | 仕入 | 360,000 | 当座預金<br>買掛金 | 80,000<br>280,000 |
| 5 | 売掛金<br>発送費 | 125,000<br>6,000 | 売上<br>現金 | 125,000<br>6,000 |
| 9 | 仕入 | 417,500 | 買掛金<br>現金 | 410,000<br>7,500 |
| 11 | 買掛金 | 35,000 | 仕入 | 35,000 |
| 16 | 売掛金 | 180,000 | 売上 | 180,000 |
| 25 | 現金 | 175,000 | 売掛金 | 175,000 |

**解説**

商品を掛けで売り渡したときに発生する債権は売掛金，商品を掛けで仕入れたときに発生する債務は買掛金で処理します。

**問題 7-2**

| | 借 方 科 目 | 金 額 | 貸 方 科 目 | 金 額 |
|---|---|---|---|---|
| 6／4 | 仕　　　　入 | 243,500 | 天 神 商 店 | 235,000 |
| | | | 現　　　　金 | 8,500 |
| 16 | 赤 坂 商 店 | 76,000 | 売　　　　上 | 76,000 |
| 28 | 天 神 商 店 | 211,000 | 当 座 預 金 | 211,000 |
| 30 | 城 南 商 店 | 89,000 | 売　　　　上 | 89,000 |
| | 発 送 費 | 6,000 | 現　　　　金 | 6,000 |

**解説**

仕訳において人名勘定を用いる場合には売掛金勘定・買掛金勘定は用いません（売掛金勘定・買掛金勘定を用いる代わりに人名勘定を用います）。人名勘定の借方・貸方の記入の要領は，売掛金勘定・買掛金勘定で処理する場合と同様です。

**問題 7-3**

## 売 掛 金 元 帳
新宿商店　　　　　　　　　　　　　　　　　　5

| X1年 | | 摘　　　要 | 借　　方 | 貸　　方 | 借また は貸 | 残　　高 |
|---|---|---|---|---|---|---|
| 7 | 1 | 前 月 繰 越 | 170,000 | | 借 | 170,000 |
| | 5 | 売　　　　上 | 35,000 | | 〃 | 205,000 |
| | 14 | 入　　　　金 | | 150,000 | 〃 | 55,000 |
| | 19 | 売　　　　上 | 45,000 | | 〃 | 100,000 |
| | 26 | 返　　　　品 | | 3,000 | 〃 | 97,000 |
| | **31** | **次 月 繰 越** | | **97,000** | | |
| | | | 250,000 | 250,000 | | |
| 8 | 1 | 前 月 繰 越 | 97,000 | | 借 | 97,000 |

**解説**

1　問題では池袋商店と新宿商店の資料が与えられていますが，解答で要求されているのは新宿商店のみですので，新宿商店の資料のみを選別して解答します。

2　締め切るときは，次月繰越の金額を貸方欄に記入し，借方の合計金額と貸方の合計金額が一致することを確かめてから締め切ります。

3　翌月1日の日付で，前月から繰り越された金額を借方欄と残高欄に記入します。

4　売掛金元帳では借方に残高が生じるので，「借または貸」欄には「借」と記入します。

**問題 7-4**

## 買 掛 金 元 帳
### 鳥取商店

| X1年 | | 摘　　　要 | 借　　方 | 貸　　方 | 借または貸 | 残　　高 |
|---|---|---|---|---|---|---|
| 9 | 1 | 前 月 繰 越 | | 250,000 | 貸 | 250,000 |
| | 7 | 仕　　　入 | | 180,000 | 〃 | 430,000 |
| | 8 | 返　　　品 | 90,000 | | 〃 | 340,000 |
| | 18 | 仕　　　入 | | 160,000 | 〃 | 500,000 |
| | 29 | 支　　　払 | 350,000 | | 〃 | 150,000 |
| | **30** | **次 月 繰 越** | **150,000** | | | |
| | | | 590,000 | 590,000 | | |
| 10 | 1 | 前 月 繰 越 | | 150,000 | 貸 | 150,000 |

**解説**

1 締め切るときは，次月繰越の金額を借方欄に記入し，借方の合計金額と貸方の合計金額が一致すること
を確かめてから締め切ります。
2 翌月1日の日付で，前月から繰り越された金額を貸方欄と残高欄に記入します。
3 買掛金元帳では貸方に残高が生じるので，「借または貸」欄には「貸」と記入します。

**問題 7-5**

| | 借 方 科 目 | 金　　額 | 貸 方 科 目 | 金　　額 |
|---|---|---|---|---|
| ① | 仕　　　　入 | 550,000 | 当 座 預 金 | 200,000 |
| | | | 買　掛　金 | 350,000 |
| ② | 現　　　　金 | 620,000 | 売　　　上 | 620,000 |
| ③ | 売　掛　金 | 28,000 | 売　　　上 | 28,000 |
| ④ | 売　掛　金 | 222,400 | 売　　　上 | 222,400 |

**解説**

④ 1カ月分まとめて請求書を送る場合は，日々の仕訳を行わず，1カ月分をまとめて仕訳します。

**問題 7-6**

| | 借 方 科 目 | 金　　額 | 貸 方 科 目 | 金　　額 |
|---|---|---|---|---|
| ① | クレジット売掛金 | 485,000 | 売　　　上 | 500,000 |
| | 支 払 手 数 料 | 15,000 | | |
| ② | 普 通 預 金 | 485,000 | クレジット売掛金 | 485,000 |
| ③ | 現　　　　金 | 36,900 | 売　　　上 | 57,900 |
| | クレジット売掛金 | 20,160 | | |
| | 支 払 手 数 料 | 840 | | |

**解説**

① 支払手数料：¥500,000 × 3 % = ¥15,000
③ 支払手数料：（¥57,900 − ¥36,900）× 4 % = ¥840

28

問題 7-7

## 合計残高試算表
### X1年8月31日

| 借方残高 | 借方合計 | 勘定科目 | 貸方合計 | 貸方残高 |
|---|---|---|---|---|
| 334,500 | 2,629,500 | 現　　　　金 | 2,295,000 | |
| 1,695,000 | 5,025,000 | 当 座 預 金 | 3,330,000 | |
| 652,500 | 3,802,500 | 売 　掛　 金 | 3,150,000 | |
| 1,200,000 | 1,200,000 | 繰 越 商 品 | | |
| 300,000 | 300,000 | 備　　　　品 | | |
| | 3,300,000 | 買 　掛　 金 | 4,695,000 | 1,395,000 |
| | 1,575,000 | 借 　入　 金 | 3,225,000 | 1,650,000 |
| | | 資 　本　 金 | 600,000 | 600,000 |
| | | 繰越利益剰余金 | 150,000 | 150,000 |
| | | 売　　　　上 | 5,307,000 | 5,307,000 |
| 4,695,000 | 4,695,000 | 仕　　　　入 | | |
| 90,000 | 90,000 | 給　　　　料 | | |
| 60,000 | 60,000 | 支 払 家 賃 | | |
| 75,000 | 75,000 | 雑　　　　費 | | |
| 9,102,000 | 22,752,000 | | 22,752,000 | 9,102,000 |

| | 売掛金明細表 | | | 買掛金明細表 | |
|---|---|---|---|---|---|
| | 8月25日 | 8月31日 | | 8月25日 | 8月31日 |
| 福岡商店 | ¥　750,000 | ¥　307,500 | 宮崎商店 | ¥　750,000 | ¥　450,000 |
| 大分商店 | 600,000 | 285,000 | 熊本商店 | 1,050,000 | 600,000 |
| 佐賀商店 | 300,000 | 60,000 | 長崎商店 | 525,000 | 345,000 |
| | ¥　1,650,000 | ¥　652,500 | | ¥　2,325,000 | ¥　1,395,000 |

**解説**

1 　まず，8月26日から31日までの取引を仕訳します。仕訳を示せば以下のとおりとなります。

| 8月26日 | （借） | 現　　　　　金 | 30,000 | （貸） | 売　　　　　上 | 105,000 |
|---|---|---|---|---|---|---|
| | | 売　掛　金<br>（福　岡　商　店） | 75,000 | | | |
| | （借） | 仕　　　　　入 | 150,000 | （貸） | 買　掛　金<br>（宮　崎　商　店） | 150,000 |
| | （借） | 給　　　　　料 | 45,000 | （貸） | 現　　　　　金 | 45,000 |
| 27日 | （借） | 現　　　　　金 | 22,500 | （貸） | 売　　　　　上 | 112,500 |
| | | 売　掛　金<br>（大　分　商　店） | 90,000 | | | |
| | （借） | 仕　　　　　入 | 225,000 | （貸） | 買　掛　金<br>（熊　本　商　店） | 225,000 |
| | （借） | 当　座　預　金 | 1,350,000 | （貸） | 売　掛　金<br>（福　岡　商　店） | 600,000 |
| | | | | | 売　掛　金<br>（大　分　商　店） | 450,000 |
| | | | | | 売　掛　金<br>（佐　賀　商　店） | 300,000 |
| 29日 | （借） | 現　　　　　金 | 37,500 | （貸） | 売　　　　　上 | 97,500 |
| | | 売　掛　金<br>（佐　賀　商　店） | 60,000 | | | |
| | （借） | 仕　　　　　入 | 120,000 | （貸） | 買　掛　金<br>（長　崎　商　店） | 120,000 |
| | （借） | 買　掛　金<br>（宮　崎　商　店） | 450,000 | （貸） | 当　座　預　金 | 1,500,000 |
| | | 買　掛　金<br>（熊　本　商　店） | 750,000 | | | |
| | | 買　掛　金<br>（長　崎　商　店） | 300,000 | | | |
| 30日 | （借） | 現　　　　　金 | 34,500 | （貸） | 売　　　　　上 | 117,000 |
| | | 売　掛　金<br>（福　岡　商　店） | 82,500 | | | |
| | （借） | 仕　　　　　入 | 75,000 | （貸） | 買　掛　金<br>（熊　本　商　店） | 75,000 |
| | （借） | 支　払　家　賃 | 30,000 | （貸） | 当　座　預　金 | 30,000 |
| | （借） | 当　座　預　金 | 300,000 | （貸） | 現　　　　　金 | 300,000 |
| 31日 | （借） | 現　　　　　金 | 30,000 | （貸） | 売　　　　　上 | 75,000 |
| | | 売　掛　金<br>（大　分　商　店） | 45,000 | | | |

　　これらの仕訳の各勘定科目の金額と，8月25日現在の合計試算表における各勘定科目の金額との合計金額を8月31日現在の合計残高試算表の借方合計・貸方合計の欄に記入します。上記の仕訳に出てこない勘定科目については26日から31日までの間に増減がなかった勘定科目ですので，合計試算表の金額をそのまま合計残高試算表の借方合計・貸方合計の欄に記入します。

2 　合計残高試算表では，借方合計欄の金額と貸方合計欄の金額のうち，多いほうの金額から少ないほうの金額を差し引いて，その残額を多いほうの側の残高欄に記入します。

3 　借方合計欄の合計金額と貸方合計欄の合計金額，借方残高欄の合計金額と貸方残高欄の合計金額がそれぞれ一致することを確かめます。

4 　売掛金明細表・買掛金明細表では，8月25日現在の金額に，26日から31日までの増減分を加減した金額

が31日現在の金額となります。各商店に対する31日現在の金額の計算を示せば以下のとおりです。

福岡商店　￥307,500＝￥750,000＋￥75,000－￥600,000＋￥82,500

大分商店　￥285,000＝￥600,000＋￥90,000－￥450,000＋￥45,000

佐賀商店　￥60,000＝￥300,000－￥300,000＋￥60,000

宮崎商店　￥450,000＝￥750,000＋￥150,000－￥450,000

熊本商店　￥600,000＝￥1,050,000＋￥225,000－￥750,000＋￥75,000

長崎商店　￥345,000＝￥525,000＋￥120,000－￥300,000

5　売掛金明細表の8月31日の合計金額は合計残高試算表の売掛金の借方残高と一致し，買掛金明細表の31日の合計金額は合計残高試算表の買掛金の貸方残高と一致することを確かめます。

### 問題 7-8

| ① | ② | ③ | ④ |
|---|---|---|---|
| 仕　入 | 426,000 | 3,000 | 260,000 |
| ⑤ | ⑥ | ⑦ | ⑧ |
| 50,000 | 112,000 | 162,000 | 140,000 |

### 解説

買掛金勘定と買掛金元帳にもとづいて，取引を推定して解答します。また，次の関係も利用します。

・買掛金勘定の前月繰越高＝北陸商店の前月繰越高＋東海商店の前月繰越高

・買掛金勘定の次月繰越高＝北陸商店の次月繰越高＋東海商店の次月繰越高

日付順に解いても，番号順に解いてもいいのですが，わかるところから埋めていきます。ここでは，日付順に解く方法を説明します。

10/1（⑦）　買掛金勘定の前月繰越￥270,000＝北陸商店の前月繰越￥108,000＋東海商店の前月繰越より，⑦は￥162,000となります。

10/7（④）　この取引は，買掛金勘定の貸方と買掛金元帳（北陸商店）の貸方に記載されています。買掛金元帳の摘要が仕入なので，（借）仕　入 260,000（貸）買掛金 260,000という仕訳が行われています。したがって，④は￥260,000になります。

10/9（①）　この取引は，買掛金勘定の借方と買掛金元帳（北陸商店）の借方に記載されています。買掛金元帳の摘要が返品なので，（借）買掛金 4,000（貸）仕　入 4,000という仕訳が行われています。したがって，①は仕入になります。

10/15（②と⑥）　この取引は，買掛金勘定の借方，買掛金元帳（北陸商店）の借方，買掛金元帳（東海商店）の借方に記載されています。しかし，⑥の金額も不明であり解答できないため，一度飛ばします。

10/20（⑧）　この取引は，買掛金勘定の貸方と買掛金元帳（東海商店）の貸方に記載されています。買掛金元帳の摘要が仕入なので，（借）仕　入 140,000（貸）買掛金 140,000という仕訳が行われています。したがって，⑧は￥140,000になります。

10/15（⑥再）　この時点での買掛金元帳（東海商店）の貸方合計は￥302,000（＝￥162,000＋￥140,000）です。借方合計＝貸方合計を利用して，￥302,000－￥3,000－￥187,000より，⑥は￥112,000になります。

10/15（②再）　北陸商店の支払額￥314,000＋東海商店の支払額￥112,000より，②は￥426,000になります。

10/25（③）　この取引は，買掛金勘定の借方と買掛金元帳（東海商店）の借方に記載されています。買掛金元帳の摘要が返品なので，（借）買掛金 3,000（貸）仕　入 3,000という仕訳が行われています。したがって，③は￥3,000になります。

10/31（⑤）　買掛金元帳（北陸商店）の借方合計＝貸方合計（￥368,000）を利用します。￥368,000－￥4,000－￥314,000より，⑤は￥50,000になります。

以上の内容を記入すると，買掛金勘定と買掛金元帳は次のようになります。

買　掛　金

| | | | | | | | |
|---|---|---|---|---|---|---|---|
| 10/ 9 | 仕　　入 | 4,000 | | 10/ 1 | 前月繰越 | 270,000 |
| 15 | 当座預金 | 426,000 | | 7 | 仕　　入 | 260,000 |
| 25 | 仕　　入 | 3,000 | | 20 | 仕　　入 | 140,000 |
| 31 | 次月繰越 | 237,000 | | | | |
| | | 670,000 | | | | 670,000 |

買 掛 金 元 帳

北 陸 商 店　　　　　　　　　　　　　　東 海 商 店

| | | | | | | | | | | | | | | |
|---|---|---|---|---|---|---|---|---|---|---|---|---|---|---|
| 10/ 9 | 返品 | 4,000 | | 10/ 1 | 前月繰越 | 108,000 | | 10/15 | 支　払 | 112,000 | | 10/ 1 | 前月繰越 | 162,000 |
| 15 | 支払 | 314,000 | | 7 | 仕　入 | 260,000 | | 25 | 返　品 | 3,000 | | 20 | 仕　入 | 140,000 |
| 31 | 次月繰越 | 50,000 | | | | | | 31 | 次月繰越 | 187,000 | | | | |
| | | 368,000 | | | | 368,000 | | | | 302,000 | | | | 302,000 |

### 問題 7-9

| | | 借 方 科 目 | 金 額 | 貸 方 科 目 | 金 額 |
|---|---|---|---|---|---|
| 当 | ① | 前　払　金 | 50,000 | 現　　　　金 | 50,000 |
| 社 | ② | 仕　　　　入 | 204,000 | 前　払　金<br>現　　　　金 | 50,000<br>154,000 |
| 群馬商店 | ① | 現　　　　金 | 50,000 | 前　受　金 | 50,000 |
| | ② | 前　受　金<br>現　　　　金 | 50,000<br>150,000 | 売　　　　上 | 200,000 |

**解説**

① 商品の売買契約時には，仕入・売上は計上しません。手付金の授受は前払金・前受金で処理します。

② 当社負担の引取運賃は商品の仕入原価に含めます。

### 問題 7-10

| | 借 方 科 目 | 金 額 | 貸 方 科 目 | 金 額 |
|---|---|---|---|---|
| ① | 前　受　金<br>売　掛　金 | 30,000<br>150,000 | 売　　　　上 | 180,000 |
| ② | 仕　　　　入 | 503,000 | 前　払　金<br>買　掛　金<br>現　　　　金 | 100,000<br>400,000<br>3,000 |
| ③ | 前　受　金<br>売　掛　金<br>発　送　費 | 50,000<br>400,000<br>1,500 | 売　　　　上<br><br>現　　　　金 | 450,000<br><br>1,500 |

**解説**

① 手付金の受取時に，（借）現　金 30,000（貸）前受金 30,000という仕訳が行われています。

② 手付金の支払時に，（借）前払金 100,000（貸）現　金 100,000という仕訳が行われています。

③ 手付金の受取時に，（借）現　金 50,000（貸）前受金 50,000という仕訳が行われています。売上時に当社が諸掛りを支払った場合，発送費で処理します。

## 問題 8-1

|   |   | 借方科目 | 金額 | 貸方科目 | 金額 |
|---|---|---|---|---|---|
| 当社 | ① | 貸　付　金 | 4,000,000 | 当　座　預　金 | 4,000,000 |
|  | ② | 当　座　預　金 | 4,090,000 | 貸　付　金<br>受　取　利　息 | 4,000,000<br>90,000 |
| 宮城商店 | ① | 現　　　　金 | 4,000,000 | 借　入　金 | 4,000,000 |
|  | ② | 借　入　金<br>支　払　利　息 | 4,000,000<br>90,000 | 当　座　預　金 | 4,090,000 |

【解説】

貸付金に対する利息は受取利息，借入金に対する利息は支払利息で処理します。

②の利息の計算は，¥4,000,000×4.5%×$\dfrac{6カ月}{12カ月}$＝¥90,000になります。

## 問題 8-2

|   | 借方科目 | 金額 | 貸方科目 | 金額 |
|---|---|---|---|---|
| ① | 借　入　金<br>支　払　利　息 | 500,000<br>7,500 | 当　座　預　金 | 507,500 |
| ② | 普　通　預　金 | 603,000 | 貸　付　金<br>受　取　利　息 | 600,000<br>3,000 |
| ③ | 借　入　金<br>支　払　利　息 | 1,460,000<br>12,000 | 当　座　預　金 | 1,472,000 |
| ④ | 役　員　貸　付　金 | 2,000,000 | 普　通　預　金 | 2,000,000 |
| ⑤ | 普　通　預　金 | 2,006,000 | 役　員　貸　付　金<br>受　取　利　息 | 2,000,000<br>6,000 |

【解説】

① 支払利息：¥500,000×1.8%×$\dfrac{10カ月}{12カ月}$＝¥7,500

② 受取利息：¥600,000×2%×$\dfrac{3カ月}{12カ月}$＝¥3,000

③ 支払利息：¥1,460,000×3%×$\dfrac{100日}{365日}$＝¥12,000

④ 役員に対する貸付金は役員貸付金とします。

⑤ 受取利息：¥2,000,000×0.6%×$\dfrac{6カ月}{12カ月}$＝¥6,000

## 問題 8-3

| | | 借 方 科 目 | 金 額 | 貸 方 科 目 | 金 額 |
|---|---|---|---|---|---|
| 当社 | ① | 車 両 運 搬 具 | 3,000,000 | 当 座 預 金<br>未 払 金 | 1,500,000<br>1,500,000 |
| | ② | 未 払 金 | 1,500,000 | 当 座 預 金 | 1,500,000 |
| | ③ | 未 収 入 金 | 300,000 | 車 両 運 搬 具 | 300,000 |
| 福島商会 | ① | 当 座 預 金<br>売 掛 金 | 1,500,000<br>1,500,000 | 売 上 | 3,000,000 |
| | ② | 現 金 | 1,500,000 | 売 掛 金 | 1,500,000 |
| | ③ | 仕 入 | 300,000 | 買 掛 金 | 300,000 |

解説

主たる営業活動（商品販売）により生じた債権は売掛金，債務は買掛金となり，それ以外から生じた債権は未収入金，債務は未払金で処理します。商品としてのトラック（福島商会）は仕入・売上，家具運搬用のトラック（当社）は車両運搬具として処理します。

## 問題 8-4

| | 借 方 科 目 | 金 額 | 貸 方 科 目 | 金 額 |
|---|---|---|---|---|
| ① | 従 業 員 立 替 金 | 80,000 | 現 金 | 80,000 |
| ② | 給 料 | 800,000 | 当 座 預 金<br>所 得 税 預 り 金<br>社会保険料預り金<br>従 業 員 立 替 金 | 580,000<br>40,000<br>100,000<br>80,000 |
| ③ | 所 得 税 預 り 金 | 40,000 | 現 金 | 40,000 |

解説

会社内部の従業員に対する立替えの場合は従業員立替金で処理します。

従業員に代わって支払いを行うために，給料の支払時などに金銭を一時的に預ったときには，納税目的の場合は所得税預り金で，社会保険料の場合は社会保険料預り金で処理します。

## 問題 8-5

| | 借 方 科 目 | 金 額 | 貸 方 科 目 | 金 額 |
|---|---|---|---|---|
| ① | 給 料 | 800,000 | 普 通 預 金<br>所 得 税 預 り 金<br>住 民 税 預 り 金<br>社会保険料預り金 | 621,000<br>35,000<br>44,000<br>100,000 |
| ② | 法 定 福 利 費<br>社会保険料預り金<br>従 業 員 立 替 金 | 48,000<br>6,000<br>18,000 | 現 金 | 72,000 |

解説

① 所得税の源泉徴収分は所得税預り金で，住民税の源泉徴収分は住民税預り金で，社会保険料は社会保険料預り金で処理します。

② 当社負担分の¥48,000は法定福利費で処理します。従業員負担の3カ月分は社会保険料預り金で，当社が立て替えた9カ月分は従業員立替金で処理します。

34

**問題 8−6**

| | 借 方 科 目 | 金 額 | 貸 方 科 目 | 金 額 |
|---|---|---|---|---|
| ① | 仮 払 金 | 120,000 | 現 金 | 120,000 |
| ② | 当 座 預 金 | 600,000 | 仮 受 金 | 600,000 |
| ③ | 仮 受 金 | 600,000 | 売 掛 金<br>前 受 金<br>貸 付 金 | 350,000<br>150,000<br>100,000 |
| ④ | 旅 費 交 通 費<br>現 金 | 116,000<br>4,000 | 仮 払 金 | 120,000 |
| ⑤ | 仮 払 金 | 3,000 | 現 金 | 3,000 |
| ⑥ | 旅 費 交 通 費<br>消 耗 品 費 | 400<br>380 | 仮 払 金 | 780 |

**解説**

　旅費など，支払時に正確な金額を決定できないため概算額で支払いを行う場合には，仮払金で処理します。また，入金内容が不明確な場合には，仮受金で処理します。それぞれ，正しい金額や内容が判明したら，仮払金や仮受金から確定した勘定科目に振り替えます。

　事業用のICカードへの入金（チャージ）については，問題文の指示により，仮払金で処理します。

**問題 8−7**

| | 借 方 科 目 | 金 額 | 貸 方 科 目 | 金 額 |
|---|---|---|---|---|
| ① | 現 金<br>旅 費 交 通 費 | 1,300<br>18,700 | 仮 払 金 | 20,000 |
| ② | 仮 受 金 | 100,000 | 売 掛 金 | 100,000 |
| ③ | 現 金<br>旅 費 交 通 費<br>現 金 | 3,200<br>21,800<br>45,000 | 仮 払 金<br><br>前 受 金 | 25,000<br><br>45,000 |
| ④ | 仮 払 金 | 10,000 | 現 金 | 10,000 |
| ⑤ | 旅 費 交 通 費<br>消 耗 品 費 | 1,300<br>800 | 仮 払 金 | 2,100 |

**解説**

　①：支払時に，（借方）仮払金 20,000（貸方）現　金 20,000という仕訳が行われています。

　②：受取時に，（借方）普通預金 100,000（貸方）仮受金 100,000という仕訳が行われています。

　③：支払時に，（借方）仮払金 25,000（貸方）現　金 25,000という仕訳が行われています。借方の現金はまとめて¥48,200としても正解です。

　④，⑤：問題文の指示にしたがって，ICカードへの入金時には仮払金で処理し，使用時に適切な勘定科目に振り替えます。

## 問題 8-8

|   | 借方科目 | 金額 | 貸方科目 | 金額 |
|---|---|---|---|---|
| ① | 受取商品券<br>現　　　金 | 50,000<br>25,000 | 売　　　上 | 75,000 |
| ② | 普通預金 | 50,000 | 受取商品券 | 50,000 |
| ③ | 受取商品券<br>クレジット売掛金<br>支払手数料 | 30,000<br>49,000<br>1,000 | 売　　　上 | 80,000 |

**解説**
① 企業や自治体が発行した商品券を受け取ったときは、受取商品券で処理します。
③ 支払手数料：(¥80,000 − ¥30,000) × 2％ = ¥1,000

## 問題 8-9

|   | 借方科目 | 金額 | 貸方科目 | 金額 |
|---|---|---|---|---|
| ① | 差入保証金<br>支払手数料 | 520,000<br>260,000 | 普通預金 | 780,000 |
| ② | 支払家賃 | 260,000 | 普通預金 | 260,000 |
| ③ | 修繕費<br>普通預金 | 82,000<br>68,000 | 差入保証金 | 150,000 |
| ④ | 差入保証金<br>支払家賃<br>支払手数料 | 240,000<br>120,000<br>120,000 | 普通預金 | 480,000 |

**解説**
① 建物等の賃借にともなって支払った敷金（保証金）は差入保証金で処理します。
③ 修繕にかかった費用は修繕費で処理します。

## 問題 9-1

|   |   | 借方科目 | 金額 | 貸方科目 | 金額 |
|---|---|---|---|---|---|
| 当社 | ① | 仕　　　入 | 50,000 | 支払手形 | 50,000 |
|   | ② | 支払手形 | 50,000 | 当座預金 | 50,000 |
| 千葉商店 | ① | 受取手形 | 50,000 | 売　　　上 | 50,000 |
|   | ② | 当座預金 | 50,000 | 受取手形 | 50,000 |

**解説**
① 約束手形の振出人は支払手形で、受取人は受取手形で処理します。

**問題 9-2**

|   | 借 方 科 目 | 金 額 | 貸 方 科 目 | 金 額 |
|---|---|---|---|---|
| ① | 支 払 手 形 | 270,000 | 当 座 預 金 | 270,000 |
| ② | 仕 訳 な し |  |  |  |
| ③ | 当 座 預 金 | 130,000 | 受 取 手 形 | 130,000 |

**解説**

① 手形代金を支払った場合には，手形債務が消滅するので，支払手形を減少させます。

② 取立てを依頼しただけなので，まだ手形債権は消滅しておらず，この時点では仕訳はしません。

③ 手形代金を取り立てた場合には，手形債権が消滅するので，受取手形を減少させます。

**問題 9-3**

|   | 借 方 科 目 | 金 額 | 貸 方 科 目 | 金 額 |
|---|---|---|---|---|
| ① | 仕　　　　入 | 258,000 | 前　払　金<br>支 払 手 形<br>現　　　　金 | 50,000<br>200,000<br>8,000 |
| ② | 買　掛　金 | 150,000 | 支 払 手 形 | 150,000 |
| ③ | 仕　　　　入 | 130,000 | 支 払 手 形<br>当 座 預 金 | 65,000<br>65,000 |
| ④ | 前　受　金<br>受 取 手 形<br>売　掛　金 | 60,000<br>120,000<br>120,000 | 売　　　　上 | 300,000 |

**解説**

① 当社負担の引取運賃は，商品の仕入原価に含めます。

②，③ 手形債務が生じるので，支払手形で処理します。

④ 商品の販売にともない受け取った手付金を充当したときは，前受金の減少として処理します。

**問題 9-4**

|   | 借 方 科 目 | 金 額 | 貸 方 科 目 | 金 額 |
|---|---|---|---|---|
| ① | 受 取 手 形 | 700,000 | 売　掛　金 | 700,000 |
| ② | 買　掛　金 | 150,000 | 仕　　　　入 | 150,000 |
| ③ | 仕　　　　入 | 50,000 | 買　掛　金 | 50,000 |

**解説**

① 誤って記入された仕訳は「(借) 売 掛 金 350,000 (貸) 受取手形 350,000」なので，まずこれを貸借反対に仕訳して取り消し，改めて正しい仕訳を行えば次のようになります。

取り消す仕訳 （借）受 取 手 形　　　350,000　（貸）売　　掛　　金　　　350,000
正しい仕訳　 （借）受 取 手 形　　　350,000　（貸）売　　掛　　金　　　350,000

この2つの仕訳を1つの仕訳で示せば，次のようになります。

　　　　　　　（借）受 取 手 形　　　700,000　（貸）売　　掛　　金　　　700,000

② 正しい仕訳は「(借) 買 掛 金 150,000 (貸) 支払手形 150,000」となります。誤って記帳した仕訳は「(借) 仕　　入 150,000 (貸) 支払手形 150,000」なので正しい仕訳にするためには，借方に買掛金を計上するとともに，借方に記入した仕入を貸方に記入します。

③ 正しい仕訳は「(借) 仕　入 50,000 (貸) 支払手形 50,000」となります。誤って記帳した仕訳は「(借) 買掛金 50,000 (貸) 支払手形 50,000」なので，正しい仕訳にするためには，借方に仕入を計上するとともに，借方に記入した買掛金を貸方に記入します。

### 問題 9−5

株式会社岐阜商事の仕訳

| 借 方 科 目 | 金 額 | 貸 方 科 目 | 金 額 |
|---|---|---|---|
| 受 取 手 形 | 940,000 | 売　　　上 | 940,000 |

株式会社長野商会の仕訳

| 借 方 科 目 | 金 額 | 貸 方 科 目 | 金 額 |
|---|---|---|---|
| 仕　　　入 | 940,000 | 支 払 手 形 | 940,000 |

解説

受取人の株式会社岐阜商事に生じた手形債権は受取手形で，振出人の株式会社長野商会に生じた手形債務は支払手形で処理します。

### 問題 9−6

| | 借 方 科 目 | 金 額 | 貸 方 科 目 | 金 額 |
|---|---|---|---|---|
| 3／5 | 受 取 手 形 | 280,000 | 売 掛 金 | 280,000 |
| 12 | 受 取 手 形 | 320,000 | 売　　　上 | 320,000 |
| 4／5 | 当 座 預 金 | 280,000 | 受 取 手 形 | 280,000 |
| 5／12 | 当 座 預 金 | 320,000 | 受 取 手 形 | 320,000 |

#### 受取手形記入帳

| X1年 月 | 日 | 手形種類 | 手形番号 | 摘要 | 支払人 | 振出人または裏書人 | 振出日 月 | 日 | 満期日 月 | 日 | 支払場所 | 手形金額 | てん末 月 | 日 | 摘要 |
|---|---|---|---|---|---|---|---|---|---|---|---|---|---|---|---|
| 3 | 5 | 約手 | 27 | 売掛金 | 宮城商店 | 宮城商店 | 3 | 5 | 4 | 5 | 南北銀行 | 280,000 | 4 | 5 | 入金 |
| | 12 | 約手 | 16 | 売上 | 茨城商店 | 茨城商店 | 3 | 12 | 5 | 12 | 北東銀行 | 320,000 | 5 | 12 | 入金 |

解説

1　手形種類欄には手形の種類を記入します。そのさいには通常，約束手形は約手と略記します。

2　てん末欄には手形債権が消滅したときに，その理由を記入します（当座入金としてもよい）。

### 問題 9−7

帳簿の名称（　支払手形記入帳　）

| | 借 方 科 目 | 金 額 | 貸 方 科 目 | 金 額 |
|---|---|---|---|---|
| 4／20 | 大 阪 商 店 | 280,000 | 支 払 手 形 | 280,000 |
| 5／25 | 仕　　　入 | 340,000 | 支 払 手 形 | 340,000 |
| 6／30 | 支 払 手 形 | 280,000 | 当 座 預 金 | 280,000 |

解説

1 「受取人」を記入する欄があり，てん末欄に「支払」とあることから，この帳簿は支払手形記入帳であることがわかります。

2 6月30日は，「当座預金から支払」とあるので，当座預金の減少となります。

## 問題 9−8

|  | 現 金<br>出納帳 | 当座預金<br>出 納 帳 | 商 品<br>有高帳 | 売掛金<br>元 帳 | 買掛金<br>元 帳 | 仕入帳 | 売上帳 | 受取手形<br>記 入 帳 | 支払手形<br>記 入 帳 |
|---|---|---|---|---|---|---|---|---|---|
| ① |  | ○ | ○ |  |  | ○ |  |  | ○ |
| ② |  |  | ○ |  |  |  | ○ | ○ |  |
| ③ |  |  |  |  | ○ |  |  |  | ○ |
| ④ |  |  |  | ○ |  |  |  | ○ |  |
| ⑤ | ○ |  | ○ |  |  | ○ |  |  | ○ |

解説

① 商品の仕入は仕入帳と商品有高帳に，小切手の振出しは当座預金出納帳に，約束手形の振出しは支払手形記入帳に記入します。

② 商品の売上は売上帳と商品有高帳に，約束手形の受取りは受取手形記入帳に記入します。

③ 約束手形の振出しは支払手形記入帳に，買掛金の減少は買掛金元帳に記入します。

④ 約束手形の受取りは受取手形記入帳に，売掛金の減少は売掛金元帳に記入します。

⑤ 商品の仕入は仕入帳と商品有高帳に，約束手形の振出しは支払手形記入帳に，現金の減少は現金出納帳に記入します。

## 問題 9−9

|  | 借 方 科 目 | 金 額 | 貸 方 科 目 | 金 額 |
|---|---|---|---|---|
| ① | 手 形 貸 付 金 | 1,400,000 | 当 座 預 金<br>受 取 利 息 | 1,382,500<br>17,500 |
| ② | 当 座 預 金<br>支 払 利 息 | 4,392,000<br>108,000 | 手 形 借 入 金 | 4,500,000 |
| ③ | 手 形 貸 付 金 | 500,000 | 普 通 預 金 | 500,000 |
| ④ | 普 通 預 金 | 514,000 | 手 形 貸 付 金<br>受 取 利 息 | 500,000<br>14,000 |

※「手形貸付金」は「貸付金」，「手形借入金」は「借入金」でもよい。

解説

① 利息の計算は次のとおりです。利率は年利率なので，貸し付ける月数で按分します。

$$¥1,400,000 × 5\% × \frac{3カ月}{12カ月} = ¥17,500$$

② 利息の計算は次のとおりです。利率は年利率なので，借り入れる日数で按分します。

$$¥4,500,000 × 6\% × \frac{146日}{365日} = ¥108,000$$

問題 9-10

栃木商事㈱の仕訳

|   | 借方科目 | 金　　額 | 貸方科目 | 金　　額 |
|---|---|---|---|---|
| ① | 売　掛　金 | 860,000 | 売　　　上 | 860,000 |
| ② | 電子記録債権 | 860,000 | 売　掛　金 | 860,000 |
| ③ | 普　通　預　金 | 860,000 | 電子記録債権 | 860,000 |

㈱埼玉商会の仕訳

|   | 借方科目 | 金　　額 | 貸方科目 | 金　　額 |
|---|---|---|---|---|
| ① | 仕　　　入 | 860,000 | 買　掛　金 | 860,000 |
| ② | 買　掛　金 | 860,000 | 電子記録債務 | 860,000 |
| ③ | 電子記録債務 | 860,000 | 普　通　預　金 | 860,000 |

【解説】
② 栃木商事㈱は，電子記録債権が発生したので，売掛金勘定から電子記録債権勘定に振り替えます。㈱埼玉商会は電子記録債務が発生したので，買掛金勘定から電子記録債務勘定に振り替えます。

第10章 有形固定資産

問題 10-1

|   | 借方科目 | 金　　額 | 貸方科目 | 金　　額 |
|---|---|---|---|---|
| ① | 土　　　地 | 3,360,000 | 当　座　預　金 | 3,360,000 |
| ② | 建　　　物 | 4,715,000 | 当　座　預　金<br>現　　　金 | 4,500,000<br>215,000 |
| ③ | 備　　　品 | 758,000 | 当　座　預　金<br>未　払　金<br>現　　　金 | 375,000<br>375,000<br>8,000 |
| ④ | 建　　　物 | 5,465,000 | 普　通　預　金 | 5,465,000 |
| ⑤ | 備　　　品 | 373,500 | 当　座　預　金<br>現　　　金 | 350,000<br>23,500 |
| ⑥ | 車両運搬具 | 1,200,000 | 当　座　預　金 | 1,200,000 |
| ⑦ | 建　　　物<br>修　繕　費 | 500,000<br>250,000 | 当　座　預　金 | 750,000 |
| ⑧ | 建　　　物<br>修　繕　費 | 180,000<br>420,000 | 未　払　金 | 600,000 |

解説

1　整地費用，登記料，仲介手数料，引取運賃，運送保険料などの付随費用は，その有形固定資産の取得原価に含めます。

2　商品の仕入ではないので，代金を後日に支払う場合には，買掛金ではなく未払金で処理します。

3　有形固定資産に対する支出のうち，その資産の価値を高めたり，耐用年数を延長させたりする効果をもつ支出を資本的支出といい，その資産の取得原価に算入します。これに対して，その資産の現状を維持するための支出を収益的支出といい，修繕費で処理します。

問題 10-2

| | 借　方　科　目 | 金　　額 | 貸　方　科　目 | 金　　額 |
|---|---|---|---|---|
| 5／18 | 土　　　　　地 | 6,240,000 | 当　座　預　金 | 6,240,000 |
| 28 | 土　　　　　地 | 620,000 | 当　座　預　金 | 620,000 |
| 6／24 | 現　　　　　金 | 1,800,000 | 土　　　　　地 | 1,715,000 |
| | | | 固定資産売却益 | 85,000 |

※6月24日の固定資産売却益は土地売却益でもよい。

解説

1　仲介手数料，登記料，整地費用は土地の取得原価に含めます。

2　6月24日の取引につき，売却した土地の1m²当たりの取得原価は，

（¥7,500×800m² + ¥240,000 + ¥620,000）÷800m² = ¥8,575

となります。したがって，売却した土地200m²の取得原価は¥8,575×200m² = ¥1,715,000となり，売却価額¥1,800,000（ = ¥9,000×200m²）と取得原価との差額¥85,000が固定資産売却益となります。

問題 10-3

| 借　方　科　目 | 金　　額 | 貸　方　科　目 | 金　　額 |
|---|---|---|---|
| 減　価　償　却　費 | 40,000 | 備品減価償却累計額 | 40,000 |

| 減価償却費 | | 備品減価償却累計額 | |
|---|---|---|---|
| 3/31 備品減価償却累計額　40,000 | | | 3/31 減価償却費　40,000 |

解説

1　減価償却費の計算は次のとおりです。

（¥320,000 − ¥0）÷ 8 年 = ¥40,000

41

問題 10-4

| | 借方科目 | 金額 | 貸方科目 | 金額 |
|---|---|---|---|---|
| ① | 減価償却費 | 36,000 | 備品減価償却累計額 | 36,000 |
| ② | 備品減価償却累計額 | 324,000 | 備品 | 600,000 |
| | 現金 | 50,000 | 固定資産売却益 | 34,000 |
| | 未収入金 | 260,000 | | |
| ③ | 車両運搬具減価償却累計額 | 2,376,000 | 車両運搬具 | 3,300,000 |
| | 未収入金 | 850,000 | | |
| | 固定資産売却損 | 74,000 | | |
| ④ | 減価償却費 | 65,000 | 備品減価償却累計額 | 65,000 |
| ⑤ | 備品減価償却累計額 | 640,000 | 備品 | 800,000 |
| | 減価償却費 | 40,000 | 固定資産売却益 | 80,000 |
| | 未収入金 | 200,000 | | |
| ⑥ | 備品減価償却累計額 | 225,000 | 備品 | 300,000 |
| | 減価償却費 | 30,000 | | |
| | 現金 | 15,000 | | |
| | 固定資産売却損 | 30,000 | | |

解説

① 減価償却費の計算は次のとおりです。

（¥180,000 － ¥0）÷ 5 年 ＝ ¥36,000

② 備品の帳簿価額¥276,000（＝ ¥600,000 － ¥324,000）と売却価額¥310,000との差額が固定資産売却益となります。商品の販売ではないので，月末受取分は売掛金ではなく未収入金で処理します。

③ 車両運搬具の帳簿価額¥924,000（＝ ¥3,300,000 － ¥2,376,000）と売却価額¥850,000との差額が固定資産売却損となります。

④ 4年度目の分と今年度に取得した分をそれぞれ求めます。

4年度目の分：（¥400,000 － ¥0）÷ 10年 ＝ ¥40,000

今年度取得分：（¥300,000 － ¥0）÷ 10年 × $\dfrac{10カ月}{12カ月}$ ＝ ¥25,000

¥40,000 ＋ ¥25,000 ＝ ¥65,000が今年度の決算で計上する減価償却費になります。

⑤ まず，20X2年度から20X5年度までの減価償却累計額を求めます。

（¥800,000 － ¥0）÷ 5 年 × 4 年分 ＝ ¥640,000

次に，20X6年度の売却時までの3カ月間の減価償却費を求めます。

（¥800,000 － ¥0）÷ 5 年 × $\dfrac{3カ月}{12カ月}$ ＝ ¥40,000

売却時の備品の帳簿価額は¥800,000 －（¥640,000 ＋ ¥40,000）＝ ¥120,000となります。これを¥200,000で売却したので，¥80,000の固定資産売却益となります。

なお，20X6年度における売却時までの3カ月間の減価償却累計額をいったん計上し，これを含めた減価償却累計額を借方に計上する方法もあります。この場合の仕訳は次のとおりです。

（借）減価償却費　　　40,000　（貸）備品減価償却累計額　　　40,000
（借）備品減価償却累計額　680,000　（貸）備品　　　　　　　800,000
　　　未収入金　　　200,000　　　　固定資産売却益　　　80,000

⑥ まず，前期末までの減価償却累計額を求めます。

（¥300,000 − ¥0）÷ 5 年 × 3 年 9 カ月 $\left(\dfrac{45 \text{カ月}}{12 \text{カ月}}\right)$ 分 ＝ ¥225,000

次に，当期首から売却時までの 6 カ月間の減価償却費を求めます。

（¥300,000 − ¥0）÷ 5 年 × $\dfrac{6 \text{カ月}}{12 \text{カ月}}$ ＝ ¥30,000

売却時の備品の帳簿価額は ¥300,000 −（¥225,000 ＋ ¥30,000）＝ ¥45,000 となります。これを ¥15,000 で売却したので，¥30,000 の固定資産売却損となります。

なお，20X5年度における売却時までの 6 カ月間の減価償却累計額をいったん計上し，これを含めた減価償却累計額を借方に計上する方法もあります。この場合の仕訳は次のとおりです。

| （借） | 減 価 償 却 費 | 30,000 | （貸） | 備品減価償却累計額 | 30,000 |
| （借） | 備品減価償却累計額 | 255,000 | （貸） | 備 品 | 300,000 |
| | 現 金 | 15,000 | | | |
| | 固定資産売却損 | 30,000 | | | |

### 問題 10－5

| ① | ② | ③ | ④ | ⑤ |
|---|---|---|---|---|
| 1,720,000 | 410,000 | 250,000 | 備品減価償却累計額 | 損益 |

### 解説

① ¥1,000,000（前期繰越）＋ ¥720,000（12/ 8 購入分）＝ ¥1,720,000

② X5年購入分：（¥600,000 − ¥0）÷ 5 年 × 3 年 ＝ ¥360,000

X7年購入分：（¥400,000 − ¥0）÷ 4 年 × $\dfrac{6 \text{カ月}}{12 \text{カ月}}$ ＝ ¥50,000

これらの合計なので ¥410,000 となります。

③ X5年購入分：（¥600,000 − ¥0）÷ 5 年 ＝ ¥120,000

X7年購入分：（¥400,000 − ¥0）÷ 4 年 ＝ ¥100,000

X8年購入分：（¥720,000 − ¥0）÷ 8 年 × $\dfrac{4 \text{カ月}}{12 \text{カ月}}$ ＝ ¥30,000（月の途中で取得した場合にも，減価償却費は月割計算します）

これらの合計となりますので ¥250,000 となります。

各勘定の記入は，次のようになります。

備　　　品

| X8/ 4/ 1 前 期 繰 越 | 1,000,000 | X9/ 3/31 次 期 繰 越 | 1,720,000 |
|---|---|---|---|
| 12/ 8 当 座 預 金 | 720,000 | | |
| | 1,720,000 | | 1,720,000 |

備品減価償却累計額

| X9/ 3/31 次 期 繰 越 | 660,000 | X8/ 4/ 1 前 期 繰 越 | 410,000 |
|---|---|---|---|
| | | X9/ 3/31 減 価 償 却 費 | 250,000 |
| | 660,000 | | 660,000 |

減価償却費

| X9/ 3/31 備品減価償却累計額 | 250,000 | X9/ 3/31 損 益 | 250,000 |
|---|---|---|---|

## 問題 10-6

| | 借 方 科 目 | 金 額 | 貸 方 科 目 | 金 額 |
|---|---|---|---|---|
| ① | 減 価 償 却 費 | 10,000 | 建物減価償却累計額 | 10,000 |
| ② | 備　　　　品 | 724,800 | 当 座 預 金 | 724,800 |
| ③ | 減 価 償 却 費 | 15,100 | 備品減価償却累計額 | 15,100 |

### 解説

① 減価償却費：$(¥6,000,000 - ¥0) ÷ 50年 × \dfrac{1\text{カ月}}{12\text{カ月}} = ¥10,000$

② 有形固定資産の取得にさいして支払った付随費用は，その有形固定資産の取得原価に含めます。

③ 減価償却費：$(¥724,800 - ¥0) ÷ 4年 × \dfrac{1\text{カ月}}{12\text{カ月}} = ¥15,100$

## 問題 10-7

| | 借 方 科 目 | 金 額 | 貸 方 科 目 | 金 額 |
|---|---|---|---|---|
| ① | 備　　　　品<br>消 耗 品 費 | 700,000<br>5,000 | 未 払 金 | 705,000 |
| ② | 備　　　　品 | 6,411,000 | 普 通 預 金 | 6,411,000 |

### 解説

① 問題文の指示にしたがい，パソコンは備品，印刷用紙は消耗品費で処理します。

② 有形固定資産を購入するさいに支払った付随費用は，その有形固定資産の取得原価に加えます。

## 問題 10-8

| ① | ② | ③ | ④ | ⑤ |
|---|---|---|---|---|
| 750,000 | 150,000 | 60,000 | 120,000 | 250,000 |

### 解説

① $¥1,200,000 - ¥450,000 = ¥750,000$

② $(¥1,200,000 - ¥0) ÷ 8年 = ¥150,000$

③ X6年10月～X7年3月までの6カ月分なので，$(¥600,000 - ¥0) ÷ 5年 × \dfrac{6\text{カ月}}{12\text{カ月}} = ¥60,000$

④ $(¥600,000 - ¥0) ÷ 5年 = ¥120,000$

⑤ $(¥1,000,000 - ¥0) ÷ 4年 = ¥250,000$

## 問題 10-9

| ① | ② | ③ | ④ | ⑤ |
|---|---|---|---|---|
| 1,976,000 | 2,696,000 | 668,000 | 減価償却費 | 499,000 |

**解説**
① 前期末までに購入済みの備品Xの取得原価¥1,400,000と備品Yの取得原価¥576,000の合計なので，¥1,976,000となります。
② 当期に購入した備品Zの取得原価¥720,000を①に加えた金額になるので，¥2,696,000となります。
③ 備品Xの減価償却累計額¥560,000と備品Yの減価償却累計額¥108,000の合計なので，¥668,000となります。
④ 決算時に行った仕訳の相手勘定科目より減価償却費となります。
⑤ 備品X，備品Yおよび備品Zの当期減価償却費の合計なので，¥499,000となります。

備品Zの当期減価償却費：$(¥720,000 - ¥0) \div 8年 \times \dfrac{10カ月}{12カ月} = ¥75,000$

### 問題 11-1

|   | 借方科目 | 金額 | 貸方科目 | 金額 |
|---|---|---|---|---|
| ① | 貸倒損失 | 145,000 | 売掛金 | 145,000 |
| ② | 貸倒引当金繰入 | 4,000 | 貸倒引当金 | 4,000 |
| ③ | 貸倒引当金 | 11,000 | 売掛金 | 11,000 |
| ④ | 貸倒引当金 | 5,000 | 貸倒引当金戻入 | 5,000 |
| ⑤ | 貸倒引当金<br>貸倒損失 | 39,000<br>17,000 | 売掛金 | 56,000 |

**解説**
① 貸倒引当金が設定されていない場合に貸倒れが発生したときは，全額貸倒損失で処理します。
② 貸倒見積額が貸倒引当金残高を上回る場合には，その足りない分だけを新たに貸倒引当金に繰り入れます。これにより，結果的には貸倒見積額に相当する金額が貸倒引当金として設定されることになります。
　貸倒引当金繰入：¥200,000×5％－¥6,000＝¥4,000
③ 貸倒額が貸倒引当金残高を下回る場合には，貸倒額と同額の貸倒引当金を取り崩します。
④ 貸倒見積額が貸倒引当金残高を下回る場合には，残高が見積額を超過している分だけ貸倒引当金を戻し入れて減額します。
　貸倒引当金戻入：¥12,000－¥350,000×2％＝¥5,000
⑤ 貸倒額が貸倒引当金残高を超過する場合には，その超過額は貸倒損失で処理します。

## 問題 11-2

|   | 借方科目 | 金額 | 貸方科目 | 金額 |
|---|---|---|---|---|
| ① | 貸倒引当金 | 2,000 | 貸倒引当金戻入 | 2,000 |
| ② | 貸倒引当金 | 40,000 | 売掛金 | 40,000 |
| ③ | 貸倒引当金繰入 | 62,000 | 貸倒引当金 | 62,000 |
| ④ | 貸倒引当金<br>貸倒損失 | 70,000<br>8,000 | 売掛金 | 78,000 |
| ⑤ | 現金 | 30,000 | 償却債権取立益 | 30,000 |

【解説】
① 決算時における貸倒見積額¥48,000（=¥1,600,000×3％）よりも，すでに設定されている貸倒引当金の残高¥50,000のほうが多いので，多い分¥2,000だけ貸倒引当金を減額して貸倒見積額に合わせます。
② 貸倒れが発生したので，貸倒引当金を取り崩します。取崩後の貸倒引当金勘定の残高は¥48,000－¥40,000＝¥8,000となります。
③ 貸倒見積額は¥70,000（=¥1,400,000×5％）となりますが，この時点における貸倒引当金勘定の残高が¥8,000あるので，新たに貸倒引当金に繰り入れる金額は¥62,000（=¥70,000－¥8,000）となります。
④ 貸倒引当金勘定の残高¥70,000を超える金額が貸倒れとなっているので，この超える部分の金額¥8,000（=¥78,000－¥70,000）は貸倒損失として処理します。
⑤ 過年度に貸倒れとして処理した債権が回収された場合には，償却債権取立益として処理します。

第12章 資本

## 問題 12-1

|   | 借方科目 | 金額 | 貸方科目 | 金額 |
|---|---|---|---|---|
| ① | 普通預金 | 3,000,000 | 資本金 | 3,000,000 |
| ② | 当座預金 | 1,280,000 | 資本金 | 1,280,000 |

【解説】
株式の発行による株主からの払込金は資本金で処理します。

## 問題 12-2

|   | 借方科目 | 金額 | 貸方科目 | 金額 |
|---|---|---|---|---|
| ① | 損益 | 550,000 | 繰越利益剰余金 | 550,000 |
| ② | 繰越利益剰余金 | 360,000 | 損益 | 360,000 |

【解説】
① 当期純利益：¥6,280,000－¥5,730,000＝¥550,000
　損益勘定で算定された当期純利益を繰越利益剰余金に振り替えるので，損益勘定の借方と繰越利益剰余金勘定の貸方に記入します。
② 当期純損失：¥2,330,000－¥2,690,000＝△¥360,000
　損益勘定で算定された当期純損失を繰越利益剰余金に振り替えるので，損益勘定の貸方と繰越利益剰余金勘定の借方に記入します。

問題 12-3

|   | 借　方　科　目 | 金　　額 | 貸　方　科　目 | 金　　額 |
|---|---|---|---|---|
| ① | 売　　　　　上 | 4,642,000 | 損　　　　　益 | 4,642,000 |
|   | 損　　　　　益 | 3,235,000 | 仕　　　　　入 | 2,455,000 |
|   |   |   | 給　　　　　料 | 780,000 |
| ② | 損　　　　　益 | 1,407,000 | 繰越利益剰余金 | 1,407,000 |

解説

② 当期純利益：¥4,642,000（売上）－¥2,455,000（仕入）－¥780,000（給料）＝¥1,407,000

損益勘定で算定された当期純利益を繰越利益剰余金に振り替えるので，損益勘定の借方と繰越利益剰余金勘定の貸方に記入します。

問題 12-4

（問1） ¥ （　3,911,000　）
（問2） ¥ （　1,888,000　）
（問3）

| 借　方　科　目 | 金　　額 | 貸　方　科　目 | 金　　額 |
|---|---|---|---|
| 損　　　　　益 | 1,888,000 | 繰越利益剰余金 | 1,888,000 |

解説

（問1）

売上原価：¥860,000（期首商品棚卸高）＋¥3,775,000（当期商品仕入高）－¥724,000（期末商品棚卸高）＝¥3,911,000

（問2）

通信費：¥128,000＋¥5,000＝¥133,000

当期純利益：¥5,932,000（売上）－¥3,911,000（売上原価）－¥133,000（通信費）＝¥1,888,000

（問3）

損益勘定で算定された当期純利益を繰越利益剰余金に振り替えるので，損益勘定の借方と繰越利益剰余金勘定の貸方に記入します。

問題 12-5

|   | 借　方　科　目 | 金　　額 | 貸　方　科　目 | 金　　額 |
|---|---|---|---|---|
| ① | 繰越利益剰余金 | 110,000 | 未　払　配　当　金 | 100,000 |
|   |   |   | 利　益　準　備　金 | 10,000 |
| ② | 未　払　配　当　金 | 100,000 | 普　通　預　金 | 100,000 |

解説

① 配当額と利益準備金積立額の合計額の繰越利益剰余金が減少するので，繰越利益剰余金勘定の借方に記入します。

# 第13章 収益と費用

## 問題 13-1

### A社の仕訳

| | 借 方 科 目 | 金 額 | 貸 方 科 目 | 金 額 |
|---|---|---|---|---|
| 5／1 | 貸 付 金 | 600,000 | 現 金 | 600,000 |
| 10／31 | 現 金 | 15,000 | 受 取 利 息 | 15,000 |
| 3／31 | 未 収 利 息<br>受 取 利 息 | 12,500<br>27,500 | 受 取 利 息<br>損 益 | 12,500<br>27,500 |
| 4／1 | 受 取 利 息 | 12,500 | 未 収 利 息 | 12,500 |

受 取 利 息

| | | | | | |
|---|---|---|---|---|---|
| 3/31 損 益 | 27,500 | 10/31 現 金 | 15,000 |
| | | 3/31 未収利息 | 12,500 |
| | 27,500 | | 27,500 |
| 4/ 1 未収利息 | 12,500 | | |

未 収 利 息

| | | | |
|---|---|---|---|
| 3/31 受取利息 | 12,500 | **3/31 次期繰越** | **12,500** |
| 4/ 1 前期繰越 | 12,500 | 4/ 1 受取利息 | 12,500 |

### B社の仕訳

| | 借 方 科 目 | 金 額 | 貸 方 科 目 | 金 額 |
|---|---|---|---|---|
| 5／1 | 現 金 | 600,000 | 借 入 金 | 600,000 |
| 10／31 | 支 払 利 息 | 15,000 | 現 金 | 15,000 |
| 3／31 | 支 払 利 息<br>損 益 | 12,500<br>27,500 | 未 払 利 息<br>支 払 利 息 | 12,500<br>27,500 |
| 4／1 | 未 払 利 息 | 12,500 | 支 払 利 息 | 12,500 |

支 払 利 息

| | | | |
|---|---|---|---|
| 10/31 現 金 | 15,000 | 3/31 損 益 | 27,500 |
| 3/31 未払利息 | 12,500 | | |
| | 27,500 | | 27,500 |
| | | 4/ 1 未払利息 | 12,500 |

未 払 利 息

| | | | |
|---|---|---|---|
| **3/31 次期繰越** | **12,500** | 3/31 支払利息 | 12,500 |
| 4/ 1 支払利息 | 12,500 | 4/ 1 前期繰越 | 12,500 |

### 解説

A社の未収利息と，当期の利息発生高の関係は，次のとおりです。

当期5／1貸付け　　　　→　　　当期10/31利払日　　　　→　　　当期決算日3／31

（6カ月分の利息受取り）　　　　（5カ月分は経過済み＝未収）
→現金で受取済み￥15,000　　　未収利息として計上（貸借対照表）　￥12,500（※）

当期の利息発生高として計上（損益計算書）￥27,500

※　未収利息の計算：$¥600,000 × 5\% × \dfrac{5カ月（11月〜3月）}{12カ月} = ¥12,500$

未収利息は，当期の利息収益を正しく計上するために処理された計算上の資産です。実際に利息を受け

取ることができる日は，利払日（4月30日）です。反対に，未払利息は，当期の利息費用を正しく計上するために処理された計算上の負債です。再振替仕訳は，前期決算仕訳の反対仕訳を行うことで未収高・未払高を収益・費用から控除し，収益・費用の計上額を適正な金額に調整しています。

## 問題 13-2

**A社の仕訳**

| | 借方科目 | 金額 | 貸方科目 | 金額 |
|---|---|---|---|---|
| 7/1 | 現　金 | 240,000 | 受取地代 | 240,000 |
| 3/31 | 受取地代 | 60,000 | 前受地代 | 60,000 |
| | 受取地代 | 180,000 | 損　益 | 180,000 |
| 4/1 | 前受地代 | 60,000 | 受取地代 | 60,000 |

```
          受取地代                              前受地代
3/31 前受地代  60,000 | 7/1 現 金 240,000    3/31 次期繰越 60,000 | 3/31 受取地代 60,000
 〃  損 益  180,000 |                       4/1  受取地代 60,000 | 4/1 前期繰越 60,000
            240,000          240,000
                       4/1 前受地代 60,000
```

**B社の仕訳**

| | 借方科目 | 金額 | 貸方科目 | 金額 |
|---|---|---|---|---|
| 7/1 | 支払地代 | 240,000 | 現　金 | 240,000 |
| 3/31 | 前払地代 | 60,000 | 支払地代 | 60,000 |
| | 損　益 | 180,000 | 支払地代 | 180,000 |
| 4/1 | 支払地代 | 60,000 | 前払地代 | 60,000 |

```
          支払地代                              前払地代
7/1 現 金  240,000 | 3/31 前払地代 60,000    3/31 支払地代 60,000 | 3/31 次期繰越 60,000
                  | 〃  損 益 180,000       4/1 前期繰越 60,000 | 4/1 支払地代 60,000
            240,000          240,000
4/1 前払地代 60,000
```

**解説**

A社の前受地代と，当期の地代発生高の関係は，次のとおりです。

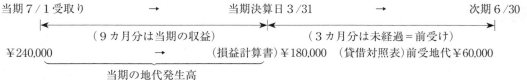

※　前受地代の計算：¥20,000×3カ月（4月〜6月）＝¥60,000

　前受地代は，当期の地代収益を正しく計上するために処理された計算上の負債です。反対に，前払地代は，当期の地代費用を正しく計上するために処理された計算上の資産です。

　期首の再振替仕訳は，前期決算仕訳の反対仕訳を行い，前期に控除した前受高・前払高を足し戻して収益・費用の発生高に加算する処理を行っています。

## 問題 13-3

| | 借方科目 | 金額 | 貸方科目 | 金額 |
|---|---|---|---|---|
| 4/1 | 支 払 地 代 | 30,000 | 前 払 地 代 | 30,000 |
| 6/1 | 支 払 地 代 | 180,000 | 現 金 | 180,000 |
| 3/31 | 前 払 地 代 | 30,000 | 支 払 地 代 | 30,000 |
| | 損 益 | 180,000 | 支 払 地 代 | 180,000 |

### 前 払 地 代

| 20X2年 | 摘要 | 仕丁 | 借方 | 20X2年 | 摘要 | 仕丁 | 貸方 |
|---|---|---|---|---|---|---|---|
| 4 | 1 | 前期繰越 | ✓ | 30,000 | 4 | 1 | 支払地代 | 1 | 30,000 |
| 3 | 31 | 支払地代 | 12 | 30,000 | 3 | 31 | 次期繰越 | ✓ | 30,000 |
| | | | | 60,000 | | | | | 60,000 |
| 4 | 1 | 前期繰越 | ✓ | 30,000 | | | | | |

### 支 払 地 代

| 20X2年 | 摘要 | 仕丁 | 借方 | 20X2年 | 摘要 | 仕丁 | 貸方 |
|---|---|---|---|---|---|---|---|
| 4 | 1 | 前払地代 | 1 | 30,000 | 3 | 31 | 前払地代 | 12 | 30,000 |
| 6 | 1 | 現 金 | 3 | 180,000 | 〃 | | 損 益 | 13 | 180,000 |
| | | | | 210,000 | | | | | 210,000 |

**【解説】**

開始記入は，資産・負債・資本の勘定について，締切りと同時に，繰越高を翌期首の日付により記入するものです。ここでは，前払地代について，前期からの繰越高が記入されます。

決算整理では，地代の当期前払分の金額が計上されます。

決算振替では，当期の地代（費用）発生高（4月～3月）が損益勘定に振り替えられます。

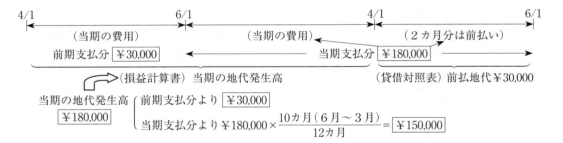

当期の地代発生高 ¥180,000 {前期支払分より ¥30,000
当期支払分より ¥180,000 × $\frac{10カ月（6月～3月）}{12カ月}$ = ¥150,000 }

## 問題 13-4

①

### 支 払 家 賃

| X4/ 6/ 1 （現　　金）| ( 240,000) | X5/ 3/31 （前払家賃）| ( 80,000) |
|---|---|---|---|
| 12/ 1 （現　　金）| ( 240,000) | 〃 （損　　益）| ( 400,000) |
| | ( 480,000) | | ( 480,000) |

前 払 家 賃

| | | | |
|---|---|---|---|
| X5/ 3/31 （支払家賃）（ 80,000） | **X5/ 3/31 （次期繰越）（ 80,000）** |
| X5/ 4/ 1 前期繰越 （ 80,000） | |

② 

| ア | イ | ウ | エ | オ |
|---|---|---|---|---|
| 15,000 | 未払利息 | 7,500 | 損益 | 22,500 |

③ 

| ア | イ | ウ | エ |
|---|---|---|---|
| 50,000 | 損益 | 150,000 | 次期繰越 |

解説

① 各期日の仕訳は次のようになります。

X4.6.1 （借）支 払 家 賃 240,000 （貸）現 金 240,000
X4.12.1 （借）支 払 家 賃 240,000 （貸）現 金 240,000
X5.3.31 X5年4月～5月の2カ月分が前払いになります。

（借）前 払 家 賃 80,000 （貸）支 払 家 賃 80,000

支払家賃勘定の残高を損益勘定に振り替えて締め切り，前払家賃勘定には次期繰越と記入して締め切ります。

（借）損 益 400,000 （貸）支 払 家 賃 400,000

② 各期日の仕訳は次のようになります。

X6.12.31 支払利息は￥1,000,000×3%×$\frac{6カ月}{12カ月}$＝￥15,000

（借）支 払 利 息 15,000 （貸）当 座 預 金 15,000

X7.3.31 X7年1月～3月の3カ月分が未払いになるので，未払利息は￥1,000,000×3%×$\frac{3カ月}{12カ月}$＝
￥7,500

（借）支 払 利 息 7,500 （貸）未 払 利 息 7,500

支払利息勘定の残高を損益勘定に振り替えて締め切ります。

（借）損 益 22,500 （貸）支 払 利 息 22,500

③ 各期日の仕訳は次のようになります。3カ月分を受け取るので，当座預金口座への振込額は￥150,000
となります。

11. 1 （借）当 座 預 金 150,000 （貸）受 取 家 賃 150,000
2. 1 （借）当 座 預 金 150,000 （貸）受 取 家 賃 150,000
3.31 次期の4月分が前受けになります。

（借）受 取 家 賃 50,000 （貸）前 受 家 賃 50,000

受取家賃勘定の残高を損益勘定に振り替えて締め切り，前受家賃勘定には次期繰越と記入して締め切ります。

（借）受 取 家 賃 250,000 （貸）損 益 250,000

問題 13-5

|   | 借方科目 | 金額 | 貸方科目 | 金額 |
|---|---|---|---|---|
| ① | 通信費<br>租税公課 | 8,200<br>5,000 | 現　　　金 | 13,200 |
| ② | 貯蔵品 | 4,070 | 通信費<br>租税公課 | 2,870<br>1,200 |
| ③ | 通信費<br>租税公課 | 2,870<br>1,200 | 貯蔵品 | 4,070 |

【解説】
① 郵便切手は通信費，収入印紙は租税公課で処理します。
② 未使用分を費用の勘定から貯蔵品勘定に振り替えます。

# 第14章 税金

問題 14-1

|   | 借方科目 | 金額 | 貸方科目 | 金額 |
|---|---|---|---|---|
| ① | 租税公課 | 128,000 | 現　　　金 | 128,000 |
| ② | 租税公課<br>通信費 | 4,600<br>1,500 | 現　　　金 | 6,100 |
| ③ | 租税公課 | 28,000 | 普通預金 | 28,000 |

【解説】
① 固定資産税は租税公課で処理します。
② 収入印紙は租税公課，郵便切手は通信費で処理します。
③ 営業用の自動車にかかる自動車税は租税公課で処理します。

問題 14-2

|   | 借方科目 | 金額 | 貸方科目 | 金額 |
|---|---|---|---|---|
| ① | 仮払法人税等 | 250,000 | 普通預金 | 250,000 |
| ② | 法人税，住民税<br>及び事業税 | 600,000 | 仮払法人税等<br>未払法人税等 | 250,000<br>350,000 |
| ③ | 未払法人税等 | 350,000 | 普通預金 | 350,000 |

【解説】
① 法人税，住民税及び事業税の中間納付額は仮払法人税等で処理します。
② 算定された法人税，住民税及び事業税の額と仮払法人税等との差額は未払法人税等で処理します。
　「法人税，住民税及び事業税」は「法人税等」とすることもあります。

問題 14-3

|   | 借　方　科　目 | 金　　額 | 貸　方　科　目 | 金　　額 |
|---|---|---|---|---|
| ① | 仮払法人税等 | 400,000 | 現　　　　金 | 400,000 |
| ② | 法人税, 住民税及 び 事 業 税 | 794,000 | 仮払法人税等<br>未払法人税等 | 400,000<br>394,000 |
| ③ | 法人税, 住民税及 び 事 業 税 | 258,000 | 仮払法人税等<br>未払法人税等 | 116,000<br>142,000 |

解説

③　法人税, 住民税及び事業税：¥860,000×30％＝¥258,000

　　未払法人税等：¥258,000－¥116,000＝¥142,000

問題 14-4

|   | 借　方　科　目 | 金　　額 | 貸　方　科　目 | 金　　額 |
|---|---|---|---|---|
| ① | 仮払法人税等 | 380,000 | 普　通　預　金 | 380,000 |
| ② | 未払法人税等 | 520,000 | 普　通　預　金 | 520,000 |

解説

①　納期等の区分が中間申告なので, 仮払法人税等で処理します。

②　納期等の区分が確定申告なので, 未払法人税等を納付したため, 未払法人税等を減少させます。

問題 14-5

|   | 借　方　科　目 | 金　　額 | 貸　方　科　目 | 金　　額 |
|---|---|---|---|---|
| ① | 仕　　　　入<br>仮 払 消 費 税 | 10,000<br>1,000 | 買　　掛　　金 | 11,000 |
| ② | 売　　掛　　金 | 16,500 | 売　　　　上<br>仮 受 消 費 税 | 15,000<br>1,500 |
| ③ | 仮 受 消 費 税 | 1,500 | 仮 払 消 費 税<br>未 払 消 費 税 | 1,000<br>500 |
| ④ | 未 払 消 費 税 | 500 | 現　　　　金 | 500 |

解説

①　仮払消費税：¥10,000×10％＝¥1,000

②　仮受消費税：¥15,000×10％＝¥1,500

③　仮受消費税と仮払消費税の差額は未払消費税で処理します。

問題 14-6

|   | 借　方　科　目 | 金　　額 | 貸　方　科　目 | 金　　額 |
|---|---|---|---|---|
| ① | 仕　　　　入<br>仮 払 消 費 税 | 80,000<br>8,000 | 買　　掛　　金 | 88,000 |
| ② | 現　　　　金<br>クレジット売掛金<br>支 払 手 数 料 | 45,900<br>29,100<br>900 | 売　　　　上<br>仮 受 消 費 税 | 69,000<br>6,900 |
| ③ | 未 払 消 費 税 | 160,000 | 普　通　預　金 | 160,000 |

53

#### 解説
① 仕入は消費税を含まない金額で計上します。
② 売上は消費税を含まない金額で計上します。
③ 科目が「消費税及び地方消費税」，納期等の区分が「確定申告」となっているので，未払消費税の納付であることがわかります。

### 問題 14-7

|   | 借方科目 | 金額 | 貸方科目 | 金額 |
|---|---|---|---|---|
| ① | 諸 会 費<br>支 払 手 数 料 | 20,000<br>100 | 普 通 預 金 | 20,100 |
| ② | 諸 会 費 | 30,000 | 未 払 金 | 30,000 |

### 問題 15-1

①

| 出　金　伝　票 |||
|---|---|---|
| 20X1年 6 月10日 |||
| 科 目 | 金 額 ||
| 仕　　入 | 40,000 ||

| 振　替　伝　票 ||||
|---|---|---|---|
| 20X1年 6 月10日 ||||
| 借方科目 | 金 額 | 貸方科目 | 金 額 |
| 仕　　入 | 60,000 | 買　掛　金 | 60,000 |

②

| 出　金　伝　票 |||
|---|---|---|
| 20X1年 6 月10日 |||
| 科 目 | 金 額 ||
| 買　掛　金 | 40,000 ||

| 振　替　伝　票 ||||
|---|---|---|---|
| 20X1年 6 月10日 ||||
| 借方科目 | 金 額 | 貸方科目 | 金 額 |
| 仕　　入 | 100,000 | 買　掛　金 | 100,000 |

①
**買掛金元帳**
名古屋商店

|  |  | 6/ 1 前月繰越 | 120,000 |
|---|---|---|---|
|  |  | 10 振替伝票 | 60,000 |

②
**買掛金元帳**
名古屋商店

| 6/10 出金伝票 | 40,000 | 6/ 1 前月繰越 | 120,000 |
|---|---|---|---|
|  |  | 10 振替伝票 | 100,000 |

#### 解説
①は，出金部分を出金伝票に，現金の入出金をともなわない部分（買掛金）を振替伝票に起票します。
②は，振替伝票で記入した金額を取引の総額¥100,000として起票し，出金伝票には掛代金の支払分を起票します。

問題 15-2

①

| 出 金 伝 票 | |
|---|---|
| 科 目 | 金 額 |
| 仕 入 | 3,000 |

| 振 替 伝 票 | | | |
|---|---|---|---|
| 借方科目 | 金 額 | 貸方科目 | 金 額 |
| 仕 入 | 300,000 | 支 払 手 形 | 300,000 |

②

| 入 金 伝 票 | |
|---|---|
| 科 目 | 金 額 |
| 売 上 | 200,000 |

| 振 替 伝 票 | | | |
|---|---|---|---|
| 借方科目 | 金 額 | 貸方科目 | 金 額 |
| 受 取 手 形 | 400,000 | 売 上 | 400,000 |

解説

①，②それぞれの仕訳と伝票との対応関係は次のとおりです。

① （借）仕 入 300,000 （貸）支 払 手 形 300,000 （振替伝票に起票）
 （借）仕 入 3,000 （貸）現 金 3,000 （出金伝票に起票）
② （借）受 取 手 形 400,000 （貸）売 上 400,000 （振替伝票に起票）
 （借）現 金 200,000 （貸）売 上 200,000 （入金伝票に起票）

問題 15-3

| ア | イ | ウ | エ | オ |
|---|---|---|---|---|
| 40,000 | 買掛金 | 売掛金 | 発送費 | 記入なし |
| カ | キ | ク | ケ | |
| 仮払金 | 記入なし | 502,000 | 当座預金 | |

解説

① 仕訳は次のようになります。

 （借）仕 入 400,000 （貸）現 金 40,000
  買 掛 金 360,000

取引を分解する方法を用いた場合，次のように起票されます。

 （借）仕 入 40,000 （貸）現 金 40,000 → 出金伝票
 （借）仕 入 360,000 （貸）買 掛 金 360,000 → 振替伝票

取引を擬制する方法を用いた場合，次のように起票されます。

 （借）仕 入 400,000 （貸）買 掛 金 400,000 → 振替伝票
 （借）買 掛 金 40,000 （貸）現 金 40,000 → 出金伝票

振替伝票の記入が仕入¥360,000となっていることから，取引を分解する方法であることがわかるので，（ア）は40,000，（イ）は買掛金となります。

② 仕訳は次のようになります。

 （借）現 金 30,000 （貸）売 上 180,000
  売 掛 金 150,000
 （借）発 送 費 1,200 （貸）現 金 1,200

売上取引の部分につき，取引を分解する方法を用いた場合，次のように起票されます。

 （借）現 金 30,000 （貸）売 上 30,000 → 入金伝票

(借) 売 掛 金 150,000 (貸) 売 上 150,000 → 振替伝票

売上取引の部分につき，取引を擬制する方法を用いた場合，次のように起票されます。

(借) 売 掛 金 180,000 (貸) 売 上 180,000 → 振替伝票
(借) 現 金 30,000 (貸) 売 掛 金 30,000 → 入金伝票

振替伝票の記入が売掛金¥180,000となっていることから，取引を擬制する方法であることがわかるので，（ウ）は売掛金となります。

現金で支払った発送費は出金伝票に記載されるので，（エ）は発送費となります。

③ 仕訳は次のようになります。

(借) 旅 費 交 通 費 2,800 (貸) 仮 払 金 2,800

現金の入出金がないので，すべて振替伝票に記入するため，（オ）は記入なし，（カ）は仮払金となります。

④ 仕訳は次のようになります。

(借) 備 品 502,000 (貸) 当 座 預 金 502,000

現金の入出金がないので，すべて振替伝票に記入するため，（キ）は記入なし，（ク）は¥502,000，（ケ）は当座預金となります。

## 問題 15-4

①

### 仕 訳 日 計 表
X3年6月1日

| 借 方 | 勘 定 科 目 | 貸 方 |
|---:|:---:|---:|
| 130,000 | 現 金 | 70,000 |
| | 売 掛 金 | 10,000 |
| | 未 収 入 金 | 40,000 |
| | 支 払 手 形 | 15,000 |
| 65,000 | 買 掛 金 | 46,000 |
| | 売 上 | 80,000 |
| 46,000 | 仕 入 | |
| 20,000 | 消 耗 品 費 | |
| 261,000 | | 261,000 |

② 6月1日における千葉商店に対する買掛金残高 ¥（ 111,000 ）

解説

仕訳は次のようになります。

| | 借 方 科 目 | 金 額 | 貸 方 科 目 | 金 額 |
|:---:|:---:|---:|:---:|---:|
| 入金伝票 | 現 金 | 130,000 | 未 収 入 金<br>売 上<br>売 掛 金 | 40,000<br>80,000<br>10,000 |
| 出金伝票 | 買 掛 金<br>消 耗 品 費 | 50,000<br>20,000 | 現 金 | 70,000 |
| 振替伝票 | 買 掛 金<br>仕 入 | 15,000<br>46,000 | 支 払 手 形<br>買 掛 金 | 15,000<br>46,000 |

① 各勘定について，借方合計と貸方合計を仕訳日計表に記入します。
② ¥130,000（5/31）− ¥50,000（出金 No.21）− ¥15,000（振替 No.31）+ ¥46,000（振替 No.32）= ¥111,000

**問題 15−5**

## 仕 訳 日 計 表
### X1年4月1日

| 借　　方 | 勘 定 科 目 | 貸　　方 |
|---:|:---:|---:|
| 9,000 | 現　　　　金 | 8,700 |
| 2,800 | 受 取 手 形 | |
| 6,000 | 売 　掛　 金 | 10,800 |
| 1,500 | 備　　　　品 | 800 |
| 6,500 | 買 　掛　 金 | 4,400 |
| 1,200 | 未 　払　 金 | 1,500 |
| | 売　　　　上 | 6,000 |
| 4,400 | 仕　　　　入 | |
| 1,000 | 消 耗 品 費 | |
| | 固定資産売却益 | 200 |
| 32,400 | | 32,400 |

## 総 勘 定 元 帳

### 現　　金

| 4/ 1 | 前期繰越 | 40,000 | 4/ 1 | 仕訳日計表 | 8,700 |
|---|---|---:|---|---|---:|
| 〃 | 仕訳日計表 | 9,000 | | | |

### 売 掛 金

| 4/ 1 | 前期繰越 | 30,000 | 4/ 1 | 仕訳日計表 | 10,800 |
|---|---|---:|---|---|---:|
| 〃 | 仕訳日計表 | 6,000 | | | |

### 備　　品

| 4/ 1 | 前期繰越 | 8,000 | 4/ 1 | 仕訳日計表 | 800 |
|---|---|---:|---|---|---:|
| 〃 | 仕訳日計表 | 1,500 | | | |

### 未 払 金

| 4/ 1 | 仕訳日計表 | 1,200 | 4/ 1 | 前期繰越 | 1,200 |
|---|---|---:|---|---|---:|
| | | | 〃 | 仕訳日計表 | 1,500 |

## 補 助 元 帳
## 売 掛 金 元 帳

### 愛 知 商 店

| 4/ 1 | 前期繰越 | 20,000 | 4/ 1 | 入金伝票 | 5,000 |
|---|---|---:|---|---|---:|
| 〃 | 振替伝票 | 6,000 | | | |

### 三 重 商 店

| 4/ 1 | 前期繰越 | 10,000 | 4/ 1 | 入金伝票 | 3,000 |
|---|---|---:|---|---|---:|
| | | | 〃 | 振替伝票 | 2,800 |

**解説**

1 仕訳日計表の金額
　　現金勘定の借方は入金伝票の合計額なので，¥5,000 + ¥3,000 + ¥800 + ¥200 = ¥9,000
　　現金勘定の貸方は出金伝票の合計額なので，¥4,000 + ¥2,500 + ¥1,000 + ¥1,200 = ¥8,700
2 総勘定元帳には仕訳日計表から合計転記をするので，総勘定元帳の摘要欄は「仕訳日計表」となります。
3 補助元帳には各伝票から個別転記するので，補助元帳における人名勘定の摘要欄は各伝票名となります
　（伝票番号も記入することがあります）。

57

第 16 章

財務諸表

問題 16-1

## 合計残高試算表
### X1年6月30日

| 借方残高 | 借方合計 | 勘定科目 | 貸方合計 | 貸方残高 |
|---:|---:|:---:|---:|---:|
| 9,800 | 110,000 | 現　　　　　金 | 100,200 | |
| 42,800 | 284,300 | 当　座　預　金 | 241,500 | |
| 42,000 | 112,000 | 受　取　手　形 | 70,000 | |
| 131,600 | 394,900 | 売　　掛　　金 | 263,300 | |
| 72,000 | 72,000 | 繰　越　商　品 | | |
| 330,000 | 330,000 | 備　　　　　品 | | |
| | 60,000 | 支　払　手　形 | 87,500 | 27,500 |
| | 141,000 | 買　　掛　　金 | 218,300 | 77,300 |
| | 20,000 | 所　得　税　預　り　金 | 21,300 | 1,300 |
| | 40,000 | 借　　入　　金 | 100,000 | 60,000 |
| | | 備品減価償却累計額 | 80,000 | 80,000 |
| | | 資　　本　　金 | 200,000 | 200,000 |
| | | 繰　越　利　益　剰　余　金 | 140,000 | 140,000 |
| | 13,000 | 売　　　　　上 | 362,900 | 349,900 |
| 232,300 | 239,300 | 仕　　　　　入 | 7,000 | |
| 55,500 | 55,500 | 給　　　　　料 | | |
| 14,500 | 14,500 | 支　払　家　賃 | | |
| 5,500 | 5,500 | 支　払　利　息 | | |
| 936,000 | 1,892,000 | | 1,892,000 | 936,000 |

| | 売掛金明細表 | | | | 買掛金明細表 | |
|:---|---:|---:|:---|---:|---:|
| | 6月25日 | 6月30日 | | 6月25日 | 6月30日 |
| 青森商店 | ¥　60,000 | ¥（　66,200） | 福島商店 | ¥　20,000 | ¥（　35,500） |
| 八戸商店 | ¥　52,000 | ¥（　65,400） | 仙台商店 | ¥　23,000 | ¥（　41,800） |
| | ¥　112,000 | ¥（　131,600） | | ¥　43,000 | ¥（　77,300） |

解説

(1) 6月26日から30日までの諸取引を仕訳し，勘定科目ごとに，6月25日現在の合計試算表の金額に加算して合計欄を作成し，次いで残高欄の記入を行います。

(2) 6月26日から30日までの諸取引の仕訳

| | | | | | | | |
|:---|:---|:---|---:|:---|:---|:---|---:|
| 6月26日 | （借） | 売掛金（青森） | 12,000 | （貸） | 売　　　　　上 | | 21,000 |
| | | 売掛金（八戸） | 9,000 | | | | |
| | （借） | 当　座　預　金 | 20,000 | （貸） | 売掛金（八戸） | | 20,000 |
| 27日 | （借） | 仕　　　　　入 | 19,000 | （貸） | 買掛金（福島） | | 11,000 |
| | | | | | 買掛金（仙台） | | 8,000 |

58

|     |     |     |        |     |              |        |
|-----|-----|-----|--------|-----|--------------|--------|
|     | （借）| 受 取 手 形 | 22,000 | （貸）| 売掛金（青森） | 22,000 |
|     | （借）| 売 上 | 1,000 | （貸）| 売掛金（八戸） | 1,000 |
|     | （借）| 当 座 預 金 | 12,000 | （貸）| 受 取 手 形 | 12,000 |
| 28日 | （借）| 売掛金（青森） | 18,000 | （貸）| 売 上 | 31,000 |
|     |     | 売掛金（八戸） | 13,000 |     |              |        |
|     | （借）| 支 払 手 形 | 6,000 | （貸）| 当 座 預 金 | 6,000 |
|     | （借）| 給 料 | 11,500 | （貸）| 所得税預り金 | 1,300 |
|     |     |     |        |     | 現 金 | 10,200 |
| 29日 | （借）| 仕 入 | 20,500 | （貸）| 買掛金（福島） | 6,500 |
|     |     |     |        |     | 買掛金（仙台） | 14,000 |
|     | （借）| 支 払 家 賃 | 3,500 | （貸）| 当 座 預 金 | 3,500 |
|     | （借）| 買掛金（仙台） | 9,500 | （貸）| 支 払 手 形 | 9,500 |
|     | （借）| 借 入 金 | 40,000 | （貸）| 当 座 預 金 | 42,500 |
|     |     | 支 払 利 息 | 2,500 |     |              |        |
| 30日 | （借）| 売掛金（青森） | 10,500 | （貸）| 売 上 | 22,900 |
|     |     | 売掛金（八戸） | 12,400 |     |              |        |
|     | （借）| 仕 入 | 13,800 | （貸）| 買掛金（福島） | 7,500 |
|     |     |     |        |     | 買掛金（仙台） | 6,300 |
|     | （借）| 買掛金（福島） | 9,500 | （貸）| 当 座 預 金 | 9,500 |
|     | （借）| 当 座 預 金 | 12,300 | （貸）| 売掛金（青森） | 12,300 |
|     | （借）| 備 品 | 10,000 | （貸）| 現 金 | 10,000 |

(3) 売掛金元帳および買掛金元帳の記入

## 売 掛 金 元 帳

青森商店

| 6/25 |       |   | 60,000  | 6/27 | 受取手形 | 22,000  |
|------|-------|---|---------|------|----------|---------|
| 26   | 売     | 上 | 12,000  | 30   | 当座預金  | 12,300  |
| 28   | 売     | 上 | 18,000  | 〃   | 残 高     | 66,200  |
| 30   | 売     | 上 | 10,500  |      |          |         |
|      |       |   | 100,500 |      |          | 100,500 |

八戸商店

| 6/25 |       |   | 52,000 | 6/26 | 当座預金 | 20,000 |
|------|-------|---|--------|------|----------|--------|
| 26   | 売     | 上 | 9,000  | 27   | 売 上     | 1,000  |
| 28   | 売     | 上 | 13,000 | 30   | 残 高     | 65,400 |
| 30   | 売     | 上 | 12,400 |      |          |        |
|      |       |   | 86,400 |      |          | 86,400 |

## 買 掛 金 元 帳

福島商店

| 6/30 | 当座預金 |   | 9,500  | 6/25 |       |   | 20,000 |
|------|----------|---|--------|------|-------|---|--------|
| 〃   | 残 高     |   | 35,500 | 27   | 仕     | 入 | 11,000 |
|      |          |   |        | 29   | 仕     | 入 | 6,500  |
|      |          |   |        | 30   | 仕     | 入 | 7,500  |
|      |          |   | 45,000 |      |       |   | 45,000 |

仙台商店

| 6/29 | 支払手形 |   | 9,500  | 6/25 |       |   | 23,000 |
|------|----------|---|--------|------|-------|---|--------|
| 30   | 残 高     |   | 41,800 | 27   | 仕     | 入 | 8,000  |
|      |          |   |        | 29   | 仕     | 入 | 14,000 |
|      |          |   |        | 30   | 仕     | 入 | 6,300  |
|      |          |   | 51,300 |      |       |   | 51,300 |

問題 16-2

## 残 高 試 算 表
X8年8月31日

| 借　　方 | 勘 定 科 目 | 貸　　方 |
|---:|:---:|---:|
| 265,000 | 現　　　　　金 | |
| 822,000 | 当 座 預 金 | |
| 300,000 | 電 子 記 録 債 権 | |
| 422,000 | 売　　掛　　金 | |
| 289,000 | 繰 越 商 品 | |
| 30,000 | 前　　払　　金 | |
| 1,800,000 | 建　　　　　物 | |
| 1,200,000 | 土　　　　　地 | |
| | 電 子 記 録 債 務 | 130,000 |
| | 買　　掛　　金 | 355,000 |
| | 所 得 税 預 り 金 | 11,000 |
| | 社 会 保 険 料 預 り 金 | 20,000 |
| | 貸 倒 引 当 金 | 13,000 |
| | 建物減価償却累計額 | 997,500 |
| | 資　　本　　金 | 1,400,000 |
| | 繰 越 利 益 剰 余 金 | 820,000 |
| | 売　　　　　上 | 7,792,000 |
| 4,295,000 | 仕　　　　　入 | |
| 1,730,000 | 給　　　　　料 | |
| 109,000 | 水 道 光 熱 費 | |
| 46,000 | 通　　信　　費 | |
| 90,000 | 法 定 福 利 費 | |
| 37,500 | 減 価 償 却 費 | |
| 103,000 | そ の 他 費 用 | |
| 11,538,500 | | 11,538,500 |

### 解説

8月中の取引の仕訳は次のようになります。

| | | | | | | | | | |
|---|---|---|---|---:|---|---|---|---|---:|
| 2日 | （借） | 仕 | 入 | 165,000 | （貸） | 前　払　金 | | | 50,000 |
| | | | | | | 買　掛　金 | | | 115,000 |
| 3日 | （借） | 買　掛　金 | | 70,000 | （貸） | 電 子 記 録 債 務 | | | 70,000 |
| 8日 | （借） | 売　掛　金 | | 192,000 | （貸） | 売 | | 上 | 192,000 |
| 9日 | （借） | 所 得 税 預 り 金 | | 12,000 | （貸） | 現 | | 金 | 12,000 |
| 10日 | （借） | 電 子 記 録 債 権 | | 200,000 | （貸） | 売　掛　金 | | | 200,000 |
| 14日 | （借） | 当 座 預 金 | | 160,000 | （貸） | 売　掛　金 | | | 160,000 |
| 16日 | （借） | 買　掛　金 | | 110,000 | （貸） | 当 座 預 金 | | | 110,000 |

| 20日 | （借） | 給　　　　　料 | 260,000 | （貸） | 当　座　預　金 | 229,000 |
| | | | | | 所　得　税　預　り　金 | 11,000 |
| | | | | | 社会保険料預り金 | 20,000 |
| 21日 | （借） | 水　道　光　熱　費 | 13,000 | （貸） | 当　座　預　金 | 21,000 |
| | | 通　　信　　費 | 8,000 | | | |
| 24日 | （借） | 前　　払　　金 | 30,000 | （貸） | 現　　　　　金 | 30,000 |
| 28日 | （借） | 当　座　預　金 | 300,000 | （貸） | 電　子　記　録　債　権 | 300,000 |
| | （借） | 電　子　記　録　債　務 | 80,000 | （貸） | 当　座　預　金 | 80,000 |
| 30日 | （借） | 社会保険料預り金 | 18,000 | （貸） | 現　　　　　金 | 36,000 |
| | | 法　定　福　利　費 | 18,000 | | | |
| 31日 | （借） | 減　価　償　却　費 | 7,500 | （貸） | 建物減価償却累計額 | 7,500 |

７月31日の各勘定の残高に８月中の取引を加減して，８月31日の残高試算表を作成します。

**問題 16-3**

## 精 算 表

| 勘 定 科 目 | 残高試算表 借方 | 残高試算表 貸方 | 修正記入 借方 | 修正記入 貸方 | 損益計算書 借方 | 損益計算書 貸方 | 貸借対照表 借方 | 貸借対照表 貸方 |
|---|---|---|---|---|---|---|---|---|
| 現　　　　金 | 355,000 | | 3,000 | | | | 358,000 | |
| 当 座 預 金 | | 393,000 | 150,000 | | | | | |
| | | | 243,000 | | | | | |
| 電 子 記 録 債 権 | 400,000 | | | | | | 400,000 | |
| 売 　掛 　金 | 750,000 | | | 150,000 | | | 600,000 | |
| 繰 越 商 品 | 920,000 | | 838,000 | 920,000 | | | 838,000 | |
| 仮 　払 　金 | 40,000 | | | 40,000 | | | | |
| 仮 払 消 費 税 | 720,000 | | | 720,000 | | | | |
| 建　　　　物 | 2,400,000 | | | | | | 2,400,000 | |
| 土 　　　地 | 1,456,000 | | | | | | 1,456,000 | |
| 買 　掛 　金 | | 240,000 | | | | | | 240,000 |
| 借 　入 　金 | | 300,000 | | | | | | 300,000 |
| 仮 受 消 費 税 | | 980,000 | 980,000 | | | | | |
| 貸 倒 引 当 金 | | 18,000 | | 22,000 | | | | 40,000 |
| 建物減価償却累計額 | | 960,000 | | 80,000 | | | | 1,040,000 |
| 資 　本 　金 | | 1,500,000 | | | | | | 1,500,000 |
| 繰越利益剰余金 | | 1,034,000 | | | | | | 1,034,000 |
| 売 　　　上 | | 9,800,000 | | | | 9,800,000 | | |
| 仕 　　　入 | 7,200,000 | | | 7,200,000 | | | | |
| 給 　　　料 | 908,000 | | | | 908,000 | | | |
| 旅 費 交 通 費 | 49,000 | | 37,000 | | 86,000 | | | |
| 保 　険 　料 | 21,000 | | | 4,500 | 16,500 | | | |
| 支 払 利 息 | 6,000 | | 4,000 | | 10,000 | | | |
| | 15,225,000 | 15,225,000 | | | | | | |
| 当 座 借 越 | | | | 243,000 | | | | 243,000 |
| 貸倒引当金繰入 | | | 22,000 | | 22,000 | | | |
| 未 払 消 費 税 | | | | 260,000 | | | | 260,000 |
| 売 上 原 価 | | | 920,000 | 838,000 | 7,282,000 | | | |
| | | | 7,200,000 | | | | | |
| 減 価 償 却 費 | | | 80,000 | | 80,000 | | | |
| （前払）保険料 | | | 4,500 | | | | 4,500 | |
| （未払）利 息 | | | | 4,000 | | | | 4,000 |
| 当期純（利益） | | | | | 1,395,500 | | | 1,395,500 |
| | | | 10,481,500 | 10,481,500 | 9,800,000 | 9,800,000 | 6,056,500 | 6,056,500 |

（注）　損益計算書の売上原価￥7,282,000は，いずれかの行に書いてあればよい。

62

**解説**

仕訳は次のようになります。

| | | | | | | | |
|---|---|---|---|---|---|---|---|
| ① | (借) | 現　　　　　金 | 3,000 | (貸) | 仮　払　金 | 40,000 |
| | | 旅 費 交 通 費 | 37,000 | | | |
| ② | (借) | 当 座 預 金 | 150,000 | (貸) | 売　掛　金 | 150,000 |
| ③ | (借) | 当 座 預 金 | 243,000 | (貸) | 当 座 借 越 | 243,000 |

¥393,000 − ②¥150,000 ＝ ¥243,000

| | | | | | | | |
|---|---|---|---|---|---|---|---|
| ④ | (借) | 貸倒引当金繰入 | 22,000 | (貸) | 貸 倒 引 当 金 | 22,000 |

（¥400,000 ＋ ¥750,000 − ②¥150,000）× 4 ％ − ¥18,000 ＝ ¥22,000

| | | | | | | | |
|---|---|---|---|---|---|---|---|
| ⑤ | (借) | 仮 受 消 費 税 | 980,000 | (貸) | 仮 払 消 費 税 | 720,000 |
| | | | | | 未 払 消 費 税 | 260,000 |
| ⑥ | (借) | 売 上 原 価 | 920,000 | (貸) | 繰 越 商 品 | 920,000 |
| | (借) | 売 上 原 価 | 7,200,000 | (貸) | 仕　　　　　入 | 7,200,000 |
| | (借) | 繰 越 商 品 | 838,000 | (貸) | 売 上 原 価 | 838,000 |
| ⑦ | (借) | 減 価 償 却 費 | 80,000 | (貸) | 建物減価償却累計額 | 80,000 |
| ⑧ | (借) | 前 払 保 険 料 | 4,500 | (貸) | 保　険　料 | 4,500 |
| ⑨ | (借) | 支 払 利 息 | 4,000 | (貸) | 未 払 利 息 | 4,000 |

$$¥300,000 × 4 ％ × \frac{4 \text{カ月（X5年12月～X6年 3 月）}}{12\text{カ月}} ＝ ¥4,000$$

問題 16-4

### 精算表

| 勘定科目 | 残高試算表 借方 | 残高試算表 貸方 | 修正記入 借方 | 修正記入 貸方 | 損益計算書 借方 | 損益計算書 貸方 | 貸借対照表 借方 | 貸借対照表 貸方 |
|---|---|---|---|---|---|---|---|---|
| 現　　　　金 | 361,000 | | | | | | 361,000 | |
| 普通預金A銀行 | 2,352,000 | | | 1,000,400 | | | 1,351,600 | |
| 普通預金B銀行 | 515,000 | | 1,000,000 | | | | 1,515,000 | |
| 売　　掛　　金 | 900,000 | | | | | | 900,000 | |
| 繰　越　商　品 | 343,000 | | 237,000 | 343,000 | | | 237,000 | |
| 備　　　　品 | 900,000 | | | | | | 900,000 | |
| 土　　　　地 | 1,000,000 | | | 300,000 | | | 700,000 | |
| 買　　掛　　金 | | 280,000 | 25,000 | | | | | 255,000 |
| 未　　払　　金 | | 40,000 | | 10,000 | | | | 50,000 |
| 借　　入　　金 | | 600,000 | | | | | | 600,000 |
| 仮　　受　　金 | | 380,000 | 380,000 | | | | | |
| 貸　倒　引　当　金 | | 15,000 | | 12,000 | | | | 27,000 |
| 備品減価償却累計額 | | 345,000 | | 15,000 | | | | 360,000 |
| 資　　本　　金 | | 2,100,000 | | | | | | 2,100,000 |
| 繰越利益剰余金 | | 1,170,000 | | | | | | 1,170,000 |
| 売　　　　上 | | 9,250,000 | | | | 9,250,000 | | |
| 仕　　　　入 | 5,750,000 | | 343,000 | 25,000 | 5,831,000 | | | |
| | | | | 237,000 | | | | |
| 給　　　　料 | 780,000 | | 27,000 | | 807,000 | | | |
| 支　払　家　賃 | 980,000 | | | | 980,000 | | | |
| 旅　費　交　通　費 | 75,000 | | 10,000 | | 85,000 | | | |
| 支　払　手　数　料 | 4,000 | | 400 | | 4,400 | | | |
| 租　税　公　課 | 25,000 | | | 5,000 | 20,000 | | | |
| 減　価　償　却　費 | 165,000 | | 15,000 | | 180,000 | | | |
| 支　払　利　息 | 30,000 | | | 20,000 | 10,000 | | | |
| | 14,180,000 | 14,180,000 | | | | | | |
| 固定資産売却(益) | | | | 80,000 | | 80,000 | | |
| 貸倒引当金繰入 | | | 12,000 | | 12,000 | | | |
| 貯　　蔵　　品 | | | 5,000 | | | | 5,000 | |
| (未払)給　料 | | | | 27,000 | | | | 27,000 |
| (前払)利　息 | | | 20,000 | | | | 20,000 | |
| 当期純(利益) | | | | | 1,400,600 | | | 1,400,600 |
| | | | 2,074,400 | 2,074,400 | 9,330,000 | 9,330,000 | 5,989,600 | 5,989,600 |

(注)　損益計算書の仕入¥5,831,000は，いずれかの行に書いてあればよい。

**解説**

仕訳は次のようになります。

| | | | | | | | |
|---|---|---|---|---|---|---|---|
| ① | （借） | 普 通 預 金 B 銀 行 | 1,000,000 | （貸） | 普 通 預 金 A 銀 行 | 1,000,400 |
| | | 支 払 手 数 料 | 400 | | | |
| ② | （借） | 買 掛 金 | 25,000 | （貸） | 仕 入 | 25,000 |
| ③ | （借） | 仮 受 金 | 380,000 | （貸） | 土 地 | 300,000 |
| | | | | | 固定資産売却益 | 80,000 |
| ④ | （借） | 貸倒引当金繰入 | 12,000 | （貸） | 貸 倒 引 当 金 | 12,000 |

¥900,000×3％−¥15,000＝¥12,000

| | | | | | | | |
|---|---|---|---|---|---|---|---|
| ⑤ | （借） | 貯 蔵 品 | 5,000 | （貸） | 租 税 公 課 | 5,000 |
| ⑥ | （借） | 仕 入 | 343,000 | （貸） | 繰 越 商 品 | 343,000 |
| | （借） | 繰 越 商 品 | 237,000 | （貸） | 仕 入 | 237,000 |
| ⑦ | （借） | 減 価 償 却 費 | 15,000 | （貸） | 備品減価償却累計額 | 15,000 |

$$1 カ月分の減価償却費：¥900,000÷5年× \frac{1カ月}{12カ月} ＝¥15,000$$

| | | | | | | | |
|---|---|---|---|---|---|---|---|
| ⑧ | （借） | 給 料 | 27,000 | （貸） | 未 払 給 料 | 27,000 |
| ⑨ | （借） | 前 払 利 息 | 20,000 | （貸） | 支 払 利 息 | 20,000 |

$$¥30,000× \frac{8カ月（X8年4月～X8年11月）}{12カ月} ＝¥20,000$$

| | | | | | | | |
|---|---|---|---|---|---|---|---|
| ⑩ | （借） | 旅 費 交 通 費 | 10,000 | （貸） | 未 払 金 | 10,000 |

**問題 16−5**

### 貸 借 対 照 表
X8年3月31日　　　　　　　　　　　　　　　　　　（単位：円）

| | | | | |
|---|---|---|---|---|
| 現 金 | | ( 228,000) | 買 掛 金 | ( 774,000) |
| 当 座 預 金 | | (1,070,000) | 社会保険料預り金 | ( 15,000) |
| 電 子 記 録 債 権 | ( 352,000) | | 前 受 収 益 | ( 78,000) |
| 売 掛 金 | ( 248,000) | | （未払）費 用 | ( 15,000) |
| （貸倒引当金）△( 24,000) | ( 576,000) | 未 払 法 人 税 等 | ( 109,000) |
| 商 品 | | ( 290,000) | 資 本 金 | (2,500,000) |
| 貯 蔵 品 | | ( 4,000) | 繰越利益剰余金 | (2,127,000) |
| 建 物 | (2,000,000) | | | |
| 減価償却累計額 △( 300,000) | (1,700,000) | | |
| 備 品 | ( 400,000) | | | |
| 減価償却累計額 △( 150,000) | ( 250,000) | | |
| 土 地 | | (1,500,000) | | |
| | | (5,618,000) | | (5,618,000) |

65

## 損 益 計 算 書

X7年4月1日からX8年3月31日まで　　　　　（単位：円）

| | | | | |
|---|---|---|---|---|
| 売 上 原 価 | （7,516,000） | 売 上 高 | （9,195,000） |
| 給 料 | （ 620,000） | 受 取 手 数 料 | （ 353,000） |
| 広 告 宣 伝 費 | （ 125,000） | | |
| 水 道 光 熱 費 | （ 49,000） | | |
| 通 信 費 | （ 56,000） | | |
| 法 定 福 利 費 | （ 175,000） | | |
| 貸倒引当金繰入 | （ 10,000） | | |
| 減 価 償 却 費 | （ 150,000） | | |
| 雑 （ 損 ） | （ 1,000） | | |
| 法人税, 住民税及び事業税 | （ 229,000） | | |
| 当 期 純 （利益） | （ 617,000） | | |
| | （9,548,000） | | （9,548,000） |

**解説**

仕訳は次のようになります。

① （借）水 道 光 熱 費　　12,000　　（貸）現　　　　金　　13,000
　　　　雑　　　損　　　 1,000

② （借）当 座 預 金　　155,000　　（貸）売 掛 金　　155,000

③ （借）貸倒引当金繰入　　10,000　　（貸）貸 倒 引 当 金　　10,000
　　（¥352,000＋¥403,000－②¥155,000）×4％－¥14,000＝¥10,000

④ （借）仕　　　　　入　　330,000　　（貸）繰 越 商 品　　330,000
　（借）繰 越 商 品　　290,000　　（貸）仕　　　　　入　　290,000
　　　売上原価：期首商品棚卸高¥330,000＋当期仕入高¥7,476,000－期末商品棚卸高¥290,000
　　　　　　＝¥7,516,000

⑤ （借）減 価 償 却 費　　150,000　　（貸）建物減価償却累計額　　50,000
　　　　　　　　　　　　　　　　　　　　　　備品減価償却累計額　　100,000
　　　建物：（¥2,000,000－¥0）÷40年＝¥50,000
　　　備品：（¥400,000－¥0）÷4年＝¥100,000

⑥ （借）貯 蔵 品　　4,000　　（貸）通 信 費　　4,000

⑦ （借）受 取 手 数 料　　78,000　　（貸）前 受 手 数 料　　78,000
　　　貸借対照表では，前受手数料は前受収益と表示します。

⑧ （借）法 定 福 利 費　　15,000　　（貸）未払法定福利費　　15,000
　　　貸借対照表では，未払法定福利費は未払費用と表示します。

⑨ （借）法人税, 住民税及 び 事業税　　229,000　　（貸）仮 払 法 人 税 等　　120,000
　　　　　　　　　　　　　　　　　　　　　未 払 法 人 税 等　　109,000

　　　繰越利益剰余金：¥1,510,000（決算整理前残高試算表）＋¥617,000（当期純利益）＝¥2,127,000

**問題 16−6**

## 貸 借 対 照 表
X8年3月31日　　　　　　　　　　　　　　　　　　　（単位：円）

| | | | | |
|---|---|---|---|---|
| 現　　　　　金 | （　154,000） | 買　　掛　　金 | | （　600,000） |
| 売　掛　金　（　620,000） | | 前　　受　　金 | | （　25,000） |
| （貸倒引当金）△（　31,000） | （　589,000） | 未 払 消 費 税 | | （　150,000） |
| 商　　　　　品 | （　458,000） | 未　払　費　用 | | （　33,000） |
| 未　収　収　益 | （　14,000） | 借　　入　　金 | | （　183,000） |
| 建　　　　　物　（3,000,000） | | 資　　本　　金 | | （3,300,000） |
| 減価償却累計額△（　900,000） | （2,100,000） | 繰越利益剰余金 | | （2,090,000） |
| 備　　　　　品　（　600,000） | | | | |
| 減価償却累計額△（　360,000） | （　240,000） | | | |
| 土　　　　　地 | （2,826,000） | | | |
| | （6,381,000） | | | （6,381,000） |

## 損 益 計 算 書
X7年4月1日から X8年3月31日まで　　　　　　　　　（単位：円）

| | | | |
|---|---|---|---|
| 売　上　原　価 | （3,652,000） | 売　　上　　高 | （5,175,000） |
| 給　　　　　料 | （　973,000） | 受 取 手 数 料 | （　134,000） |
| 広 告 宣 伝 費 | （　140,000） | | |
| 水 道 光 熱 費 | （　151,000） | | |
| 貸倒引当金繰入 | （　21,000） | | |
| 減 価 償 却 費 | （　220,000） | | |
| 当期純（利益） | （　152,000） | | |
| | （5,309,000） | | （5,309,000） |

**解説**

仕訳は次のようになります。

① （借）買　　掛　　金　110,000　（貸）現　　　　　金　110,000
② （借）当　座　預　金　183,000　（貸）借　　入　　金　183,000
③ （借）売　　　　　上　25,000　（貸）前　　受　　金　25,000
④ （借）仮　　受　　金　39,000　（貸）売　　掛　　金　39,000
⑤ （借）貸倒引当金繰入　21,000　（貸）貸 倒 引 当 金　21,000
　　　（¥659,000−④¥39,000）× 5 ％−¥10,000 ＝¥21,000
⑥ （借）仮 受 消 費 税　520,000　（貸）仮 払 消 費 税　370,000
　　　　　　　　　　　　　　　　　　　　未 払 消 費 税　150,000
⑦ （借）仕　　　　　入　410,000　（貸）繰 越 商 品　410,000
　　（借）繰 越 商 品　458,000　（貸）仕　　　　　入　458,000
　　　売上原価：期首商品棚卸高¥410,000＋当期仕入高¥3,700,000−期末商品棚卸高¥458,000
　　　　　　　＝¥3,652,000
⑧ （借）減 価 償 却 費　220,000　（貸）建物減価償却累計額　100,000
　　　　　　　　　　　　　　　　　　　　備品減価償却累計額　120,000
　　　建物：（¥3,000,000−¥0）÷30年 ＝¥100,000
　　　備品：（¥600,000−¥0）÷ 5 年 ＝¥120,000
⑨ （借）未 収 手 数 料　14,000　（貸）受 取 手 数 料　14,000
　　貸借対照表では，未収手数料は未収収益と表示します。

⑩　（借）給　　　　料　　33,000　（貸）未　払　給　料　　　　33,000

　　貸借対照表では，未払給料は未払費用と表示します。

　　繰越利益剰余金：¥1,938,000（決算整理前残高試算表）＋¥152,000（当期純利益）＝¥2,090,000

## 問題 16−7
問 1

### 決算整理後残高試算表
X9年 3 月31日

| 借　　方 | 勘 定 科 目 | 貸　　方 |
|---:|:---:|---:|
| 475,000 | 現　　　　　金 | |
| 1,476,000 | 当 座 預 金 | |
| 1,573,000 | 普 通 預 金 | |
| 1,150,000 | 売 　掛 　金 | |
| 660,000 | 繰 越 商 品 | |
| 17,000 | 貯 　蔵 　品 | |
| 60,000 | （前 払）保 険 料 | |
| 800,000 | 備　　　　　品 | |
| | 買 　掛 　金 | 451,000 |
| | 借 　入 　金 | 800,000 |
| | 貸 倒 引 当 金 | 46,000 |
| | 備品減価償却累計額 | 325,000 |
| | （未 払）利 息 | 6,400 |
| | 未 払 消 費 税 | 330,000 |
| | 未 払 法 人 税 等 | 186,000 |
| | 資 　本 　金 | 2,000,000 |
| | 繰 越 利 益 剰 余 金 | 872,000 |
| | 売　　　　　上 | 7,800,000 |
| | 受 取 手 数 料 | 352,000 |
| 4,540,000 | 仕　　　　　入 | |
| 1,460,000 | 給　　　　　料 | |
| 278,000 | 租 　税 　公 　課 | |
| 120,000 | 保 　険 　料 | |
| 36,000 | 貸倒引当金繰入 | |
| 175,000 | 減 価 償 却 費 | |
| 38,400 | 支 　払 　利 　息 | |
| 2,000 | 雑 （ 損 ） | |
| 308,000 | 法人税, 住民税及び事業税 | |
| 13,168,400 | | 13,168,400 |

問 2　¥（1,194,600）

68

**解説**

問1

仕訳は次のようになります。

| | | | | | | |
|---|---|---|---|---|---|---|
| ① | （借）普 通 預 金 | 300,000 | （貸）売 掛 金 | 300,000 | | |
| ② | （借）雑 損 | 2,000 | （貸）現 金 | 2,000 | | |
| ③ | （借）貸倒引当金繰入 | 36,000 | （貸）貸 倒 引 当 金 | 36,000 | | |

（¥1,450,000 − ①¥300,000）× 4 % − ¥10,000 = ¥36,000

| | | | | | | |
|---|---|---|---|---|---|---|
| ④ | （借）仮 受 消 費 税 | 780,000 | （貸）仮 払 消 費 税 | 450,000 | | |
| | | | 未 払 消 費 税 | 330,000 | | |
| ⑤ | （借）仕 入 | 700,000 | （貸）繰 越 商 品 | 700,000 | | |
| | （借）繰 越 商 品 | 660,000 | （貸）仕 入 | 660,000 | | |
| ⑥ | （借）減 価 償 却 費 | 175,000 | （貸）備品減価償却累計額 | 175,000 | | |

既存分：（¥600,000 − ¥0）÷ 4 年 = ¥150,000

新規分：（¥200,000 − ¥0）÷ 4 年 × $\dfrac{6\,カ月}{12カ月}$ = ¥25,000

| | | | | | | |
|---|---|---|---|---|---|---|
| ⑦ | （借）貯 蔵 品 | 17,000 | （貸）租 税 公 課 | 17,000 | | |
| ⑧ | （借）前 払 保 険 料 | 60,000 | （貸）保 険 料 | 60,000 | | |
| ⑨ | （借）支 払 利 息 | 6,400 | （貸）未 払 利 息 | 6,400 | | |

¥800,000 × 2.4 % × $\dfrac{4\,カ月（X8年12月～X9年 3 月）}{12カ月}$ = ¥6,400

| | | | | | | |
|---|---|---|---|---|---|---|
| ⑩ | （借）法人税, 住民税<br>及 び 事 業 税 | 308,000 | （貸）仮 払 法 人 税 等 | 122,000 | | |
| | | | 未 払 法 人 税 等 | 186,000 | | |

問2　決算整理後の収益合計は¥8,152,000，費用と法人税, 住民税及び事業税の合計は¥6,957,400なので，
　　当期純利益は¥1,194,600となります。

第 **17** 章
**総合模擬問題(1)**

**問題 17−1** （45点）

| | 借 方 科 目 | 金 額 | 貸 方 科 目 | 金 額 |
|---|---|---|---|---|
| ① | オ<br>カ | 6,000<br>800 | ア | 6,800 |
| ② | カ<br>オ | 355,000<br>5,000 | エ<br>イ | 355,000<br>5,000 |
| ③ | イ<br>カ | 150,000<br>150,000 | ア | 300,000 |
| ④ | カ | 505,000 | エ<br>ア | 500,000<br>5,000 |
| ⑤ | ア | 1,005,600 | ウ<br>オ | 1,000,000<br>5,600 |
| ⑥ | ウ<br>カ | 800,000<br>200,000 | イ | 1,000,000 |

| ⑦ | ウ | 100,000 | ア | 100,000 |
|---|---|---|---|---|
| ⑧ | イ | 200,000 | ウ | 200,000 |
| ⑨ | イ | 4,200,000 | エ | 4,200,000 |
| ⑩ | カ | 1,800 | ア | 1,800 |
| ⑪ | ア<br>カ | 240,000<br>160,000 | ウ | 400,000 |
| ⑫ | ア | 40,000 | エ | 40,000 |
| ⑬ | カ | 450,000 | イ<br>ウ | 90,000<br>360,000 |
| ⑭ | ウ | 250,000 | ア | 250,000 |
| ⑮ | ア | 884,400 | オ<br>エ | 804,000<br>80,400 |

仕訳1組につき3点。合計45点。

**解説**

① 収入印紙の購入代金は租税公課で，郵便切手の購入代金は通信費で処理します。

② 送料を含めた合計額￥355,000で売掛金と売上の計上をします。送料は発送費で処理し，その支払義務は未払金で処理します。

③ 従業員から源泉徴収した分は社会保険料預り金で，会社負担分は法定福利費で処理します。

④ 商品購入に伴う当社負担の引取運賃は，商品の取得原価に含めます。

⑤ 貸付金から生じた利息は受取利息で処理します。受取利息は￥1,000,000×1.4%×$\frac{146日}{365日}$＝￥5,600になります。

⑥ 有形固定資産を購入した後に，その有形固定資産について金銭を支出することがあります。有形固定資産の価値が増加する，または耐用年数が延長するような資本的支出の場合は，その支出額を取得原価に加えます。一方，通常予定される修理や保守のための収益的支出の場合は，修繕費で処理します。

⑦ 掛売上した商品が返品されたので，掛売上時の逆仕訳を行います。

⑧ 電子債権記録機関に債権の発生記録を請求したときは，売掛金を電子記録債権に振り替えます。

⑨ 増資にさいして，株主からの払込額は資本金で処理します。

⑩ 帳簿残高より実際有高が￥1,800少ないので，現金勘定の貸方に記帳し，帳簿上の現金残高を￥1,800減少させて，帳簿残高と実際有高を一致させます。借方は現金過不足とします。

⑪ 契約時に支払っていた敷金（保証金）は，差入保証金として借方計上されているので，これを貸方記帳します。修繕にかかった費用は修繕費で処理します。

⑫ 当期において，過年度に貸倒れとして処理した債権の一部または全部を回収したときは，償却債権取立益で処理します。

⑬ 注文時に支払った手付金は，前払金として借方計上されているので，これを相殺します。

⑭ 中間納付した法人税，住民税及び事業税は，仮払法人税等で処理します。

⑮ 商品の売上に伴う消費税は，仮受消費税で処理します。

## 問題 17-2 (20点)

(1)

| (ア) | (イ) | (ウ) | (エ) | (オ) |
|---|---|---|---|---|
| 8,330,000 | 501,000 | 繰越利益剰余金 | 1,169,000 | 1,150,000 |

(2)

問1

| 補助簿\日付 | 現金出納帳 | 当座預金出納帳 | 商品有高帳 | 売掛金(得意先)元帳 | 買掛金(仕入先)元帳 | 受取手形記入帳 | 支払手形記入帳 | 仕入帳 | 売上帳 | 固定資産台帳 |
|---|---|---|---|---|---|---|---|---|---|---|
| 1日 |  | ○ |  |  |  |  |  |  |  | ○ |
| 7日 |  |  | ○ | ○ |  |  |  |  | ○ |  |
| 15日 | ○ |  | ○ |  | ○ |  | ○ | ○ |  |  |
| 21日 |  | ○ |  | ○ |  | ○ |  |  |  |  |

問2　¥ ( 10,000 )

☐1つにつき2点。合計20点。

### 解説

(1)

① 損益勘定

売上勘定の残高：¥12,600,000（総売上高）－¥80,000（売上戻り高）＝¥12,520,000

収益合計：¥12,520,000（純売上高）＋¥200,000（受取手数料）＝¥12,720,000

仕入勘定の残高：¥650,000（決算整理前の繰越商品勘定残高）＋¥8,400,000（決算整理前の仕入勘定残高）－¥720,000（期末商品棚卸高）＝¥8,330,000

費用合計：¥8,330,000（仕入）＋¥2,200,000（給料）＋¥40,000（貸倒引当金繰入）＋¥300,000（減価償却費）＋¥180,000（水道光熱費）＝¥11,050,000

法人税，住民税及び事業税：（¥12,720,000－¥11,050,000）×30％＝¥501,000

当期純利益：¥12,720,000－¥11,050,000－¥501,000＝¥1,169,000

当期純利益¥1,169,000を繰越利益剰余金勘定に振り替える仕訳は，次のようになります。

　　（借）損　　　　益　1,169,000　（貸）繰越利益剰余金　1,169,000

② 繰越利益剰余金勘定

4/1の前期繰越（オ）－6/25の配当支払額¥500,000－6/25の利益準備金積立額¥50,000＝決算整理前¥600,000（資料8.）という関係になります。したがって，4/1の前期繰越（オ）＝¥600,000＋¥500,000＋¥50,000＝¥1,150,000になります。

資料にある勘定の転記面を示すと，次のようになります。

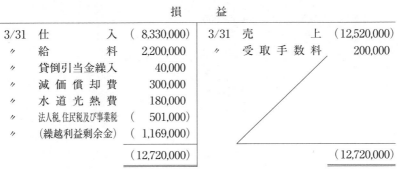

繰越利益剰余金

| | | | | | | |
|---|---|---|---|---|---|---|
| 6/25 | 未 払 配 当 金 | 500,000 | 4/ 1 | 前 期 繰 越 | ( 1,150,000) |
| 〃 | 利 益 準 備 金 | 50,000 | 3/31 | (損　　　　益) | ( 1,169,000) |
| 3/31 | 次 期 繰 越 | ( 1,769,000) | | | |
| | | ( 2,319,000) | | | ( 2,319,000) |

(2)

**問1** 指示された各取引日の仕訳を示すと次のようになります。補助簿への記入は，仕訳をするとわかりやすいです。なお，商品有高帳への記入は，商品の仕入・売上時のほか，仕入返品，売上戻りの際にも行われ，すべて原価による記入となるため売上時の記入に売価を用いないよう注意してください。

1 日　（借）　土　　　地（固定資産台帳）　　4,000,000　　（貸）　当座預金（当座預金出納帳）　　7,000,000
　　　　　　　　建　　　物（固定資産台帳）　　3,000,000

7 日　（借）　売　　　上（売上帳・商品有高帳）　　20,000　　（貸）　売 掛 金（売掛金元帳）　　20,000
　　　　　　　　※商品有高帳の記入は，原価分のみ。

15 日　（借）　仕　　　入（仕入帳・商品有高帳）　460,000　　（貸）　支払手形（支払手形記入帳）　225,000
　　　　　　　　　　　　　　　　　　　　　　　　　　　　　　　買 掛 金（買掛金元帳）　　225,000
　　　　　　　　　　　　　　　　　　　　　　　　　　　　　　　現　　　金（現金出納帳）　　10,000

21 日　（借）　当座預金（当座預金出納帳）　500,000　　（貸）　受取手形（受取手形記入帳）　500,000
　　　（借）　当座預金（当座預金出納帳）　700,000　　（貸）　売 掛 金（売掛金元帳）　700,000

**問2**　減価償却費：￥$3,000,000 \div 25$年$\times \dfrac{1 \text{カ月}}{12 \text{カ月}} = $ ￥10,000

　　　（借）　減 価 償 却 費　　　　10,000　　（貸）　建物減価償却累計額　　10,000

**問題 17-3**　(35点)

貸 借 対 照 表
X8年 3 月31日　　　　　　　　　　　　　　（単位：円）

| | | | | |
|---|---|---|---|---|
| 現　　　　　金 | ( 420,500) | 買　　掛　　金 | 1,065,000 |
| 当 座 預 金 | ( 2,550,000) | 未 払 消 費 税 | ( 880,000) |
| 普 通 預 金 | ( 5,000,000) | 未 払 法 人 税 等 | ( 600,000) |
| 売 掛 金 ( 800,000) | | 借　　入　　金 | 5,000,000 |
| (貸倒引当金) △( 8,000) | ( 792,000) | 資　　本　　金 | 7,800,000 |
| 商　　　　品 | ( 650,000) | 利 益 準 備 金 | 600,000 |
| 貯　蔵　品 | ( 30,000) | 繰越利益剰余金 | ( 3,279,500) |
| 前 払 (費用) | ( 80,000) | | |
| 未 収 (収益) | ( 12,000) | | |
| 貸　付　金 | ( 2,000,000) | | |
| 建　　　　物 ( 4,500,000) | | | |
| 減価償却累計額 △(2,850,000) | ( 1,650,000) | | |
| 備　　　　品 ( 800,000) | | | |
| 減価償却累計額 △( 560,000) | ( 240,000) | | |
| 土　　　　地 | 5,800,000 | | |
| | (19,224,500) | | (19,224,500) |

72

## 損 益 計 算 書

X7年4月1日から X8年3月31日まで　　　　　（単位：円）

| | | | | |
|---|---:|---|---:|---|
| 売 上 原 価 | (10,350,000) | 売　　上　　高 | (19,000,000) | |
| 給　　　料 | 3,480,000 | 受 取 手 数 料 | ( 203,000) | |
| 旅 費 交 通 費 | ( 561,500) | 受 取 利 息 | ( 12,000) | |
| 保　険　料 | ( 240,000) | | | |
| 水 道 光 熱 費 | 300,000 | | | |
| 通　信　費 | ( 120,000) | | | |
| 租 税 公 課 | ( 220,000) | | | |
| 貸倒引当金繰入 | ( 3,000) | | | |
| 減 価 償 却 費 | ( 310,000) | | | |
| 支 払 利 息 | 100,000 | | | |
| 雑 （ 損 ） | ( 1,000) | | | |
| 法人税,住民税及び事業税 | 950,000 | | | |
| 当期純（利益） | ( 2,579,500) | | | |
| | (19,215,000) | | (19,215,000) | |

□1つにつき3点。 ⬚1つにつき2点。合計35点。

**解説**

決算整理事項等の仕訳は次のとおりです。

1．（借）当 座 預 金　　200,000　（貸）売　掛　金　　200,000
2．（借）通　信　費　　 20,000　（貸）現 金 過 不 足　　18,000
　　　　雑　　　損　　　 1,000　　　　受 取 手 数 料　　 3,000

　　　未記帳の通信費￥20,000を借方に，受取手数料￥3,000を貸方に記帳します。原因が判明した現金の不足分は￥20,000－￥3,000＝￥17,000です。したがって，雑損の金額は￥18,000－￥17,000＝￥1,000になります。

3．（借）貸倒引当金繰入　　 3,000　（貸）貸 倒 引 当 金　　 3,000
　　　売掛金の期末残高：￥1,000,000－￥200,000（上記1．）＝￥800,000
　　　貸倒引当金繰入：￥800,000×1％－￥5,000（貸倒引当金残高）＝￥3,000

4．（借）現　　　金　　　 8,500　（貸）仮　払　金　　 70,000
　　　　旅 費 交 通 費　 61,500

5．（借）仕　　　入　　 800,000　（貸）繰 越 商 品　　800,000
　　（借）繰 越 商 品　　650,000　（貸）仕　　　入　　650,000

6．（借）減 価 償 却 費　 310,000　（貸）建物減価償却累計額　150,000
　　　　　　　　　　　　　　　　　　　備品減価償却累計額　160,000

　　　建物分：（￥4,500,000－￥0）÷30年＝￥150,000

　　　備品分：（￥800,000－￥0）÷5年＝￥160,000

7．（借）貯 蔵 品　　 30,000　（貸）租 税 公 課　　 30,000

8．（借）前 払 保 険 料　 80,000　（貸）保　険　料　　 80,000
　　　貸借対照表では，前払保険料は前払費用と表示されます。

9．（借）未 収 利 息　　 12,000　（貸）受 取 利 息　　 12,000
　　　12月から3月までの4カ月分が未収利息となります。

　　　未収利息：$¥2,000,000 \times 1.8\% \times \dfrac{4カ月}{12カ月} = ¥12,000$

　　　貸借対照表では，未収利息は未収収益と表示されます。

| | | | | | |
|---|---|---|---|---|---|
| 10. | （借） | 仮受消費税 | 1,900,000 | （貸）仮払消費税 | 1,020,000 |
| | | | | 未払消費税 | 880,000 |
| 11. | （借） | 法人税, 住民税及び事業税 | 950,000 | （貸）仮払法人税等 | 350,000 |
| | | | | 未払法人税等 | 600,000 |

（参考）
貸借対照表の繰越利益剰余金：¥700,000（決算整理前残高試算表）＋¥2,579,500（当期純利益）＝¥3,279,500

# 第18章 総合模擬問題(2)

**問題 18-1** （45点）

| | 借方科目 | 金額 | 貸方科目 | 金額 |
|---|---|---|---|---|
| ① | エ | 150,000 | カ | 150,000 |
| ② | ア | 3,952,000 | エ | 4,000,000 |
| | オ | 48,000 | | |
| ③ | オ | 800,000 | ウ | 30,000 |
| | | | ア | 45,000 |
| | | | エ | 100,000 |
| | | | イ | 625,000 |
| ④ | ウ | 400,000 | オ | 400,000 |
| | カ | 5,000 | ア | 5,000 |
| ⑤ | オ | 900,000 | ウ | 990,000 |
| | イ | 90,000 | | |
| ⑥ | イ | 860,000 | エ | 850,000 |
| | | | ア | 10,000 |
| ⑦ | イ | 291,000 | オ | 300,000 |
| | カ | 9,000 | | |
| ⑧ | オ | 200,000 | イ | 200,000 |
| ⑨ | カ | 220,000 | ウ | 200,000 |
| | | | オ | 20,000 |
| ⑩ | エ | 600,000 | イ | 600,000 |
| ⑪ | エ | 2,970,000 | ウ | 3,300,000 |
| | イ | 350,000 | オ | 20,000 |
| ⑫ | ウ | 400,000 | イ | 700,000 |
| | カ | 300,000 | | |
| ⑬ | オ | 110,000 | カ | 550,000 |
| | イ | 440,000 | | |
| ⑭ | カ | 400,000 | ウ | 400,000 |
| ⑮ | イ | 500,000 | エ | 552,750 |
| | カ | 2,500 | | |
| | ウ | 50,250 | | |

仕訳1組につき3点　合計45点。

**解説**

① 商品代金を市町村発行などの商品券で受け取った場合には，受取商品券で処理します。

② 約束手形を振り出して借入れを行ったときは，手形借入金で処理します。

支払利息は，￥4,000,000×3％×$\frac{146日}{365日}$＝￥48,000になります。

③ 従業員給料の支給時に源泉徴収した所得税は所得税預り金，住民税は住民税預り金，健康保険等の社会保険料は社会保険料預り金で処理します。

④ 商品売上のさいに生じる当社負担の発送費は，発送費で処理します。

⑤ 仕入時に消費税課税を含む場合の処理は，本体価格を仕入とし，消費税は仮払消費税で処理します。また，代金支払いの勘定（本問は買掛金）は消費税を含む金額となります。

⑥ 商品陳列棚は備品で処理します。商品以外の購入代金で取引日後に支払いを行う（翌月払いなど）場合には，未払金で処理します。購入にともない生じた引取費などの付随費用は取得原価に含めます。

⑦ クレジット払いによる販売代金はクレジット売掛金とし，信販会社への手数料は支払手数料とします。

⑧ 電子記録債務の支払期日には，その支払いが行われるため電子記録債務が減少（借方に記入）します。

⑨ 株主総会で剰余金の配当および利益準備金の積立てが承認された場合には，配当金と利益準備金積立額の合計額が繰越利益剰余金から減少するため借方に記入し，配当金は支払いが決議された時点で支払義務が生じるため未払配当金として負債処理し，利益準備金積立額は利益準備金として処理します。

⑩ 買掛金を支払ったときは，買掛金が減少（借方に記入）し，小切手を振り出して支払いとあるので，当座預金の減少（貸方に記入）として処理します。

⑪ 帳簿価額￥330,000（＝￥3,300,000－￥2,970,000）の車両運搬具を￥350,000で売却したため，固定資産売却益が￥20,000発生します。

⑫ 得意先の倒産による貸倒れの場合，債権（売掛金など）を減少させるため貸方に記入します。

借方は貸倒引当金を残高の範囲で減少させる記入を行い，引当金の不足額は貸倒損失としてその期の損失に計上します。なお，当期の販売により発生した債権が貸倒れになる場合は，債権減少額を貸倒損失として全額費用処理します。

⑬ 売上の前に受け取った手付金は，前受金として処理されています。売上時には，受け取ってある前受金を債務から消去するため借方に記入し，掛代金は売掛金とします。

⑭ 当期純利益は損益勘定で計算され，損益勘定の借方から繰越利益剰余金勘定の貸方への振替仕訳を行います（資本振替仕訳）。当期純利益は，収益総額から費用総額（記載がある場合には法人税等を加算する）を差し引いた金額となります。

⑮ 事務使用の物品で￥100,000以上は備品，それ未満は消耗品費として処理します。また，購入時にかかる消費税は消耗品費などの費用にも課税され，仮払消費税として処理します。

**問題 18-2** (20点)

(1)

| ① | ② | ③ | ④ | ⑤ |
|---|---|---|---|---|
| 6,000 | 18,000 | 損益 | 前期繰越 | 12,000 |

各2点。計10点。

(2)

| ① | ② | ③ | ④ | ⑤ |
|---|---|---|---|---|
| カ | サ | ウ | ク | コ |

各2点，計10点。合計20点。

**解説**

(1) 各期日の仕訳は次のようになります。

X7年3月31日（前期末）

未収利息の計上が次のように行われています。

（借）未 収 利 息　6,000　（貸）受 取 利 息　6,000

未収利息：$¥1,000,000 \times 1.8\% \times \dfrac{4\text{カ月（X6年12月～X7年3月）}}{12\text{カ月}} = ¥6,000$

X7年4月1日（当期首）

再振替仕訳を行います。

（借）受 取 利 息　6,000　（貸）未 収 利 息　6,000

X7年11月30日

（借）普 通 預 金　1,018,000　（貸）貸 付 金　1,000,000
　　　　　　　　　　　　　　　　　　受 取 利 息　18,000

受取利息：$¥1,000,000 \times 1.8\% = ¥18,000$

X8年1月1日

（借）貸 付 金　3,000,000　（貸）普 通 預 金　3,000,000

X8年3月31日（当期末）

（借）未 収 利 息　12,000　（貸）受 取 利 息　12,000

未収利息：$¥3,000,000 \times 1.6\% \times \dfrac{3\text{カ月（X8年1月～3月）}}{12\text{カ月}} = ¥12,000$

受取利息勘定の残高¥24,000を損益勘定に振り替えて締め切ります。

（借）受 取 利 息　24,000　（貸）損　　益　24,000

未収利息勘定は，次期繰越と記入して締め切ります。

資料にある勘定の転記面を示すと，次のようになります。

受 取 利 息

| （4/ 1）（未 収 利 息）（ 6,000） | （11/30）（普 通 預 金）（ 18,000） |
|---|---|
| （3/31）（損　　　　益）（ 24,000） | （3/31）（未 収 利 息）（ 12,000） |
| （ 30,000） | （ 30,000） |

未 収 利 息

| 4/ 1（前 期 繰 越）（ 6,000） | 4/ 1（受 取 利 息）（ 6,000） |
|---|---|
| 3/31（受 取 利 息）（ 12,000） | 3/31（次 期 繰 越）（ 12,000） |
| （ 18,000） | （ 18,000） |

問題 18-3 (35点)

## 精 算 表

| 勘 定 科 目 | 残高試算表 借方 | 残高試算表 貸方 | 修正記入 借方 | 修正記入 貸方 | 損益計算書 借方 | 損益計算書 貸方 | 貸借対照表 借方 | 貸借対照表 貸方 |
|---|---|---|---|---|---|---|---|---|
| 現　　　　金 | 980,000 | | 500 | 2,500 | | | 978,000 | |
| 普 通 預 金 | 10,061,000 | | | | | | 10,061,000 | |
| 売 　掛　 金 | 2,700,000 | | | 300,000 | | | 2,400,000 | |
| 繰 越 商 品 | 2,080,000 | | 2,420,000 | 2,080,000 | | | 2,420,000 | |
| 仮払法人税等 | 350,000 | | | 350,000 | | | | |
| 仮 払 消 費 税 | 2,360,000 | | | 2,360,000 | | | | |
| 備　　　　品 | 4,600,000 | | | | | | 4,600,000 | |
| 買 　掛　 金 | | 2,140,000 | | | | | | 2,140,000 |
| 借 　入　 金 | | 5,000,000 | | | | | | 5,000,000 |
| 仮 　受　 金 | | 300,000 | 300,000 | | | | | |
| 仮 受 消 費 税 | | 3,480,000 | 3,480,000 | | | | | |
| 貸 倒 引 当 金 | | 20,000 | | 4,000 | | | | 24,000 |
| 備品減価償却累計額 | | 1,155,000 | | 440,000 | | | | 1,595,000 |
| 資 　本　 金 | | 7,300,000 | | | | | | 7,300,000 |
| 繰越利益剰余金 | | 1,500,000 | | | | | | 1,500,000 |
| 売　　　　上 | | 34,800,000 | | | | 34,800,000 | | |
| 受 取 手 数 料 | | 140,000 | 20,000 | | | 120,000 | | |
| 仕 　　　　入 | 20,600,000 | | 2,080,000 | 2,420,000 | 20,260,000 | | | |
| 支 払 家 賃 | 2,784,000 | | | 696,000 | 2,088,000 | | | |
| 租 税 公 課 | 420,000 | | 2,500 | 5,000 | 417,500 | | | |
| そ の 他 費 用 | 8,900,000 | | | | 8,900,000 | | | |
| | 55,835,000 | 55,835,000 | | | | | | |
| 雑　（　益　） | | | | 500 | | 500 | | |
| 貸倒引当金繰入 | | | 4,000 | | 4,000 | | | |
| 減 価 償 却 費 | | | 440,000 | | 440,000 | | | |
| 貯 　蔵　 品 | | | 5,000 | | | | 5,000 | |
| 支 払 利 息 | | | 50,000 | | 50,000 | | | |
| （未払）消費税 | | | | 1,120,000 | | | | 1,120,000 |
| 前 払 家 賃 | | | 696,000 | | | | 696,000 | |
| （未払）利 息 | | | | 50,000 | | | | 50,000 |
| （前受）手数料 | | | | 20,000 | | | | 20,000 |
| 未払法人税等 | | | | 450,000 | | | | 450,000 |
| 法 人 税 等 | | | 800,000 | | 800,000 | | | |
| 当期純（利益） | | | | | 1,961,000 | | | 1,961,000 |
| | | | 10,298,000 | 10,298,000 | 34,920,500 | 34,920,500 | 21,160,000 | 21,160,000 |

◻１つにつき３点。┊┄┊１つにつき２点。合計35点。

**解説**

**【決算整理事項等】** で行われる仕訳は次のとおりです。

1. （借）租　税　公　課　　2,500　（貸）現　　　　　金　　2,500
   （借）現　　　　　金　　　 500　（貸）雑　　　　　益　　　 500

   租税公課記帳後の現金勘定残高は¥977,500となり，それを実際有高の¥978,000に修正するため，¥500増加させる処理が必要になります（2行目の仕訳）。

2. （借）仮　受　金　　300,000　（貸）売　掛　金　　300,000

3. （借）貸倒引当金繰入　　4,000　（貸）貸倒引当金　　4,000

   売掛金（¥2,700,000－¥300,000）×1％＝貸倒見積高¥24,000

   貸倒見積高¥24,000－貸倒引当金勘定残高¥20,000＝貸倒引当金繰入¥4,000

4. （借）仕　　　　　入　　2,080,000　（貸）繰　越　商　品　　2,080,000
   （借）繰　越　商　品　　2,420,000　（貸）仕　　　　　入　　2,420,000

5. （借）減　価　償　却　費　　440,000　（貸）備品減価償却累計額　　440,000

   期首保有分：¥4,200,000÷10年＝¥420,000

   当期取得分：¥400,000÷10年×$\dfrac{6カ月}{12カ月}$＝¥20,000 ｝合計　¥440,000

6. （借）貯　蔵　品　　5,000　（貸）租　税　公　課　　5,000

7. （借）仮　受　消　費　税　　3,480,000　（貸）仮　払　消　費　税　　2,360,000
   　　　　　　　　　　　　　　　　　　　　　　未　払　消　費　税　　1,120,000

8. （借）前　払　家　賃　　696,000　（貸）支　払　家　賃　　696,000

   支払家賃勘定残高¥2,784,000÷16カ月（再振替仕訳分4カ月＋当期支出分12カ月）

   ＝¥174,000（1カ月分の家賃）

   前払いの月数（4カ月）×月額家賃¥174,000＝前払家賃の金額¥696,000

9. （借）支　払　利　息　　50,000　（貸）未　払　利　息　　50,000

   借入金残高¥5,000,000×年利率2％×経過期間$\left(\dfrac{6カ月}{12カ月}\right)$＝発生した利息¥50,000

10. （借）受　取　手　数　料　　20,000　（貸）前　受　手　数　料　　20,000

11. （借）法　人　税　等　　800,000　（貸）仮　払　法　人　税　等　　350,000
    　　　　　　　　　　　　　　　　　　　　未　払　法　人　税　等　　450,000

## 問題 19-1 (45点)

| | 借方科目 | 金額 | 貸方科目 | 金額 |
|---|---|---|---|---|
| ① | エ | 100,000 | オ | 100,000 |
| ② | エ | 3,800 | カ | 10,300 |
| | イ | 1,500 | | |
| | ウ | 5,000 | | |
| ③ | カ | 300,000 | ウ | 600,000 |
| | オ | 150,000 | | |
| | イ | 150,000 | | |
| ④ | イ | 620,000 | エ | 620,000 |
| ⑤ | エ | 400,000 | ア | 400,000 |
| ⑥ | ウ | 3,000,000 | カ | 3,000,000 |
| ⑦ | オ | 100,000 | ア | 100,000 |
| ⑧ | イ | 500,000 | ウ | 600,000 |
| | ア | 30,000 | | |
| | エ | 20,000 | | |
| | カ | 50,000 | | |
| ⑨ | エ | 3,090,000 | イ | 3,090,000 |
| ⑩ | ア | 4,700 | カ | 22,700 |
| | エ | 18,000 | | |
| ⑪ | オ | 13,700 | イ | 8,700 |
| | | | エ | 5,000 |
| ⑫ | エ | 88,000 | ウ | 80,000 |
| | | | ア | 8,000 |
| ⑬ | ウ | 264,000 | ア | 264,000 |
| ⑭ | ウ | 3,820,000 | オ | 3,820,000 |
| ⑮ | ア | 83,000 | カ | 83,000 |

仕訳1組につき3点。合計45点。

### 解説

① クレジット売掛金が回収されたので，その減額処理をします。
② タクシー代は旅費交通費，文房具代は消耗品費，収入印紙代は租税公課で処理します。
③ 保証金（敷金）は差入保証金，不動産会社に支払った手数料は支払手数料，支払った家賃は支払家賃で処理します。
④ 支払手形が決済されたので，その減額処理をします。
⑤ 買掛金について電子記録債務の発生記録の請求を行ったので，買掛金が減少し，電子記録債務が増加します。
⑥ 担保として約束手形を受け取って資金を貸し付けたときは，手形貸付金で処理します。
⑦ 商品を購入する際に支払った手付金は，前払金で処理します。手付金を支払った時点では，商品は引き渡されていないので，仕入は計上しません。

⑧ 当期の使用月数は4月から6月までの3カ月間です。したがって，減価償却費は，￥600,000÷5年× $\frac{3カ月}{12カ月}$ ＝￥30,000になります。帳簿価額￥70,000（＝取得原価￥600,000－期首減価償却累計額￥500,000－当期減価償却費￥30,000）の備品を￥20,000で売却したので，固定資産売却損が￥50,000生じます。

⑨ 資産の取得にともなって発生した付随費用は，その資産の取得原価に含めますので，建物の取得原価は￥3,090,000になります。

⑩ 前期末に行われた次の仕訳の逆仕訳を行います。

| | | | | | | |
|---|---|---|---|---|---|---|
| （借）貯　蔵　品 | 22,700 | （貸）通　信　費 | 4,700 |
| | | 租　税　公　課 | 18,000 |

⑪ 現金不足発生時に，次の仕訳が行われています。

（借）現　金　過　不　足　　8,700　（貸）現　　　　金　　8,700

記帳漏れの取引を記帳することにより，現金過不足の残高はゼロになります。

⑫ 商品売上にともなって受け取った消費税は，仮受消費税で処理します。

⑬ 貸し倒れた売掛金の額が貸倒引当金の残高を下回っているので，貸し倒れた売掛金の額だけ貸倒引当金を取り崩します。

⑭ 収益の勘定である売上を損益勘定に振り替えるので，借方科目は売上，貸方科目は損益になります。

⑮ 取引を分解する方法の場合，次のように起票されます。

| | | | | | | |
|---|---|---|---|---|---|---|
| （借）仕　　　　入 | 23,000 | （貸）現　　　　金 | 23,000 | → | 出金伝票 |
| （借）仕　　　　入 | 60,000 | （貸）買　　掛　　金 | 60,000 | → | 振替伝票 |

取引を擬制する方法の場合，次のように起票されます。

| | | | | | | |
|---|---|---|---|---|---|---|
| （借）仕　　　　入 | 83,000 | （貸）買　　掛　　金 | 83,000 | → | 振替伝票 |
| （借）買　　掛　　金 | 23,000 | （貸）現　　　　金 | 23,000 | → | 出金伝票 |

問題文の出金伝票に「買掛金　23,000」と記載されているので，取引を擬制する方法で起票されていることがわかります。取引を擬制する方法では，取引の全額をいったん掛けで仕入れたと仮定（擬制）して振替伝票を起票します。したがって，振替伝票には，（借）仕入　83,000　（貸）買掛金　83,000と起票されます。

## 問題 19-2 （20点）

(1)

| ① | ② | ③ | ④ | ⑤ |
|---|---|---|---|---|
| 300,000 | 繰越利益剰余金 | 普通預金 | 前期繰越 | 160,000 |

各2点。計10点。

(2)

### 商 品 有 高 帳

（移動平均法） B 商 品 （単位：個）

| 20X1年 | | 摘　要 | 受　入 | | | 払　出 | | | 残　高 | | |
|---|---|---|---|---|---|---|---|---|---|---|---|
| | | | 数量 | 単価 | 金　額 | 数量 | 単価 | 金　額 | 数量 | 単価 | 金　額 |
| 3 | 1 | 前月繰越 | 200 | 300 | 60,000 | | | | 200 | 300 | 60,000 |
| | 6 | 前橋商店 | | | | 150 | 300 | 45,000 | 50 | 300 | 15,000 |
| | 12 | 高崎商店 | 200 | 320 | 64,000 | | | | 250 | 316 | 79,000 |
| | 20 | 前橋商店 | | | | 150 | 316 | 47,400 | 100 | 316 | 31,600 |
| | 31 | **次月繰越** | | | | 100 | 316 | 31,600 | | | |
| | | | 400 | | 124,000 | 400 | | 124,000 | | | |

☐1つにつき2点，計10点。合計20点。

80

**解説**

(1) 各期日の仕訳は次のようになります。

X7年5月28日
　　　　（借）未 払 法 人 税 等　　180,000　（貸）普 通 預 金　　180,000

X7年11月28日
　　　　（借）仮 払 法 人 税 等　　140,000　（貸）普 通 預 金　　140,000

X8年3月31日
　　　　（借）法人税，住民税　　300,000　（貸）仮 払 法 人 税 等　　140,000
　　　　　　　及 び 事 業 税　　　　　　　　　　　未 払 法 人 税 等　　160,000

法人税，住民税及び事業税：（売上￥6,200,000－仕入￥4,360,000－その他費用￥840,000）×30％＝￥300,000

当期純利益￥700,000を繰越利益剰余金勘定に振り替えて，損益勘定を締め切ります。
　　　　（借）損　　　　　益　　700,000　（貸）繰越利益剰余金　　700,000

未払法人税等勘定は，次期繰越と記入して締め切ります。

資料にある勘定の転記面を示すと，次のようになります。

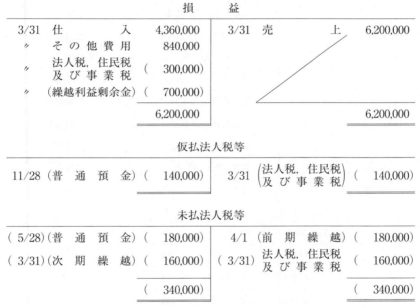

(2) 1日　残高欄の記入は，受入欄の記入と同じ内容で行います。

　　6日　売上時の払出単価の記入は，前の日付（1日）の残高欄の単価で記入します。

　　12日　仕入諸掛は仕入原価に含めるため，諸掛込みの原価を仕入数量で除した単価を受入欄に記入します。

　　　　　受入欄：仕入原価￥64,000÷仕入数量200個＝単価＠￥320
　　　　　残高欄：金額￥79,000÷数量250個＝単価＠￥316

　　20日　6日と同様，前の日付（12日）の残高欄の単価＠￥316で記入します。

　　25日　商品の変動はないため，商品有高帳への記入は行いません。

**問題 19-3** （35点）

問1

### 決算整理後残高試算表
### X9年3月31日

| 借　方 | 勘 定 科 目 | 貸　方 |
|---:|:---:|---:|
| 89,400 | 現　　　　金 | |
| 888,000 | 普 通 預 金 | |
| 800,000 | 売 　掛　 金 | |
| 318,000 | 繰 越 商 品 | |
| 16,000 | 前 払 保 険 料 | |
| 7,200 | （前　払）利　息 | |
| 2,000,000 | 建　　　　物 | |
| 640,000 | 備　　　　品 | |
| 1,400,000 | 土　　　　地 | |
| | 買 　掛　 金 | 458,000 |
| | 前 　受　 金 | 118,000 |
| | （未　払）消 費 税 | 142,000 |
| | 当 座 借 越 | 252,000 |
| | 手 形 借 入 金 | 800,000 |
| | 貸 倒 引 当 金 | 16,000 |
| | 建物減価償却累計額 | 960,000 |
| | 備品減価償却累計額 | 480,000 |
| | 資 　本　 金 | 2,300,000 |
| | 繰越利益剰余金 | 724,000 |
| | 売　　　　上 | 5,590,000 |
| 4,078,000 | 仕　　　　入 | |
| 1,060,000 | 給　　　　料 | |
| 167,000 | 通 　信　 費 | |
| 44,000 | 旅 費 交 通 費 | |
| 84,000 | 保 　険　 料 | |
| 7,000 | 貸倒引当金繰入 | |
| 240,000 | 減 価 償 却 費 | |
| 2,400 | 支 　払　 利 息 | |
| | 雑 （　益　） | 1,000 |
| 11,841,000 | | 11,841,000 |

問2　¥（　△　91,400　）

□1つにつき4点。 ┄┄1つにつき3点。合計35点。

**解説**

決算整理事項等の仕訳は次のとおりです。

① （借）現 金 過 不 足　　10,000　（貸）旅 費 交 通 費　　9,000
　　　　　　　　　　　　　　　　　　　　雑　　　　　益　　1,000

　　旅費交通費を実際より¥9,000多く記帳していたので，これを取り消すために，旅費交通費を貸方記帳します。原因が判明しなかった現金の超過分¥1,000は雑益になります。

② （借）買　　掛　　金　220,000　（貸）仕　　　　入　200,000
　　　　　　　　　　　　　　　　　　　　仮 払 消 費 税　　20,000

③ （借）通　　信　　費　　28,000　（貸）当 座 預 金　　28,000

④ （借）売　　掛　　金　　50,000　（貸）前　受　金　　50,000
行った仕訳（借）現　　　　金　　50,000　（貸）売　掛　金　　50,000
正しい仕訳（借）現　　　　金　　50,000　（貸）前　受　金　　50,000

　　したがって，売掛金を借方記帳し，前受金を貸方記帳する修正仕訳が必要になります。

⑤ （借）当 座 預 金　252,000　（貸）当 座 借 越　252,000
　　当座預金勘定の貸方残高：¥224,000＋¥28,000（上記③）＝¥252,000

⑥ （借）貸倒引当金繰入　　7,000　（貸）貸 倒 引 当 金　　7,000
　　売掛金の期末残高：¥750,000＋¥50,000（上記④）＝¥800,000
　　貸倒引当金繰入：¥800,000×2％－¥9,000＝¥7,000

⑦ （借）仮 受 消 費 税　559,000　（貸）仮 払 消 費 税　417,000
　　　　　　　　　　　　　　　　　　　　未 払 消 費 税　142,000

　　仮払消費税の期末残高：¥437,000－¥20,000（上記②）＝¥417,000
　　仮受消費税と仮払消費税を相殺し，その差額を未払消費税とします。

⑧ （借）仕　　　　入　226,000　（貸）繰 越 商 品　226,000
　　（借）繰 越 商 品　318,000　（貸）仕　　　　入　318,000
　　仕入勘定残高：¥4,370,000－¥200,000（上記②）＋¥226,000－¥318,000＝¥4,078,000

⑨ （借）減 価 償 却 費　240,000　（貸）建物減価償却累計額　80,000
　　　　　　　　　　　　　　　　　　　　備品減価償却累計額　160,000

　　建物分：（¥2,000,000－¥0）÷25年＝¥80,000
　　備品分：（¥640,000－¥0）÷4年＝¥160,000

⑩ （借）前 払 利 息　　7,200　（貸）支 払 利 息　　7,200
　　借入時（1月1日）に，1年分の利息が差し引かれていますので，前払分は4月～12月までの9か月分です。

　　　前払利息：¥800,000×1.2％×$\dfrac{9カ月}{12カ月}$＝¥7,200

⑪ （借）前 払 保 険 料　16,000　（貸）保　険　料　16,000

**問2**

収益合計：売上¥5,590,000＋雑益¥1,000＝¥5,591,000

費用合計：仕入（売上原価）¥4,078,000＋給料¥1,060,000＋通信費¥167,000＋旅費交通費¥44,000＋保険料¥84,000＋貸倒引当金繰入¥7,000＋減価償却費¥240,000＋支払利息¥2,400＝¥5,682,400

当期純損益：収益合計¥5,591,000－費用合計¥5,682,400＝△¥91,400

## 日商簿記検定試験　完全対応

### 出題傾向に基づいた解説内容を2色刷りで
### 見やすくレイアウトした最新の簿記学習書

**大幅リニューアルでパワーアップ！**

# 検定
# 簿記講義

**◆1級〜3級／全7巻◆**

◇日商簿記検定試験合格へ向けた最も定番の全7巻シリーズ。

◇各級・各科目の試験に要求される知識を，出題区分表に準拠して体系的
　に整理している。

◇わかりやすい解説とともに豊富な例題・練習問題で理解が深まり，試験
　対策も行える。

◇姉妹書「検定簿記ワークブック」と連動しており，検定試験突破に向けて
　最適のテキスト。

-------------------------------------------------------------------

**1級**　**商業簿記・会 計 学** 上巻／下巻
　　　　　　　　　渡部裕亘・片山　覚・北村敬子［編著］

　　　**工業簿記・原価計算** 上巻／下巻
　　　　　　　　　岡本　清・廣本敏郎［編著］

**2級**　**商業簿記**　渡部裕亘・片山　覚・北村敬子［編著］

　　　**工業簿記**　岡本　清・廣本敏郎［編著］

**3級**　**商業簿記**　渡部裕亘・片山　覚・北村敬子［編著］

## 中央経済社

# INFORMATION
## 検定情報ダイヤル

日本商工会議所では，検定試験に関する様々なお問い合わせに対応していくため，検定情報ダイヤルを設置しています。
試験概要，試験日程，受験料，申し込み方法、場所等のお電話によるお問い合わせの場合は，下記電話番号までご連絡下さい。

## 03-5777-8600

受付時間◆8:00〜22:00（年中無休）

**検定試験に役立つ情報がインターネットに満載**

### http://www.kentei.ne.jp

今すぐ,アクセスを!!